Ci-dessus Parc national maritime d'Ang Thong (p. 296)

Choltanutkun Tun-atiruj

linkedin.com/in/choltanutkun

Ancienne étudiante en musique, Choltanutkun, née en Thaïlande, s'est prise de passion pour l'écriture après avoir accepté un poste de rédactrice sur la vie nocturne de Bangkok pour *BK Magazine* en 2016. Elle milite pour l'égalité dans la société, ce qui se reflète dans son travail, qui adopte toujours un angle politique. Elle vit actuellement à Thong Lo, quartier de vie nocturne de Bangkok, se bat pour que la loi (injuste selon elle) sur le contrôle de l'alcool en Thaïlande soit révisée, et continue d'écrire tous les jours.

Barbara Woolsey

@barbara.woolsey

Née au Canada, avec des origines philippine, irlandaise et écossaise, Barbara vit et travaille en Thaïlande par intermittence depuis 2010. Elle habite actuellement à Ko Samui, où elle a obtenu une maîtrise en études internationales. Pendant son temps libre, elle exerce ses talents de DJ et apprend le thaï et le tagalog.

Sommaire

Ci-dessus Marché flottant de Damnoen Saduak (p. 93)

ESPRIT DE COMMUNAUTÉ

En Thaïlande, les traditions prospèrent dans les villages. Les sociétés y sont fondées sur la solidarité, le respect et les rituels. Passer du temps dans des communautés d'ethnies montagnardes ou des villages de pêcheurs est un moyen de mieux comprendre les Thaïlandais. Séjours chez l'habitant, marchés traditionnels et cours de cueillette de plantes médicinales sont autant d'occasions pour s'immerger dans la culture locale.

À gauche Marché flottant d'Amphawa (p. 93). **À droite** Maisonnette dans la province de Nan (p. 146). **Ci-dessous** Fête des fusées Bun Bang Fai (p. 183)

→ CHEZ L'HABITANT

Dans le Nord, les séjours chez l'habitant donnent accès à des villages de montagne reculés, souvent sans électricité ni les toilettes auxquelles vous êtes habitué.

▶ Pour en savoir plus sur les séjours chez l'habitant à Chiang Mai, voir p. 152.

FOKKE BAARSSEN/SHUTTERSTOCK ©

HISTOIRE DES MINORITÉS

L'histoire des minorités, notamment chinoise et malaise musulmanes, est la clé pour comprendre le Sud, souvent méconnu.

▶ Pour en savoir plus sur les différentes cultures de la Thaïlande, voir p. 230 et p. 306.

À DROITE : THARAMUST/SHUTTERSTOCK ©
À GAUCHE : GLEN PHOTO/SHUTTERSTOCK ©

↑ FÊTES

Cherchez les dates des fêtes locales comme la **fête des fusées Bun Bang Fai** (p. 183), unique en son genre. Elles offrent des instantanés inoubliables des coutumes et des modes de vie thaïlandais.

▶ Pour en savoir plus sur les fêtes, voir p. 182 et p. 200.

Notre sélection

- **▶ Explorer les marchés flottants en dehors de Bangkok, sans oublier les moins connus comme ceux de Bang Phli et Tha Kha. (p. 93)**
- **▶ Camper à Mae Wang et apprenez des pratiques anciennes auprès de communautés karen. (p. 143)**
- **▶ Se régaler de poisson dans les restaurants sur pilotis de villages de pêcheurs. (p. 207)**
- **▶ Goûter une cuisine isan unique dans le village de Baan Phue, à Udon Thani. (p. 181)**
- **▶ Découvrir des traditions : la teinture de tissus ou la vie des cornacs. (p. 186)**

La Thaïlande compte plus de 100 parcs nationaux. Khao Yai, inauguré en 1962, est le plus ancien. Une vingtaine d'autres parcs nationaux sont en voie de création. Le pays prévoit de consacrer 55% du territoire aux forêts protégées d'ici à 2037.

DANS LA JUNGLE

Les forêts tropicales escarpées de la Thaïlande constituent des portes d'entrée vers de sublimes paysages : montagnes brumeuses, plages et baies désertes, cascades et chutes d'eau. Dans les parcs nationaux qui émaillent le pays, vous pourrez randonner, pagayer, dormir à la belle étoile et apprendre ce que signifie véritablement la désintoxication numérique.

À gauche Éléphants au parc national de Kuiburi (p. 226 et p. 242). **À droite** Khao Chang Phueak (p. 115). **Ci-dessous** Camping à Khao Yai (p. 97 et p. 168)

→ PARCS NATIONAUX

Les parcs nationaux de Thaïlande font partie de régions sauvages. Pour des raisons de sécurité, il se peut qu'un guide ou un garde forestier agréé doive vous accompagner.

ARTMAN7007/SHUTTERSTOCK ©

CAMPING

Louez une tente pour dormir sur la plage ou séjournez dans un bungalow abrité sous la canopée via le site Internet de l'Autorité thaïlandaise des parcs nationaux. ▶ (dnp.go.th).

À DROITE : PONPUN WICHAINSAN/SHUTTERSTOCK ©
À GAUCHE : TANES NGAMSOM/SHUTTERSTOCK ©

↑ SAISONS DE RANDONNÉE

Si possible, randonnez dans la jungle au moment de la saison des pluies, lorsque la végétation et les chutes d'eau sont à leur apogée. La chaleur et la forte humidité de la saison sèche peuvent rendre les randonnées plus éprouvantes.

Notre sélection

- **Observer les éléphants sauvages dans le parc national de Kuiburi. (p. 226 et p. 242)**
- **Marcher dans les forêts et sur les côtes rocheuses de Mu Ko Chang. (p. 197)**
- **Affronter le Khao Chang Phueak, "le fil du rasoir", à la frontière birmane. (p. 115)**
- **Se mesurer au plus haut sommet de Thaïlande, le Doi Inthanon (p. 130)**
- **Découvrir Khao Yai, ses sentiers et sa viticulture. (p. 97 et p. 168)**

★ La Thaïlande possède 3 219 km de littoral.

PARADIS CÔTIERS

Formées de sable fin, d'affleurements rocheux ou de forêt vierge, les côtes thaïlandaises offrent des paysages très variés. Snorkeling, festin de fruits de mer ou bain de soleil sur la plage : à vous de choisir votre activité dans ces décors paradisiaques. Les parcs maritimes sont des destinations tout indiquées pour des aventures en bateau et des excursions d'île en île.

À gauche Parc national maritime d'Ang Thong (p. 289 et p. 296)
À droite Kitesurf **Ci-dessous** Jet-ski à Pattaya (p. 195)

→ PLAGES URBAINES

Les plus belles plages proches de Bangkok se trouvent à Hua Hin et Ko Samet ; un taxi peut même vous y emmener depuis le centre-ville de la capitale.

KAREPASTOCK/SHUTTERSTOCK ©

INDÉPENDANCE MOTORISÉE

Les services de transport dans des îles comme Ko Samui et Ko Chang sont rares. Disposer d'un véhicule offre une liberté sans pareille.

À DROITE : FOKKE BAARSSEN/SHUTTERSTOCK ©
À GAUCHE : 3D-SPARROW/SHUTTERSTOCK ©

↑ SPORTS AQUATIQUES

Pattaya séduit les amateurs de jet-ski, tandis que Hua Hin est un incomparable site de kitesurf.

▶ Pour en savoir plus sur les activités aquatiques, voir p. 211 et p. 234.

Notre sélection

- ▶ **Prendre un *long-tail boat* pour voir les cochons en liberté de Ko Madsum. (p. 297)**
- ▶ **Découvrir les récifs coralliens du parc national maritime d'Ang Thong. (p. 296)**
- ▶ **Plonger dans des eaux limpides bordées de karsts de la côte d'Andaman. (p. 250)**
- ▶ **Échapper à la foule sur les délicieuses plages de Ko Mak et Ko Kut. (p. 194 et p. 208)**
- ▶ **Participer à une sortie de pêche (notamment de calamars) à Ko Samet. (p. 213)**

↘ PETITES FAIMS

Les Thaïlandais aiment les plats sucrés au petit-déjeuner ou comme en-cas, et non à la fin d'un repas.

Les petits piments sont souvent les plus forts.

La cuisine isan est considérée comme la plus épicée de Thaïlande.

Phuket s'est vu décerner le label de "Ville créative", dans le domaine culinaire, par l'Unesco.

EXPÉRIENCES PIMENTÉES

La cuisine thaïlandaise se distingue notamment par ses saveurs épicées, mais c'est en réalité l'une des cuisines les plus équilibrées – et complexes – au monde. Stands de cuisine de rue, étals de marché et restaurants dans des *shophouses* mettent à l'honneur diverses régions et une multitude de groupes ethniques. Que vous commandiez soupes, curries ou salades, attendez-vous à transpirer.

Notre sélection

- **Découvrir la cuisine du Sud (curries de poisson ou pâtes de crevettes) à Phuket. (p. 262 et p. 264)**
- **Savourer la soupe au curry préférée des habitants, le *kôw soy*, dans le Nord. (p. 127)**
- **Aspirer des nouilles aux fruits de mer épicées à Chanthaburi. (p. 204)**
- **Goûter le *sôm đam* (salade de papaye verte épicée) sur sa terre natale, l'Isan. (p. 167 et p. 180)**
- **Se chauffer le palais avec une saucisse de porc ou de poisson (*sâi òo-a*) à Lampang. (p. 127)**

LA VIE EST UNE FÊTE

Pour les Thaïlandais, prendre du bon temps (*sà-nùk*) est une philosophie de vie. C'est en faisant la fête, en écoutant de la musique et en dansant que la vie vaut la peine d'être vécue. La vie insulaire tourne autour des paillotes en plein air et des concerts au coucher du soleil, tandis que les bars alternatifs de Bangkok incarnent la magie de minuit.

→ LA CROISIÈRE S'AMUSE

À Bangkok, des bateaux proposent des fêtes sur le Chao Phraya, avec boissons tendance, bons DJ et panoramas nocturnes étincelants.

Notre sélection

- ▶ **Faire la fête avec les habitants de Ko Phangan à l'Eden Garden. (p. 314)**
- ▶ **Découvrir un bar à gins caché dans le Chinatown de Bangkok. (p. 43 et p. 63)**
- ▶ **Lever son verre au Ting Tong Bar de Ko Chang. (p. 199)**
- ▶ **Chercher une rave party sur les plages de Ko Mak. (p. 209)**
- ▶ **Écouter des DJ au KUDO Beach Club à Patong. (p. 281)**

← KO PHANGAN

Le paradis des raveurs a bien plus à offrir que ses *Full Moon* ; les meilleures fêtes de la pleine lune ont lieu sur des plages isolées et à flanc de falaise.

▶ Pour en savoir plus, voir p. 289 et p. 295.

Page de gauche *Kôw soy noi* **En haut** Fête de la pleine lune (p. 297) **Ci-contre** Croisière festive sur le fleuve

CULTURE DU CAFÉ

Chaque gorgée d'arabica cultivé en Thaïlande est le résultat d'un travail assidu, mais représente aussi un vrai goût de fierté et de succès thaïlandais.

Découvrez cette facette de la culture locale dans de charmants cafés, nombreux à travers le royaume, en particulier dans le Nord, où les grains de café sont cultivés.

À GAUCHE : I AM JIFFY/SHUTTERSTOCK ©, EN BAS : NONGNINGSTUDIO/SHUTTERSTOCK ©

→ COURS DE LATTE ART

Témoignant de l'engouement de la Thaïlande pour le *latte art* (un barista thaïlandais a remporté les championnats du monde en 2017), **Le Cordon Bleu** de Bangkok propose des cours de dessins lactés.

Notre sélection

▶ **Prendre une tasse à Hock Hoe Lee, torréfacteur pionnier de Phuket. (p. 281)**

▶ **Découvrez Mars.cnx, café aux allures de repaire extraterrestre. (p. 161)**

▶ **Sirotez des créations artisanales au café MAHAMITr Microroaster de Lampang. (p. 161)**

← SOLUTION CAFÉINÉE

Dans les années 1970, l'arabica de Thaïlande a été créé pour fournir aux communautés du Nord une solution autre que la culture du pavot à opium.

▶ Pour en savoir plus sur la culture du café, voir p. 134.

En haut Cerises de café arabica
Ci-contre Café *latte art*

ESCAPADES BIEN-ÊTRE

Du massage à la méditation en passant par l'aromathérapie, les traditions de bien-être de la Thaïlande offrent l'occasion de se ressourcer. Les centres de bien-être sont très variés – du plus modeste au plus sophistiqué. Au paradis insulaire, une retraite de yoga vous attend dans chaque île ou presque. Le *muay thai* (boxe thaïlandaise) est également un art martial apprécié.

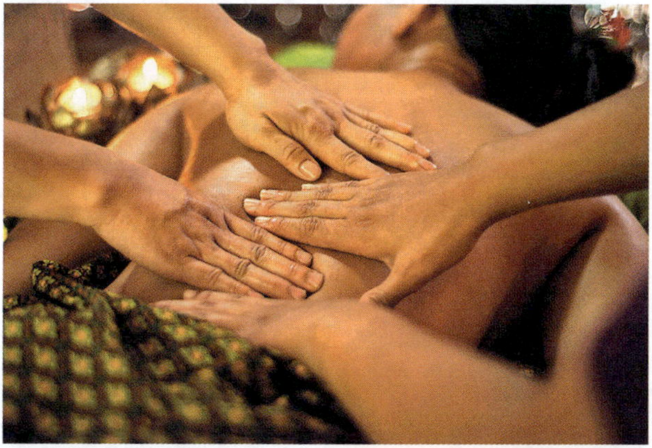

→ MASSAGES DES PIEDS

Lorsqu'on manque de temps et d'énergie, il n'y a rien de plus revigorant qu'une demi-heure de réflexologie plantaire. Ne pas oublier le pourboire.

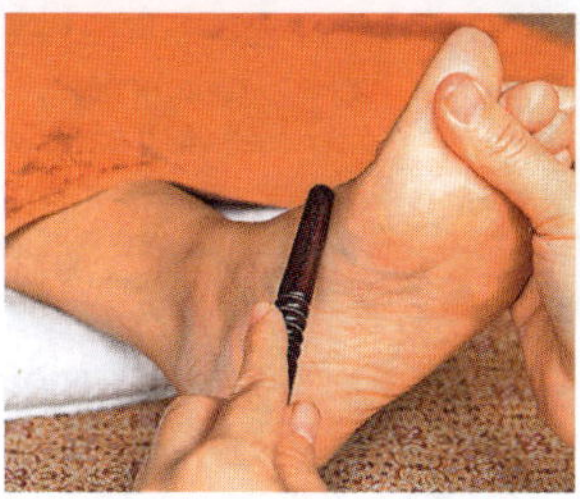

Notre sélection

- ▶ **Apprendre à méditer avec les moines à Samui. (p. 291)**
- ▶ **Découvrir le massage thaïlandais dans un spa de Bangkok. (p. 64)**
- ▶ **Séjourner dans l'un des luxueux centres de bien-être de Samui. (p. 290)**
- ▶ **Se dépenser dans le club de Yodyut Muay Thai. (p. 310)**
- ▶ **Acheter des produits sains chez Foods & Roots à Ko Phangan. (p. 312)**

★ MASSOTHÉRAPEUTES MALVOYANTS

Essayez de trouver un spa qui emploie des massothérapeutes malvoyants. Formés dans des écoles spécialisées, ils sont très talentueux.

En haut Massage thaïlandais traditionnel à quatre mains
Ci-contre Massages des pieds

MELTING-POT CULTUREL

Au fil des siècles, les communautés migrantes de Chinois, d'Indiens et d'autres minorités ethniques ont imprégné la Thaïlande de leurs traditions, du nord au sud. Si 85% de la population est bouddhiste, l'islam, le christianisme et d'autres religions sont également représentés. À travers monuments et plats, découvrez l'histoire thaïlandaise de la diversité.

Silom Soi 2 et 4

Soirées arc-en-ciel

Le principal quartier LGBTIQ+ de Bangkok, animé et accueillant, à la lisière du quartier chaud de Patpong. Assistez à des spectacles de drag-queens, dansez sur des rythmes électro et entraînez-vous à chanter au karaoké jusqu'au petit matin.

À 15 minutes de Sukhumvit

▶ p. 61

Nguan Choon Tong

Remèdes anciens

C'est la plus ancienne des boutiques de plantes médicinales chinoises de la vieille ville de Phuket. Fruits, écorces et racines sont pesés sur d'antiques balances. Dégustez ensuite un *kopitiam* dans le petit restaurant familial voisin.

À 25 minutes de Hat Patong

▶ p. 273

Baan Rak Thai

Village de thé

Entouré de plantations de thé et fréquemment enveloppé de brume, ce paisible village des montagnes du Nord conserve une authentique culture du Yunnan. Arrêtez-vous dans une maison de thé pour savourer une tasse.

À 5 heures au nord-ouest de Chiang Mai

▶ p. 137

Cathédrale de l'Immaculée-Conception

Culte chrétien

Église catholique parmi les plus grandes de Thaïlande, à Chanthaburi, sur la rive est du golfe. C'est un lieu de culte historique pour la minorité chrétienne vietnamienne qui a fui les persécutions pour se réfugier ici au XIXe siècle.

À 3 heures au sud-est de Bangkok

▶ p. 202

Chao Mae Lim Ko Niao

Sanctuaire chinois

L'histoire de ce charmant sanctuaire en hommage à une héroïne locale est liée à celle de la mosquée Krue Sae voisine. Une foire rassemble ici les fidèles chaque année après le Nouvel An chinois.

À 1 heure 30 à l'est de Hat Yai

▶ p. 307

Mosquée Krue Sae

Architecture islamo-siamoise

C'est l'une des plus importantes mosquées de Thaïlande, bâtie il y a cinq siècles. Les impacts de balles sur les murs rappellent l'affrontement tragique qui a eu lieu ici en 2004 dans le cadre d'un conflit qui perdure dans le sud du pays.

À 1 heure 30 à l'est de Hat Yai

▶ p. 307

La demande en hébergements culmine pendant la saison fraîche. Réservez circuits et séjours sur lonelyplanet.fr.

↙ Banquet des singes à Lopburi

Les villageois invoquent la chance en cuisinant pour les plus de 3 000 singes sur place le dernier dimanche de novembre.

Lopburi

▸ p. 91 et p. 102

Fête des éléphants à Surin

Considérés comme le symbole de chance, les éléphants convergent vers cette ville du Nord-Est pour montrer leurs talents.

Surin

Loi Krathong/Yi Peng

Le soir du 12e mois lunaire, les Thaïlandais se débarrassent des péchés de l'année écoulée en lâchant des lanternes sur l'eau et dans les airs.

NOVEMBRE — **DÉCEMBRE**

Température moyenne maximale en journée : 32°C (Bangkok)
Jours de pluie : 5 (Bangkok)

La Thaïlande à la SAISON FRAÎCHE

↘ Anniversaire du roi/fête des Pères

Les Thaïlandais célèbrent la fête des Pères le 5 décembre, le jour de l'anniversaire de Rama IX, généralement un jour férié.

↘ Nouvel An chinois

Au début de l'année lunaire, les commerces sino-thaïlandais sont fermés et Chinatown (Yaowarat) est en fête.

📍 Bangkok

Wonderfruit

Ce festival destiné à explorer l'art, la musique et la nourriture est de retour en périphérie de Pattaya.

▶ wonderfruit.co

▶ p. 199

Température moyenne maximale en journée : 32°C (Bangkok)
Jours de pluie : 0 (Bangkok)

JANVIER

Température moyenne maximale en journée : 32°C (Bangkok)
Jours de pluie : 1 (Bangkok)

Dans la valise

Bien que ce soit la saison "fraîche", vous n'aurez besoin que d'une veste dans le Nord/Nord-Est.

La chaleur est caniculaire, mais, heureusement, il y a une formidable variété de fruits tropicaux sur les marchés.

→ Songkran

La "fête de l'eau" marque le Nouvel An thaïlandais le 13 avril et se prolonge généralement trois jours. Attendez-vous à vous faire arroser.

▶ p. 183 et p. 201

↓ Chutes d'eau

Rafraîchissez-vous dans les chutes d'eau de Kaeng Krachan, parmi les plus photogéniques de Thaïlande.

▶ thainationalparks.com

▶ p. 227 et p. 246

FÉVRIER

Température moyenne maximale en journée : 34°C (Bangkok)
Jours de pluie : 2 (Bangkok)

MARS

AVRIL

La Thaïlande à la SAISON CHAUDE

DANS LE SENS DES AIGUILLES D'UNE MONTRE EN PARTANT DE LA GAUCHE : SIHASAKPRACHUM/SHUTTERSTOCK ©, 24NOVEMBERS/SHUTTERSTOCK ©, KWANCHAI/SHUTTERSTOCK ©, WITTAYA POOMIPAIBOONWONG/SHUTTERSTOCK ©, DOMINIQUE L/SHUTTERSTOCK ©**IMAGE DE FOND :** SUWIT NGAOKAEW/SHUTTERSTOCK ©

↓ Monastères dans les forêts

Puisqu'il fait si chaud dehors, pourquoi ne pas gagner un rafraîchissant sanctuaire forestier pour un éveil spirituel ?

▶ p. 196

→ Bien-être à Samui

Offrez-vous un moment de détente haut de gamme dans l'une des fameuses retraites de Ko Samui.

▶ kamalaya.com

▶ p. 290

↘ Phi Ta Khon (fête des fantômes)

Lors de cette fête, généralement en juin, on danse dans les rues avec des masques effrayants en sonnant des cloches pour réveiller les esprits.

Loei

▶ p. 183

MAI

Température moyenne maximale en journée : 35°C (Bangkok) Jours de pluie : 5 (Bangkok)

JUIN

Température moyenne maximale en journée : 35°C (Bangkok) Jours de pluie : 14 (Bangkok)

Dans la valise

Il peut faire très chaud en Thaïlande, aussi prévoyez crème solaire, chapeau, lunettes de soleil et antimoustique.

↘ Bun Bang Fai (fête des fusées)

Cette fête de trois jours que le Nord-Est a empruntée aux Laotiens comprend musique et défilés, se terminant par un concours de fusées artisanales.

Yasathon

▸ p. 183

↙ Boules de feu du naga sur le Mékong

Chaque année, on se réunit à la frontière laotienne pour observer les "boules de feu" — un phénomène naturel — qui apparaissent le long du Mékong.

Mékong

Festival des bougies

En juillet, des chars décorés de bougies sculptées envahissent les rues d'Ubon Ratchathani pour marquer le début du carême bouddhique.

Mékong Ubon Ratchathani

▸ p. 183

À cette période, Phuket et Samui connaissent les précipitations les plus faibles du pays et les prix sont bas ; c'est donc un bon moment pour s'y rendre.

JUILLET

Température moyenne maximale en journée : 33°C (Bangkok)
Jours de pluie : 14 (Bangkok)

AOÛT

La Thaïlande à la saison DES PLUIES

DANS LE SENS DES AIGUILLES D'UNE MONTRE EN PARTANT DE LA GAUCHE : HOMAS FOO/SHUTTERSTOCK ©, MC 243/SHUTTERSTOCK ©, APCHANEL/SHUTTERSTOCK © IMAGE DE FOND : SANGKHOM HUNGKHUNTHOD/SHUTTERSTOCK ©

↓ Festival végétarien de Phuket

Au 9e mois lunaire, les participants de ce festival célèbrent les vertus du végétarisme en affichant des compétences "extrêmes", notamment en se perçant la peau.

Phuket

→ Observation de baleines

On aperçoit des baleines dans le nord du golfe entre mai et novembre, mais octobre est considéré comme la haute saison.

▸ bangkokwhale.com

↘ Course de buffles

Le clou de la fête des agriculteurs de Chonburi, célébrée depuis deux siècles, est une course de buffles d'eau, un animal de valeur dans l'agriculture thaïlandaise.

Chonburi

SEPTEMBRE

Température moyenne maximale en journée : 33°C (Bangkok)
Jours de pluie : 18 (Bangkok)

OCTOBRE

Température moyenne maximale en journée : 33°C (Bangkok)
Jours de pluie : 15 (Bangkok)

Dans la valise

Un imperméable léger ou un parapluie est indispensable. Des vêtements qui sèchent vite et des chaussures antidérapantes sont recommandés.

NORD DU GOLFE
à la carte

INCONTOURNABLES ET TRÉSORS CACHÉS

Soleil, sable et tranquillité vous attendent à quelques heures de route au sud de la capitale, le long du golfe de Thaïlande. Les plages cachées et les aventures en plein air ne manquent pas.

Feuille de route

Villes principales Hua Hin, Chumphon

Durée Prévoyez 2 semaines

Se déplacer Louer une voiture est ce qu'il y a de plus pratique. Sinon, minibus et train permettent de voyager entre les villes à petits prix, mais ils sont bien plus lents et souvent bondés.

À savoir Les rives du golfe sont très fréquentées les week-ends et les jours fériés comme Songkran. N'oubliez pas de réserver pour devancer l'exode des habitants de Bangkok.

Cha-am

Allongez-vous sur un transat en chemin entre Bangkok et Hua Hin. Si la plage de sable n'est pas particulièrement belle, elle est délicieusement déserte.

À 2 heures 30 de Bangkok

Hua Hin

Essayez-vous aux activités aquatiques, du kitesurf aux *banana boats*. Détendez-vous sur les marchés nocturnes et dans les gargotes familiales.

À 3 heures de Bangkok

Parc national de Khao Sam Roi Yod

Gagnez les sommets ou explorez les profondeurs de la grotte de Phraya Nakhon.

À 1 heure de Hua Hin

Prachuab Khiri Khan

Dînez de plats marins — goûtez aux spécialités au crabe — dans un charmant village de pêcheurs.

À 1 heure de Hua Hin

Chumphon

Profitez du cadre verdoyant et des restaurants décontractés avant de prendre le ferry vers le sud.

À 2 heures de Hua Hin

SUD DU GOLFE
à la carte

INCONTOURNABLES ET TRÉSORS CACHÉS

La portion sud de la Thaïlande a tout pour elle : un littoral qui mérite amplement sa notoriété et des îles de toutes formes et de toutes tailles absolument superbes.

Feuille de route

Destination principale Ko Samui

Durée Prévoyez 3 semaines.

Se déplacer Le plus pratique est de voyager en avion jusqu'à Ko Samui et d'y louer un véhicule.

À savoir Des taxis Grab sont présents à Ko Samui, mais ils sont assez chers et très peu fiables.

Ko Tao

Découvrez l'esprit bohème de l'île en sautant dans la mer depuis une falaise ou en flânant sur la plage au coucher du soleil.

À 1 heure 30 de Ko Samui

Ko Phangan

Dansez sur des plages isolées jusqu'au lever du soleil. Café et nourriture végétarienne vous redonneront de l'énergie.

À 1 heure 30 de Ko Samui

Ko Samui

Entamez un sevrage numérique en pratiquant le yoga, la méditation ou le *muay thai* (boxe thaïlandaise). Partez explorer d'autres îles paradisiaques.

À 1 heure de Bangkok

Ko Madsum

Gagnez l'île en *long-tail boat* et faites connaissance avec ses habitants porcins.

À 30 minutes de Ko Samui

LE NORD
à la carte

INCONTOURNABLES ET TRÉSORS CACHÉS

Dans les provinces du Nord, au-delà des sommets et des virages en épingle à cheveux, vous découvrirez des trésors inattendus. Les routes peuvent être éprouvantes, mais pour ceux qui viennent dans la région, elle en vaut la peine.

Feuille de route

Villes principales Chiang Mai, Chiang Rai

Durée Prévoyez 10 jours.

Se déplacer Un scooter fera l'affaire, mais plus votre deux-roues sera puissant, plus vous pourrez sortir des sentiers battus.

À savoir Emportez des espèces car peu d'établissements acceptent les cartes bancaires dans le Nord. En s'enfonçant dans les régions reculées, les DAB tendent à être rares.

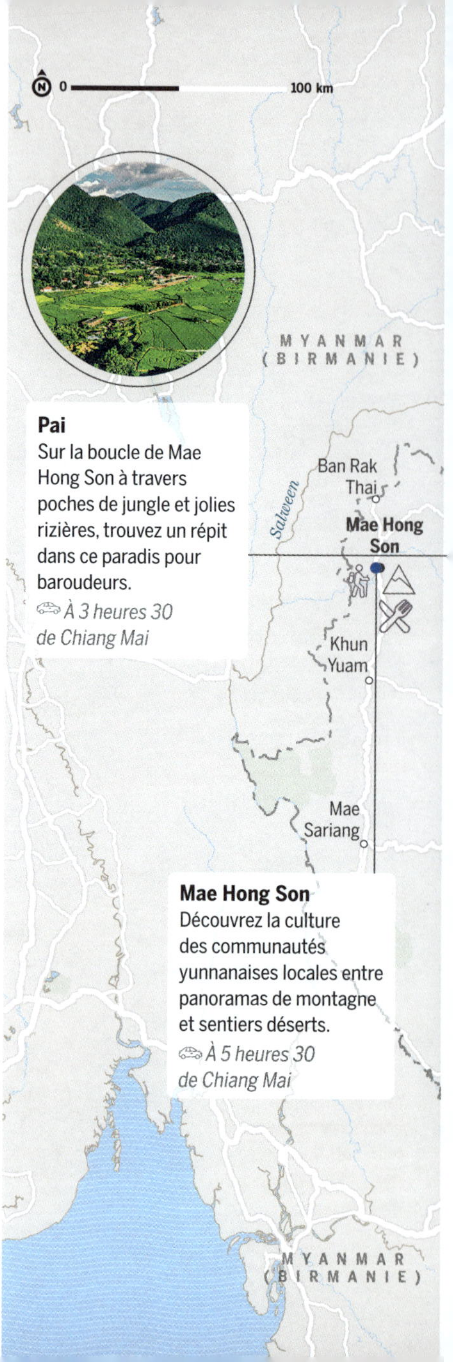

Pai
Sur la boucle de Mae Hong Son à travers poches de jungle et jolies rizières, trouvez un répit dans ce paradis pour baroudeurs.
À 3 heures 30 de Chiang Mai

Mae Hong Son
Découvrez la culture des communautés yunnanaises locales entre panoramas de montagne et sentiers déserts.
À 5 heures 30 de Chiang Mai

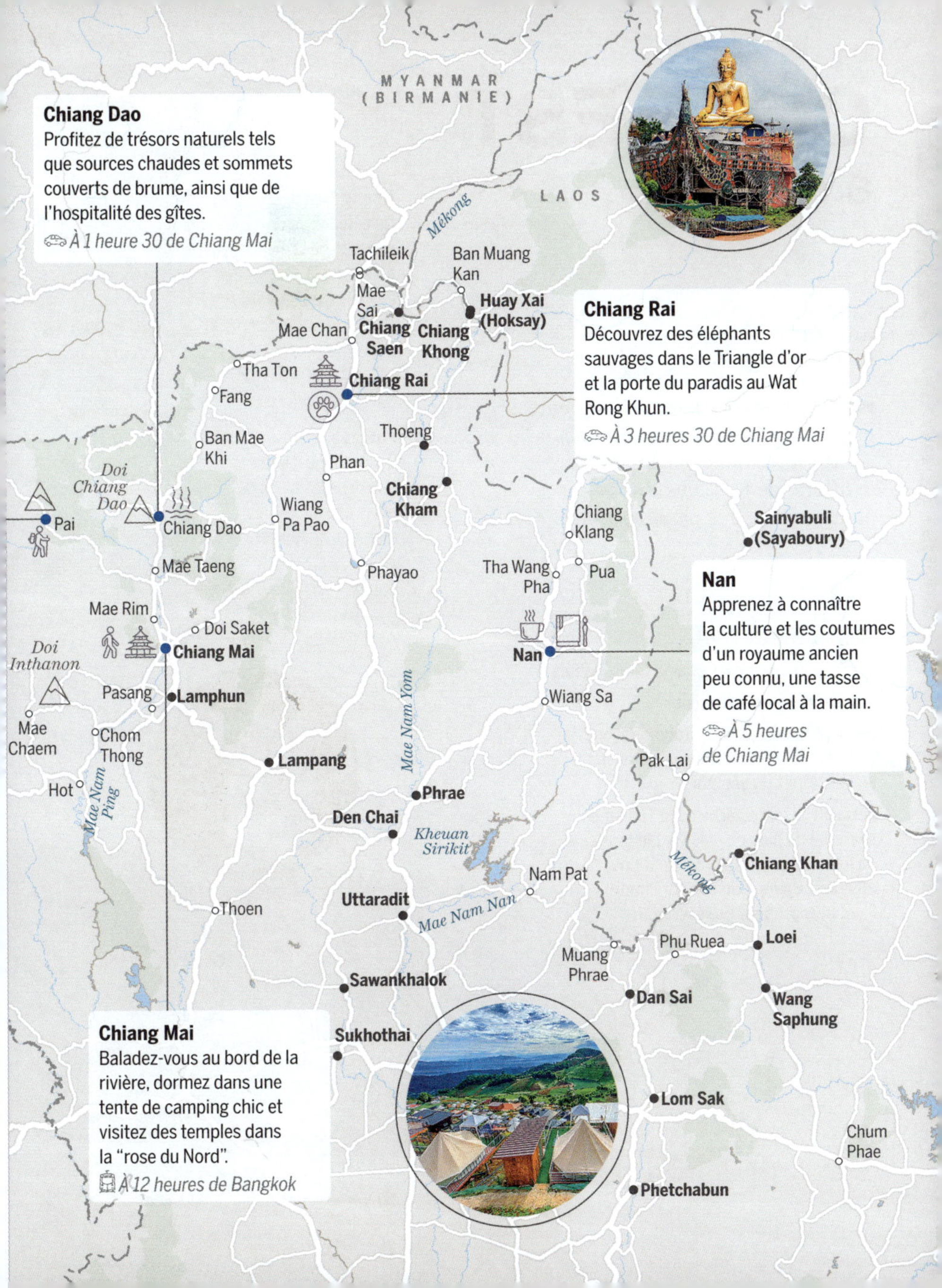

Chiang Dao

Profitez de trésors naturels tels que sources chaudes et sommets couverts de brume, ainsi que de l'hospitalité des gîtes.

À 1 heure 30 de Chiang Mai

Chiang Rai

Découvrez des éléphants sauvages dans le Triangle d'or et la porte du paradis au Wat Rong Khun.

À 3 heures 30 de Chiang Mai

Nan

Apprenez à connaître la culture et les coutumes d'un royaume ancien peu connu, une tasse de café local à la main.

À 5 heures de Chiang Mai

Chiang Mai

Baladez-vous au bord de la rivière, dormez dans une tente de camping chic et visitez des temples dans la "rose du Nord".

À 12 heures de Bangkok

CÔTE EST
à la carte

INCONTOURNABLES
ET TRÉSORS CACHÉS

Fuyez les plages surfréquentées et partez en direction de l'est pour découvrir ce qui vous attend sur le littoral de Ko Chang, Ko Mak et autres repaires paradisiaques.

Feuille de route

Villes principales Ko Chang, Chanthaburi

Durée Prévoyez 3 semaines.

Se déplacer Rejoignez Trat ou Rayong en bus, en minibus ou en avion et, sur les îles, louez un scooter.

À savoir Si cette partie de la Thaïlande s'oriente de plus en plus vers le tourisme de luxe, on trouve encore de bonnes affaires à Baeng San et à Ko Chang. Il est plus prudent de réserver.

Si Racha
Visitez la terre d'origine de la sauce sriracha. Essayez-vous au karaoké avec les résidents japonais.
À 1 heure 30 de Bangkok

Chanthaburi
Découvrez le quartier historique en bord de mer, les bijoux, les soupes de nouilles et le street art de cette ville multiculturelle.
À 3 heures de Bangkok

Ko Samet
Profitez de l'atmosphère de station thermale et visitez les petites îles isolées du parc national maritime.
À 2 heures de Rayong

Ko Mak
Sautez à bord d'un kayak, découvrez des plages cachées et plongez dans les profondeurs de sublimes eaux turquoise.
À 1 heure de Trat

Ko Chang
Randonnez entre la jungle vierge et le littoral. Au large de la côte, découvrez les récifs coralliens, la vie aquatique et les épaves.
À 30 minutes de Trat

Ko Kut
Alternez kayak et snorkeling dans des eaux cristallines. Paressez sur des plages de sable immaculé.
À 1 heure 30 de Trat

7 Choses à savoir sur la THAÏLANDE

CONSEILS D'INITIÉS POUR PARTIR DU BON PIED

1 Cuisine omniprésente

Les Thaïlandais savent innover lorsqu'il s'agit de métamorphoser chaque objet en présentoir de nourriture ; les motos sont transformées en chariots et des stands en tous genres jalonnent le bord des routes. Et ce n'est pas parce qu'elle est vendue dans la rue que la nourriture est mauvaise. Faites votre choix parmi les plats fraîchement cuisinés et savourez-les !

▶ Pour en savoir plus sur la cuisine de rue, voir p. 50.

2 Tout se mange au petit-déjeuner

En Thaïlande, le choix du petit-déjeuner va au-delà des céréales ou du pain et du beurre. Il n'y a rien d'étonnant à commander un curry vert ou un *pad thai* en début de matinée.

3 Toilette intime

Oubliez le papier toilette : en Thaïlande, la plupart du temps, on se nettoie avec de l'eau. N'ayez pas peur d'essayer !

4 Prenez les devants

En Thaïlande, certains voyageurs craignent de payer des prix exorbitants. Pour éviter cela, faites des recherches et choisissez vous-même les prestataires. Si quelqu'un vous propose ses services, n'hésitez pas à lui poser toutes les questions nécessaires.

5 Restrictions en matière d'alcool

Comble de l'ironie dans un pays où de nombreux touristes rêvent de faire la fête, on ne peut acheter de l'alcool que de 11h à 14h et de 17h à minuit. La vente d'alcool est par ailleurs interdite durant les fêtes bouddhiques. Cette réglementation a un impact sur les revenus des commerces locaux ; c'est pourquoi on constate une tolérance dans certains endroits...

6 Respect des croyances

Malgré le côté moderne de la nation, de nombreuxThaïlandais croient toujours au surnaturel. Dans toute la Thaïlande, on trouve des sanctuaires devant lesquels des habitants prient et font des offrandes, qu'il s'agisse de maisons des esprits (qui protègent les foyers) ou de statues. Certains arbres sont également considérés comme sacrés ; repérez ceux qui sont enveloppés dans des tissus colorés. Personne ne sait vraiment pourquoi, mais le soda rouge est une offrande courante partout dans le royaume. Même si vous ne croyez à aucune de ces superstitions, faites preuve d'humilité et de respect lorsque vous voyez des habitants prier, par exemple, sur la souche d'un arbre.

▸ Pour en savoir plus sur le surnaturel, voir p. 110.

7 Gardez vos distances

Les Thaïlandais n'ont pas l'habitude de se donner l'accolade ou de s'embrasser sur les joues pour se saluer. Ne vous étonnez pas cependant si une vieille dame inconnue commence à rire avec votre bébé, à lui toucher la joue et à l'appeler *na rak* (mignon)...

▸ Pour en savoir plus sur l'étiquette, voir p. 329.

Inspirations

LIRE

Idées reçues sur la Thaïlande (Eugénie Mérieau ; 2018). Un livre qui présente le pays de manière captivante à travers son histoire, sa population, sa culture et ses institutions.

Le Pont de la rivière Kwaï (Pierre Boulle ; 1952). Une histoire poignante, inspirée de faits réels. Durant la Seconde Guerre mondiale, une ligne de chemin de fer fut construite entre la Thaïlande et la Birmanie par des prisonniers alliés et des travailleurs asiatiques enrôlés de force.

Café Lovely (Rattawut Lapcharoensap ; 2004). Les sept nouvelles lumineuses de ce livre sont une mosaïque bariolée de parents, d'enfants, de Thaïs, d'étrangers, d'amants, d'ennemis, de vérités et d'illusions sur la Thaïlande contemporaine.

Bangkok 8 (John Burdett ; 2003). Le premier roman d'une série qui suit les aventures de Sonchaï Jitpleecheep, un policier incorruptible d'un quartier chaud de la capitale thaïlandaise. Le suspense est au rendez-vous et la plume de Burdett est réjouissante !

ÉCOUTER

Rasmee Artiste indépendante thaïlandaise qui monte ; combinaison parfaite de jazz et de musique *molam* (folklore du Nord-Est).

Deungdutjai Deungdutjai (www.deungdutjai.com) poste des tubes thaïlandais avec leur traduction en anglais.

Carabao Légende du blues/rock thaïlandais, symbole de *phleng phuea chiwit* (chansons pour la vie).

The Suntharsphon Band Musique populaire thaïlandaise traditionnelle du début des années 1930, au son léger et apaisant.

KAN SANGTONG/SHUTTERSTOCK ©

Rap Against Dictatorship Ce groupe de rap thaïlandais, qui a acquis sa renommée au sein du mouvement pour la démocratie, critique l'injustice et les inégalités en Thaïlande.

VOIR

Cuisine de rue : l'Asie (2019) Pour connaître le meilleur de la culture street food à Bangkok.

Films sur Mae Nak (photo du bas) Visionnez un film, puis allez au sanctuaire du Wat Mahabut à Bangkok.

Le Serpent (2021) L'histoire de l'escroc et meurtrier des années 1970 Charles Sobhraj ; en partie tournée à Bangkok.

The Promise (2017) Film d'horreur/drame thaïlandais sur la "tour fantôme" de Sathorn et la crise financière asiatique.

Midnight Asia (2022) Découvrez ce qui se passe à Bangkok la nuit, notamment à travers la nourriture, les boissons et les musique.

ANANSING/SHUTTERSTOCK ©

PANIDA WIJITPANYA/GETTY IMAGES ©

S'INFORMER

@ohhappybear
Page Instagram sur la nourriture et la culture thaïlandaises.

@BKKFatty
Communauté Twitter sur la cuisine à Bangkok.

@Thai Enquirer
Un regard neuf sur l'actualité locale.

migrationology
TRAVEL for FOOD
Mark Wiens
Visites culinaires sur YouTube.

@BK Magazine
Magazine en anglais sur les tendances et les événements à Bangkok.

BANGKOK

DYNAMIQUE | MODERNE | CHAOTIQUE

振和興大金行
UOB

BANGKOK
à la carte

Dans la ville qui ne dort jamais, il se passe toujours quelque chose, quelle que soit l'heure du jour ou de la nuit. Levez-vous à l'aube pour voir la ville s'animer ou veillez jusque tard dans la nuit pour voir les stands de petit-déjeuner se mettre en place : Bangkok se découvre 24 heures sur 24.

Montez à bord d'un bateau pour une exploration du marché flottant de **Khlong Lat Mayom** (p. 46).
À 20 minutes du centre-ville

Levez-vous tôt pour aller au **marché aux fleurs**, prenez votre petit-déjeuner à proximité, puis baladez-vous dans la vieille ville (p. 47).
À 3 minutes de la station MRT Sanam Chai

Repérez les touches architecturales portugaises dans le quartier de **Kudi Chin** (p. 48).
À 8 minutes en tuk-tuk

Découvrez des bars à cocktails dans des maisons traditionnelles le long de **Soi Nana**, à quelques minutes de Chinatown (p. 63).
À 6 minutes de la station MRT Hua Lamphong

Informez-vous sur le quartier chaud de Bangkok au **Patpong Museum** (p. 52).
À 2 minutes de la station BTS Sala Daeng

Immergez-vous dans l'univers de la création au **Bangkok Art and Culture Centre (BACC)** (p. 45 et p. 53).
À côté de la station BTS National Stadium, ou à 5 minutes du quartier de Siam

Parcourez à vélo **Bang Kachao**, le "poumon vert" de Bangkok, idéal pour un verre au bord de l'eau (p. 114).
À 3 minutes de Bang Na Pier (via la station BTS Bang Na) en bateau

Dégustez un riz au curry assis sur une chaise en plastique sur un trottoir à **Jek Pui Curry Rice**, dans la vieille ville (p. 55).
À 4 minutes de la station MRT Wat Mangkon

Informations pratiques

NITINUT380/SHUTTERSTOCK ©

À L'ARRIVÉE

Si vous arrivez en avion de l'étranger, vous atterrirez probablement à Suvarnabhumi. De là, gagnez la ville en taxi (environ 200 B) ou en train aérien Airport Rail Link (moins de 100 B, 45 min). L'aéroport Don Mueang accueille principalement des vols intérieurs et low cost. Le bus navette de l'aéroport A1 dessert la station BTS Mo Chit (30 B), l'A2 Victory Monument (30 B) et l'A3 Ratchaprasong et Lumphini (50 B). Si vous avez un avion à prendre, prenez en compte la circulation à Bangkok.

BUDGET

pàd gàprow
50 B

bière locale
4 B

Internet illimité sur smartphone
200 B/mois

QUAND

JAN-MARS
Pas encore aussi humide que l'été mais presque. Faites attention à la qualité de l'air.

AVR-JUIN
Plus que la chaleur, vous aurez à supporter une humidité extrême.

JUIN-SEPT
Pluie, orages, mousson. Mais aussi moins de visiteurs et des vols moins chers.

OCT-DÉC
Appréciez l'absence d'humidité, les brises fraîches et le ciel dégagé.

COMMENT CIRCULER

Métro aérien et souterrain Bangkok possède un réseau ferroviaire efficace. Les trains sont fréquents (vous n'attendrez pas plus de 4 min) et bon marché (17 B/gare), mais peuvent être bondés aux heures de pointe.

Taxi Téléchargez les applications Grab et Bolt sur votre téléphone dès votre arrivée à Bangkok et vous ne serez jamais perdu. Grab est un peu plus cher que les taxis ordinaires et Bolt n'accepte que les espèces.

Moto-taxi Rapide et pratique si vous êtes pressé et qu'il y a beaucoup de circulation, mais ce n'est pas le moyen de transport le plus sûr.

SE RESTAURER ET PRENDRE UN VERRE

À Bangkok, on trouve à manger 24h/ 24, 7j/7. En plus des succulents stands de rue et des restaurants, vous pouvez commander des plats sur des applications comme Grab, Robinhood ou Foodpanda.

Goûtez autant de plats de nouilles que possible et les nombreux fruits de saison, même le durian. Si vous avez le bec sucré, partez à la recherche de chocolats thaïlandais comme Kad Kokoa ou Shabar.

Soutenez les nombreux brasseurs locaux comme Outlaw, Devanom, Sandport (photo ci-contre) ou Stone Head.

Et pour les amateurs de café, la plupart des adresses de Bangkok servent du café issu des montagnes du nord du pays.

Meilleur chocolat thaïlandais la marque Kad Kokoa (p. 75)

Nouilles au bœuf à goûter absolument Wattana Panich Beef Broth (p. 80)

SE CONNECTER ET S'ORIENTER

Wi-Fi Bonne qualité, mais les connexions publiques gratuites sont rares. Une carte SIM locale avec Internet illimité ne coûte pas très cher.

Orientation Vous pouvez demander votre chemin à un habitant, mais tout le monde ne parle pas anglais. Google Maps et les applications Grab et Bolt sont des valeurs sûres.

CARTES DE MÉTRO

Contrairement à d'autres grandes villes, il n'existe pas un seul ticket à utiliser dans tous les transports urbains. Vous devrez acheter un pass pour chaque réseau. Parcourir la ville à pied est tout à fait envisageable.

OÙ LOGER

Que vous cherchiez à vous immerger dans l'effervescence de Bangkok ou que vous aspiriez à plus de tranquillité, vous trouverez votre bonheur.

Quartier	Pour/contre
Vieille ville	Près du fleuve. Immersion dans la vie locale. Peut être très touristique.
Sathorn	Quartier commerçant central assez proche de la vieille ville et du quartier de Sukhumvit.
Bas Sukhumvit (Ploen Chit-Nana-Asoke)	Très fréquenté, mais sympa si l'on aime l'effervescence.
Sukhumvit central (Phrom Phong-Thong Lo-Ekkamai)	Quartier animé, mais plus résidentiel.
Haut Sukhumvit (Phra Khanong et au-delà)	Plus éloigné du centre, mais le réseau BTS permet de se déplacer facilement.

ARGENT

Vous pouvez en principe utiliser vos cartes bancaires, mais pour en être totalement sûr, contactez votre banque avant de partir. Ayez toujours des espèces sur vous, notamment de petites coupures pour les taxis et les stands de rue.

Les grands classiques

Pour les infos pratiques de chaque site, reportez-vous au *Carnet d'adresses* p. 76.

Wat Pho

Le Wat Pho se distingue par son bouddha couché, le plus grand de la capitale. Vaste ensemble constellé de stupas, le plus ancien temple de la ville recèle la plus importante collection de bouddhas de Thaïlande. Dans l'annexe est, se trouve deux pavillons dédiés au massage. Entrez par Th Chetuphon ou Th Sanam Chai pour éviter les rabatteurs et les groupes de visiteurs.

VIEWFINDER/SHUTTERSTOCK ©

Wat Phra Kaew

Merveille architecturale, le Wat Phra Kaew (temple du Bouddha d'Émeraude) est aussi le centre spirituel du bouddhisme thaïlandais et de la monarchie thaïlandaise. Ne ratez pas les fresques retraçant l'intégralité du *Ramakien* (version thaïlandaise de l'épopée indienne du *Ramayana*).

SOUTHTOWNBOY/ISTOCK ©

Maison de Jim Thompson

Cette ancienne maison d'un exportateur de soie américain abrite des objets d'art et de superbes éléments d'architecture thaïlandaise. On y admire des pièces artisanales, des sculptures bouddhiques et des textiles dignes d'un musée.

OSTILL/ISTOCK ©

DAVIDIONUT/ISTOCK ©

Wat Arun

Ce temple, qui domine le fleuve, marque la renaissance de la nation après la prise d'Ayutthaya par les Birmans au XVIIIe siècle. La façade du temple est ornée de délicates mosaïques en porcelaine, décoration courante dans les temples depuis l'époque où la porcelaine chinoise servait à lester les bateaux.

Marché de Chatuchak

On trouve de tout au marché du week-end de Chatuchak. Dans ce marché géant en plein air, les marchands se tassent dans les allées labyrinthiques. Vous y trouverez aussi bien des antiquités, de l'artisanat et des souvenirs que des vêtements, des articles ménagers et des objets de décoration.

JOYT/ISTOCK ©

ALUXUM/ISTOCK ©

Chinatown

Le quartier de Chinatown est réputé pour ses temples (tel le Wat Traimit ; le Bouddha d'or), mais les rues sinueuses, la frénésie des marchés alimentaires et les nombreux restaurants attirent aussi leur lot de visiteurs. Allez-y durant la fête végétarienne annuelle, en automne, où des plats chinois sont spécialement préparés pour l'occasion.

Mont d'Or et Wat Saket

Près du sommet de l'unique montagne de Bangkok, le Wat Saket recèle des fresques parmi les plus belles du pays. La colonne dressée derrière la statue du Bouddha est ornée de représentations de l'enfer bouddhique. En novembre, une grande fête se déroule au temple, avec une procession aux flambeaux qui gravit la colline jusqu'au Mont d'Or.

AYKUT.ERKINCI/SHUTTERSTOCK ©

Kamthieng House

Cette maison en bois de style traditionnel convertie en musée ethnologique permet de découvrir les objets, les tâches du quotidien et les croyances populaires du nord du pays. La Siam Society, qui gère le musée, défend fidèlement la culture thaïlandaise traditionnelle.

AMNAT30/SHUTTERSTOCK ©

Musée national

Le Musée national abrite une impressionnante collection d'objets évoquant le glorieux passé du pays. Construit en grande partie en 1782, le musée actuel compte trois expositions permanentes. La salle principale, ou Gallery of Thai History, renferme des représentations du bouddha et de somptueuses sculptures de dieux hindous.

THEBIGLAND/SHUTTERSTOCK ©

ASAM3DV/SHUTTERSTOCK ©

Canaux de Thonburi

L'ancienne Venise de l'Orient est toujours bien vivante dans le réseau de canaux de Thonburi, notamment le Khlong Bangkok Noi et le Khlong Mon. Les maisons construites sur pilotis ont une porte principale donnant sur l'eau. Des *long-tail boats* peuvent être loués pour explorer le réseau de canaux – les *klorng* (ou *khlong*).

EXPOSE/SHUTTERSTOCK ©

Wat Traimit

Le Wat Traimit renferme un extraordinaire bouddha en or massif de 3 m de hauteur qui pèse 5,5 tonnes. Sculptée dans le gracieux style Sukhothai, la statue fut "redécouverte" il y a 40 ans, sous un revêtement de stuc qui se brisa alors qu'on la déplaçait dans le temple.

KORRADOLYAMSATTHM/SHUTTERSTOCK ©

Bangkok Art & Culture Center (BACC)

Ce vaste édifice moderne du centre de Bangkok a gagné en renommée sur la scène artistique contemporaine de la ville. Il renferme 3 000 m² d'espaces d'exposition sur 3 niveaux, ainsi que des boutiques, des galeries d'art privées, des cafés et une bibliothèque d'ouvrages d'art.

01 Délices au fil de L'EAU

MARCHÉS FLOTTANTS | FRAIS | ALIMENTATION

Les marchés flottants réunissent toutes les saveurs qu'offre la cuisine thaïlandaise. Pour profiter pleinement de l'expérience, allez-y le ventre vide et achetez de petites portions pour laisser de la place au délice suivant.

En pratique

S'y rendre Les taxis vous y emmènent.

Quand N'importe quand, mais attendez-vous à un niveau d'eau élevé à la saison des pluies.

Voyagez léger Les marchés de produits frais se trouvent généralement dans des espaces confinés et bondés, aussi évitez d'emporter un gros sac à dos, d'autant plus que vous devrez peut-être manger debout ou passer d'un bateau à l'autre.

Espèces Prévoyez-en suffisamment, surtout de petites coupures. Les DAB peuvent être difficiles à trouver.

Voyage dans le temps

Entouré de verdure, à seulement 20 à 40 minutes de route de Bangkok (selon la circulation), le marché flottant de **Khlong Lat Mayom** (p. 78) – qui apparaît dans *Cuisine de rue : l'Asie* de Netflix – est l'endroit parfait où passer une journée ! Sa culture et son mode de vie préservés vous ramènent à une époque où les rivières ou les canaux représentaient l'équivalent des actuelles grandes artères marchandes. Louez un bateau pour la journée et explorez le quartier et les petits temples voisins comme le **Wat Theppol** ou le **Wat Chang Lek**.

Sur un marché flottant, vous pouvez non seulement goûter des spécialités thaïlandaises traditionnelles, mais aussi vous faire une idée de ce à quoi ressemblait un quartier des affaires en Thaïlande il y a 200 ans. Vous serez surpris de voir tout ce qu'il est possible de cuisiner sur l'eau.

De nos jours, la majorité des marchés flottants ont gagné la terre ferme et sont devenus des curiosités touristiques, pour les étrangers comme pour les Thaïlandais. Même si la barrière de la langue n'a pas totalement disparu, vous pouvez poser des questions aux marchands en anglais.

Les marchés flottants de **Taling Chan**, **Bang Khu Wiang** et du **Wat Sai** (p. 78) font aussi partie des incontournables.

Marché aux fleurs

Le **marché aux fleurs de Bangkok (Pak Klong Talad)** (p. 78) est le plus grand marché de fleurs fraîches en gros et au détail de la ville. Il est ouvert 24h/24, mais essayez, si possible, de vous y rendre avant l'aube, lorsque les vendeurs de rue de tout Bangkok s'y approvisionnent pour la journée. Il se trouve dans la vieille ville, à quelques minutes du **Wat Pho** et d'autres monuments historiques comme le **Saphan Phut (Memorial Bridge)**.

Après votre visite, prenez un café au Floral Cafe (p. 81), à Napasorn, puis déjeunez de nouilles au crabe au **Ba Mhee Puu Saphan Phut** (au Memorial Bridge) pour 50 B.

Bangkok sur l'eau

On recommande souvent de visiter les marchés flottants les plus connus comme celui de Damnoen Saduak, mais ceux-ci se trouvent à 2 heures de la ville. Si vous voulez vivre une bonne expérience, mais rentrer à temps pour le dîner que vous avez réservé, allez au Khlong Lat Mayom, moins fréquenté et plus facilement navigable.

■ **Chawadi Nualkhair,** *autrice de Thailand's Best Street Food, Instagram @BangkokGlutton*

Ci-dessus Marché flottant de Khlong Lat Mayom

02 Le cœur de Bangkok : CHAO PHRAYA

HISTOIRE | VIE PAISIBLE | CULTURES VARIÉES

Le Chao Phraya est le principal cours d'eau qui traverse Bangkok pour se jeter dans le golfe de Thaïlande. Si des sites comme le Wat Arun et l'Asiatique (p. 84 ; réplique d'un célèbre trois-mâts) attirent les visiteurs sur ses berges, le fleuve était jadis le cœur palpitant de la capitale thaïlandaise, la source de vie qui a précédé les implantations urbaines.

En pratique

S'y rendre En métro aérien ou souterrain.

Quand En fin d'après-midi pour un déjeuner tardif ou un dîner précoce, pour un coucher du soleil dans un bar au bord de l'eau, un cocktail à Soi Nana et un repas à Chinatown.

Inondations Après de fortes pluies, mais surtout de fin juin à fin octobre, le Chao Phraya peut déborder. Généralement l'eau disparaît en quelques heures, mais ne soyez pas pressé si vous prenez la route.

Vestiges culturels

De ce côté de Bangkok, attendez-vous à apercevoir des éléments de cultures chinoise (lanternes rouges), japonaise (bâtiments en bois épurés abritant souvent *onsen* ou cafés), indienne (quartier coloré de Th Phahurat) et portugaise (quartier de Kudi Chin). Les étrangers qui ont vécu et travaillé dans la ville y ont laissé çà et là des souvenirs architecturaux.

Cette partie de la ville compte davantage de bâtiments historiques, parfois pluricentenaires, que la loi thaïlandaise sur l'urbanisme (qui interdit les hauts immeubles ici) a préservés.

Architecture historique

Le quartier de **Kudi Chin** (1767) date de l'époque où le roi Taksin a fait de Thonburi sa capitale. L'influence portugaise imprègne l'**église du Saint-Rosaire** (p. 77) et celle de la **Sainte-Croix** (p. 77).

Il faut voir les **Chakrabongse Villas** (1908 ; p. 78), où l'on peut passer la nuit, et se promener à **Khlong San**, **Little India** et **Talad Noi**. Mêlez-vous aux communautés locales, et goûtez les spécialités aux étals en bord de route. Au coucher du soleil, trouvez une table dans un bar au bord du fleuve, par exemple le **Jack's Bar** (p. 82) ou le **Samsara Cafe & Meal**

DAVID BOKUCHAVA/SHUTTERSTOCK ©

(p. 82), ou gagnez le rooftop du **sala rattanakosin** (p. 83).

Un poumon vert

Au Bang Na Pier, prenez un bateau pour **Bang Kachao**, une île artificielle surnommée "le poumon vert" de Bangkok. Passez la journée à explorer à vélo ce quartier bucolique et arrêtez-vous dans un bar au bord du fleuve pour boire un verre au coucher du soleil. Prévoyez de l'antimoustique !

Excursions en bateau

Explorez le fleuve avec bangkokriverboat.com et montez à bord d'un bateau en bois – qui peut même vous emmener à Ayuthaya pour la nuit. Si vous souhaitez emporter boissons et nourriture, vous pourrez les conserver au frais dans une glacière à bord. Jusqu'à 10 personnes, à partir de 2 000 B/heure, 2 heures minimum.

Détente au bord du fleuve

Les rives du fleuve offrent un petit répit à l'agitation de Bangkok. Après une journée trépidante, détendez-vous en laissant votre regard dériver sur l'eau ; c'est un des meilleurs endroits de la ville pour admirer le coucher du soleil.

■ **Nopparat Thongsuk**, *propriétaire de Samsara Cafe & Meal, bar installé dans une maison en bois au bord du fleuve*

Ci-dessus À vélo à Bang Kachao

Marchands de street food, ces héros méconnus

BIEN PLUS QUE DE LA NOURRITURE DE RUE

Dans une ville qui ne dort jamais, foisonnante et pleine de vie, il se passe toujours quelque chose. Cela vaut également pour la nourriture. Quelle que soit l'heure, vous trouverez toujours un vendeur de rue qui vous préparera un plat ou un en-cas pour vous sustenter.

DAY2505/SHUTTERSTOCK ©

Kin khao rue yung ? – "Avez-vous déjà mangé (du riz) ?" – est une façon courante de se saluer en Thaïlande, comme on dirait chez nous "ça va ?".

Dans la culture thaïlandaise, demander à quelqu'un s'il a mangé est une manière de lui montrer que vous vous souciez de lui, sans avoir à le lui dire directement. C'est précisément ce que chante Tai Orathai, chanteuse country-folk thaïlandaise. Dans une chanson, elle raconte que l'homme qu'elle aime a dû quitter sa région natale pour aller travailler dans la mégapole de Bangkok, et qu'elle lui pose cette question au téléphone encore et encore pour lui montrer qu'elle tient à lui et qu'il lui manque.

La nourriture occupe une place importante de la culture thaïlandaise ; vous n'aurez jamais faim dans ce pays. Et manger à l'extérieur ne vous ruinera pas nécessairement. L'offre culinaire de Bangkok est si vaste – allant de la cuisine de rue bon marché aux très onéreux mets et vins des tables gastronomiques – que vous pourrez faire des repas mémorables quel que soit votre budget. La nourriture est présente sur des étals, des chariots, des motos transformées en présentoirs... À Bangkok, peu importe ce dont vous avez envie et à quelle heure vous en avez envie, il y a de fortes chances pour que vous trouviez votre bonheur.

À gauche Femme préparant une soupe de nouilles thaïlandaises sur un marché flottant **Au milieu** Vendeur dans le quartier de Khao San **À droite** Cuisine de rue dans Th Khao San

1000 WORDS/SHUTTERSTOCK ©

THITIKORN/SHUTTERSTOCK ©

Et ce, non seulement parce que les vendeurs de rue vous proposent de la nourriture, mais aussi parce qu'ils gagnent ainsi leur vie. Que les rues soient inondées après de fortes pluies ou que l'air soit irrespirable à cause de la pollution, ils doivent coûte que coûte vendre. Ils ont la responsabilité de nourrir la capitale quels que soient les fléaux qui la frappent – ils ont ainsi continué à travailler pendant la pandémie de Covid-19 – sans bénéficier d'aucune aide du gouvernement, ni de sécurité sociale.

> À Bangkok, peu importe ce dont vous avez envie et à quelle heure vous en avez envie, il y a de fortes chances pour que vous trouviez votre bonheur.

C'est une chance pour les habitants comme pour les touristes, car tout le monde doit manger chaque jour. La cuisine de rue est généralement servie chaude, fraîchement cuisinée, et à prix abordable. Dans une ville qui vit à cent à l'heure, où les gens sont toujours pressés et, pour ceux qui habitent des logements bon marché, ne disposant pas d'espace cuisine, les vendeurs de rue les dispensent de préparer eux-mêmes leurs repas.

Ainsi, quand un vendeur de rue s'occupe de remplir votre estomac, gardez à l'esprit que vous l'aidez également à survivre en soutenant son activité.

Se soutenir les uns les autres

La cuisine de rue s'est développée à partir de la nécessité pour la population de se nourrir. Les habitants de Bangkok n'ont pas toujours d'espace cuisine dans leur logement. L'espace, le temps et les ressources financières peuvent être très limités pour certains, qui doivent compter sur les vendeurs de rue pour manger. La cuisine de rue est délicieuse et l'accueil chaleureux, mais au-delà de cela, il faut comprendre que les clients cherchent à s'alimenter et les vendeurs à joindre les deux bouts.

■ **Dwight Turner**, *qui propose à Bangkok des cours de cuisine et des circuits sur le thème de la cuisine de rue, Instagram/Twitter @bkkfatty, Instagram @courageouskitchen*

03 Hors des sentiers **BATTUS**

ORIGINALITÉ | ART | SPIRITUALITÉ

Si vous en avez assez des visites de temples, des tournées de bars et des circuits culinaires, voici quelques suggestions d'activités qui vous permettront d'entrevoir une autre facette de Bangkok, un aspect inattendu, moins connu mais résolument thaïlandais.

SOPA IMAGES LIMITED/ALAMY LIVE NEWS ©

Bizarre, bizarre

Alors que ses environs continuent de se développer, le centre commercial **Nightingale Olympic** (p. 84) est resté figé dans les années 1970. Photos interdites à l'intérieur.

Découvrez le **Patpong Museum** (p. 77), qui replace le "*soi* du sexe" dans le contexte de la guerre froide, de la guerre du Vietnam et de la guerre civile au Laos.

Quête artistique

Ici comme ailleurs, des talents créent des œuvres controversées pour bousculer l'ordre

PERCULIAR BOY/SHUTTERSTOCK ©

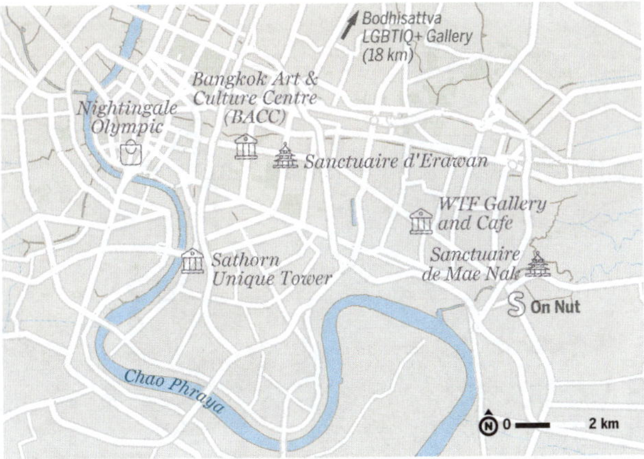

établi. Alex Face (station BTS National Stadium et Bangkok CityCity Gallery) et Muebon (Charoenkrung Soi 28) sont deux des grands graffeurs locaux. Artiste qui monte, Baphoboy présente ses œuvres sur Instagram et dans diverses galeries.

Si vous souhaitez aller voir des expositions, il y a le **Bangkok Art and Culture Centre (BACC)** (p. 76), le **WTF Gallery and Cafe** (p. 77 ; allez-y le soir, c'est aussi un bar !) et la jolie galerie de photos **Kathmandu** (p. 76), à Silom, qui vend des tirages à prix abordable.

Esprit, es-tu là ?

Les Thaïlandais connaissent bien l'histoire du fantôme de Mae Nak (p. 110), dont le sanctuaire se trouve au **Wat Mahabut** (p. 77), à 10 minutes à pied de la station BTS On Nut. La veille de la loterie (le 1er et le 16 de chaque mois), le temple est en effervescence, car on vient demander les numéros gagnants.

Au **sanctuaire d'Erawan** (p. 77), des danseuses traditionnelles sont engagées par ceux dont les prières ont été exaucées.

Tour de 47 étages victime de la crise financière de 1997, la **Sathorn Unique Tower** (p. 78), ou "tour fantôme", offre une vision spectrale. On l'aperçoit quand on se déplace entre Sathorn et Chinatown. La tour, ornée de graffitis, loge des sans-abri.

Circuit photos et karting

Une sortie photo avec **@sweetfilmbar** est une autre façon d'explorer Bangkok à pied. On vous emmène généralement dans un quartier qui vous surprendra.

Filez à travers le centre-ville sans vous soucier de la circulation au **E-Gokart by Monowheel**, un circuit de karting du Siam Centre.

En pratique

S'y rendre Où que vous soyez à Bangkok, vous trouverez toujours un taxi, une moto-taxi ou un tuk-tuk pour vous conduire à votre destination.

Quand Toute l'année ; certains de ces lieux de sortie sont parfaits pour les jours de pluie.

S'orienter Avec une application comme Grab ou Bolt, vous ne serez jamais vraiment perdu.

À gauche, en haut Patpong Museum
En dessous Sanctuaire d'Erawan

L'art qui reflète la vie

Alors que l'État tente constamment d'effacer et de reconstruire le récit de la nation, on peut voir le reflet de ce qu'est vraiment la Thaïlande dans sa scène artistique : contradictoire et en perpétuel changement. Vous verrez un portrait du roi en or faisant face à des affiches contestataires pro-démocratie peintes par des artistes queer. C'est ce qui fait de chez nous un endroit incontournable en Asie du Sud-Est pour les amateurs d'art.

■ **Oat Montien**, *artiste, écrivain et propriétaire de la Bodhisattva LGBTIQ+ Gallery, Instagram @oatmontienstudio, @bodhisattava.gallery*

04 Avez-vous déjà **MANGÉ ?**

ACCESSIBILITÉ | NON-STOP | DIVERSITÉ

“Avez-vous déjà mangé ?” est l’une des nombreuses façons de se saluer en Thaïlande, une manière de montrer que l’on se soucie de son interlocuteur, comme si rien ne pouvait aller mal quand on a le ventre plein. Vous ne mourrez certainement pas de faim à Bangkok. Peu importe l’heure ou ce dont vous avez envie, vous trouverez de quoi vous nourrir en ville.

FEELGOODLUCK/SHUTTERSTOCK ©

En pratique

S'y rendre Il est facile de se déplacer à Bangkok. Selon l'endroit où vous allez, marchez, enfourchez une moto-taxi, hélez un taxi ordinaire ou prenez le métro souterrain ou aérien.

Quand... Quand vous avez faim.

L'embarras du choix

En plus de la cuisine internationale, Bangkok propose des spécialités de toute la Thaïlande.

Cuisine de rue N'ayez pas peur de goûter à la cuisine de rue ; vous pourriez être étonné. Et, bien sûr, les prix sont abordables.

OSAZE CUOMO/SHUTTERSTOCK ©

Besoin de protéines ?

Le bœuf franco-thaïlandais, originaire du Nord-Est fermier de la Thaïlande, mériterait une plus grande notoriété. Ne manquez pas de goûter les brochettes de viande que l'on voit partout à Bangkok, au porc, au bœuf ou autre !

Les Thaïlandais aiment se réunir pour manger autour d'un *mŏo krata* (littéralement "porc sur poêle"), réchaud à charbon sur lequel on fait griller de la viande. Bien sûr, vous pouvez en faire l'expérience seul ou à deux, mais ce n'est pas tout à fait la même chose.

PUMPUI/SHUTTERSTOCK ©

Parmi les innovations culinaires à ne pas manquer figure le *mŏo grob* (porc croustillant) ; goûtez-y dans un plat de *phat kaphrao* (sauté au basilic). **Jek Pui Curry Rice** (p. 79), dans la vieille ville, propose un curry de viande savoureux, que l'on mange assis simplement sur une chaise en plastique, sans table.

Gub Glam

Ce terme désigne la nourriture qu'on mange avec des boissons alcoolisées. Ces plats, généralement frais et épicés, se marient bien avec une bière glacée (souvent servie avec des glaçons). Les *yum* (salades épicées) sont délicieuses. Rendez-vous au Samlor (p. 80) à Charoenkrung, où le *gub glam* s'accompagne de vins naturels ou de bières artisanales thaïlandaises.

À gauche, en haut Jek Pui Curry Rice **Ci-dessus** *Sôm dam* (salade de papaye verte épicée) **Ci-contre** *Mŏo Krata*

Le savoureux *sôm-đam* est une salade de papaye verte épicée. Originaire du Nord-Est, on peut le commander à peu près partout dans le pays. C'est très bon avec du poulet grillé, du cou de porc grillé ou du *nham tok* (un plat de viande épicé). Essayez **Baan Somtum** (p. 79), qui sert une cuisine du Nord-Est moyennement épicée, ou **100 Mahaseth** (p. 79), plus raffiné.

Coquillages et crustacés

Les produits de la mer sont très appréciés en Thaïlande. Quiconque visite Bangkok se doit de goûter l'omelette au crabe de **Jay Fai** (p. 79), une étoile au Michelin. Essayez aussi le *tom yum mama* de **Jeh O Chula** (p. 79), généreux plat de nouilles aux produits de la mer, servi après 22h.

Nouilles à gogo

Comme les Italiens, les Thaïlandais consomment une grande variété de pâtes : *sen yai* (grosses nouilles), *sen lek* (petites nouilles), *sen mi* (vermicelles), *ba mi leung* (nouilles aux œufs), *giam i* (pâtes courtes), *guay jub* (pâtes enroulées, servies dans une

L'avenir de l'alimentation

La très multiculturelle Bangkok réunit différentes cultures de toute la Thaïlande et du monde entier, ce qui transparaît inévitablement dans sa scène culinaire. Ces dernières années, les agriculteurs locaux ont considérablement amélioré leurs techniques, s'efforçant de cultiver bio, et de nombreux restaurants s'approvisionnent auprès d'eux.

■ **Napol Jantraget**, *chef et copropriétaire du Samlor à Charoenkrung, Instagram @samlor.bkk*

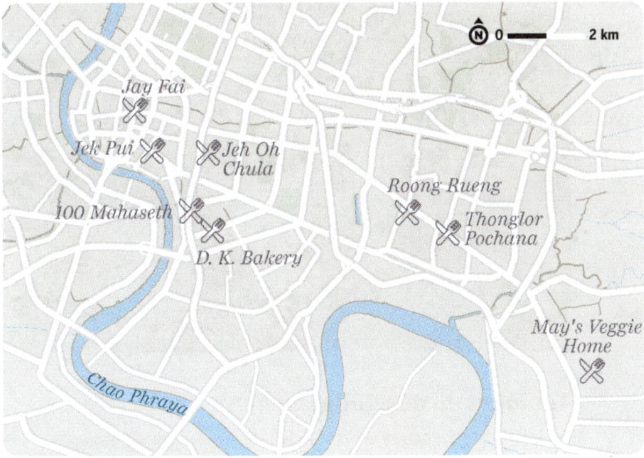

soupe typique) et *mama* (nouilles instantanées).

Commander des nouilles en Thaïlande n'a rien de compliqué : choisissez le type de pâtes que vous désirez, avec ou sans bouillon elles sont tout aussi bonnes, et attendez d'être servi !

Goûtez les nouilles au bœuf de **Thonglor Pochana** (p. 80) ou les nouilles *tom yum* au porc de **Roong Rueng** (p. 79) ou de **Zaew Noodle**, au 49 Sukhumvit Soi 49 (à ne pas confondre avec celui du 57 Sukhumvit Soi).

Délices sucrés

Les vendeurs ambulants contribuent beaucoup à l'animation de Bangkok et certains proposent des desserts. Si, avec l'aide des dieux culinaires, vous tombez sur le chariot de glaces nommé **Paithong**, goûtez sa glace à la noix de coco. Sinon, prenez une glace à la noix de coco auprès d'un autre marchand dans la rue ; il y a de fortes chances qu'elle soit tout aussi savoureuse et rafraîchissante dans la chaleur de Bangkok.

Les amateurs de délices sucrés se dirigeront vers **D.K. Bakery** (p. 79), boulangerie locale de Silom ouverte depuis 70 ans. Les brioches à la crème de pandan sont à tomber.

Ne ratez pas l'occasion de manger de savoureux fruits (il n'y a pas que la mangue au riz gluant !). N'oubliez pas non plus de goûter au thé thaïlandais.

Repas végétariens

Il était autrefois difficile de trouver des repas entièrement végétariens à Bangkok, mais c'est devenu plus facile ces dernières années, et l'offre est aussi plus innovante. May's Veggie Home, Vistro et Arawy (p. 80) sont les trois grands incontournables.

À gauche Jay Fai

Cours de cuisine

Apprendre à cuisiner de délicieuses spécialités est parfois le temps fort d'un séjour à Bangkok. Presque tous les cours incluent une visite au marché et un livret de recettes, et se terminent par un repas pris en commun pour goûter les plats.

Cooking with Poo & Friends (p. 79). Créés par une habitante du modeste quartier de Khlong Toey, les cours mettent à l'honneur 3 plats et incluent le transport et une visite du marché.

Amita Thai Cooking Class (p. 79). Cette école de cuisine occupe une maison de Thonburi située au bord d'un canal. Le cours comprend l'apprentissage de 4 plats. Transfert en bateau depuis le Maharaj Pier inclus.

Blue Elephant Royal Thai Cuisine (p. 79). Cette excellente école de cuisine thaïlandaise dispense 2 cours. Ceux du matin comprennent la visite d'un marché, ceux de l'après-midi présentent des ingrédients de façon détaillée.

Bangkok, thaïlandaise mais pas tant que ça

VOYAGE RESPONSABLE
POUR UN MONDE MEILLEUR

Sur les quelque 70 millions d'habitants que compte la Thaïlande, près de 11 millions vivent à Bangkok, le reste de la population étant réparti dans les 76 autres provinces. La capitale n'est pas représentative de la nation thaïlandaise, mais on y retrouve des habitants de chaque région en raison de la décentralisation, ou plutôt, du manque de décentralisation du pays.

À gauche Manifestation contre le Premier ministre Prayuth Chan-o-cha
Au milieu Monument de la Démocratie (p. 77) **À droite** Salut à trois doigts en signe de protestation

YOUKONTON/SHUTTERSTOCK ©

Toujours en développement

À Bangkok, lorsque vous parlez à un Thaïlandais, il y a de fortes chances qu'il ne soit pas né dans cette ville. Et si vous visitez la capitale pendant les grandes fêtes nationales comme Songkran (Nouvel An bouddhiste, en avril) ou le Nouvel An, vous trouverez ses rues désertes, car tout le monde est rentré dans sa région natale.

Le Département des affaires économiques et sociales du Secrétariat des Nations unies (ONU-DAES) classe la Thaïlande dans la catégorie des "économies en développement". En tant que capitale, Bangkok est, à bien des égards, bien plus développée que le reste de la nation. Pour cette raison, de nombreux Thaïlandais y viennent de tout le pays pour y trouver du travail, apportant un petit bout de leur province d'origine, que ce soit par leur cuisine ou leur dialecte.

Bien que la capitale rassemble des spécialités et des accents de toutes les régions du pays, elle ne représente néanmoins pas la Thaïlande dans son ensemble. Ainsi, si vous visitez Bangkok, prévoyez d'explorer d'autres provinces pour découvrir la Thaïlande authentique.

Coups d'État militaires et éternelle reconstruction

Au-delà des belles plages, de la délicieuse cuisine et du soleil estival éclatant, les Thaïlandais se battent toujours

SAIKO3P/SHUTTERSTOCK ©

ADIRACH TOUMLAMOON/SHUTTERSTOCK ©

pour une véritable démocratie. Le dernier coup d'État du pays – le treizième de son histoire – a éclaté en 2014 et s'est achevé en 2019 par une élection, dont l'équité fait encore débat. Fin 2020, les jeunes générations ont lancé un mouvement d'éveil politique en faveur de leurs droits et de la démocratie, qui se poursuit toujours.

Si le potentiel économique de la Thaïlande est évident, les perturbations causées par les coups d'État et les troubles politiques entravent la croissance du pays. Ainsi, après chaque coup d'État militaire, la Constitution est réécrite et le peuple thaïlandais doit repartir de zéro.

> Au-delà des belles plages, de la délicieuse cuisine et du soleil estival éclatant, les Thaïlandais se battent toujours pour une véritable démocratie.

Vous n'avez certes pas besoin de connaître tous les détails de la politique locale, mais sachez qu'il se peut que pendant vos vacances à Bangkok, vous tombiez sur une manifestation ou des barrages routiers. C'est peut-être ennuyeux, mais cela s'inscrit dans la lutte des Thaïlandais pour leurs droits.

Vous remarquerez peut-être aussi des trottoirs presque impraticables ou des câbles et fils électriques qui pendent le long de la rue. Sachez que plus que quiconque, les habitants désirent que les choses s'améliorent, mais le contexte politique du pays rend les changements difficiles.

Les pour et les contre

Si Bangkok a beaucoup à offrir en tant que ville, il convient de garder à l'esprit lorsqu'on la visite qu'elle ne représente pas la Thaïlande dans son ensemble. La Thaïlande figure toujours parmi les dix pays les plus inégalitaires du monde, où les riches s'enrichissent, tandis que les pauvres s'appauvrissent.

■ **Emilie Palamy Pradichit**, *fondatrice et directrice exécutive de la Manushya Foundation, organisation de défense des femmes et des droits humains basée à Bangkok. Instagram @manushyafoundation*

05 La ville de MINUIT

VIE NOCTURNE | DIVERSITÉ | TALENTS CACHÉS

À Bangkok, les soirées commencent généralement assez tôt par rapport aux pays occidentaux. C'est parce que la loi autorise uniquement la vente d'alcool de 11h à 14h et de 17h à minuit. On peut cependant toujours trouver un lieu ouvert après minuit. Il est tout à fait possible de faire une tournée des bars à Bangkok, mais en raison des embouteillages, mieux vaut se limiter à un seul quartier. Chacun a son propre caractère, alors choisissez-en un, et explorez-le.

TANAWAT CHANTRADILOKRAT/SHUTTERSTOCK ©

En pratique

S'y rendre La circulation pouvant être chaotique après les heures de bureau, privilégiez le train, la moto-taxi ou la marche.

Quand Certains bars au bord de l'eau ou sur les toits offrent une magnifique vue sur la ville au coucher du soleil ; sinon, commencez la soirée vers 21h.

Réglementation sur l'alcool On trouve des commerçants locaux créatifs qui doivent rester discrets en raison de la loi sur le contrôle de l'alcool.

À gauche 72 Courtyard, Thong Lo
En dessous Miss Srimala en spectacle au Stranger Bar

Sukhumvit

Sukhumvit est l'une des plus longues routes de Thaïlande et l'une des grandes artères qui traversent le centre-ville de Bangkok. Vous pouvez facilement distinguer les quartiers en fonction des stations BTS. Ils ont tous une ambiance plus ou moins similaire, à l'exception de Nana. Avant le Covid-19, Nana était le lieu de prédilection des touristes en quête de soirées débridées. Aujourd'hui, le quartier est plus calme, mais si vous cherchez un endroit sympa pour danser, rendez-vous au **Havana Social** (p. 82), un bar-club cubain. Le lieu est toutefois terriblement fréquenté ; vous voilà prévenu.

Pour une soirée moins agitée, continuez vers les numéros de *soi* supérieurs. Après Nana se trouve Asoke, l'un des quartiers d'affaires de Bangkok, suivi de Phrom Phong, aux nombreux bars et restaurants japonais.

Vient ensuite Thong Lo, l'un des principaux quartiers de vie nocturne de Bangkok. Il foisonne de bars chics et de restaurants haut de gamme fréquentés par des Thaïlandais un peu plus jeunes, qui arrivent souvent en voiture de sport. **Beam** (p. 82), au 72 Courtyard, est la boîte de nuit la plus branchée de la ville, où vous n'entendrez aucun tube. Pour un cocktail, trouvez

LAUREN DECICCA/GETTY IMAGES ©

Soirées arc-en-ciel

Il n'y a pas plus "gay-friendly" que Silom Soi 2 et 4. C'est dans ce quartier que les premiers lieux festifs ont émergé. À l'époque, c'était l'endroit cool où sortir et se rencontrer. Si vous y allez, essayez d'assister à un spectacle de drag-queens au **Stranger Bar** (p. 83).

Bangkok peut sembler être une ville très accueillante pour les LGBTIQ+, et pour le côté festif, elle l'est, mais sachez qu'aucune loi ne soutient cette communauté en Thaïlande.

l'entrée du speakeasy **#FindTheLockerRoom** (p. 81). Avant de quitter Thong Lo, rejoignez **Saeng Chai** pour avaler un *khao tom* (soupe de riz) et un plat sino-thaïlandais, un bon moyen pour ne pas se réveiller le lendemain avec la gueule de bois.

Sathorn/Silom

Si vous sortez en semaine dans ce quartier d'affaires de Bangkok, il y a de fortes chances que vous y rencontriez beaucoup de Thaïlandais en tenue de travail. Au **Vesper** (p. 83), asseyez-vous et dégustez un cocktail en observant les étals de rue par la fenêtre.

Charoen Krung/vieille ville

Soigneusement préservé, ce quartier imprégné de culture sino-thaïlandaise compte plus de maisons de négoce (shophouses) anciennes que de gratte-ciel. Il donne une idée de ce qu'était Bangkok avant son développement moderne. Derrière les vieilles

Vivez l'authentique Bangkok

Une soirée dans la vieille ville vous donne l'occasion de plonger dans les racines culturelles de la Thaïlande. En plus de bars à cocktails modernes cachés derrière des maisons de négoce anciennes, vous y découvrez des facettes du pays moins glamour, comme les sans-abri et les personnes âgées qui doivent gagner leur vie. Contrairement à Thong Lor et autres coins de Sukhumvit, où règnent dress code et bling-bling, vous pouvez ici vous montrer tel que vous êtes et profiter de la Thaïlande authentique.

■ **Niks Anuman-Rajadhon**, *fondateur des Teens of Thailand Bar, Asia Today Bar et Tax Bar ; associé d'Issan Rum, rhum thaïlandais artisanal ; Instagram @niks_anuman*

Bière artisanale

Les bières artisanales thaïlandaises coûtent aussi chères que les bières importées, et pour cause... elles sont importées. Comme la réglementation n'autorise pas la présence de brasseries artisanales locales, celles-ci doivent fabriquer leurs bières dans des pays voisins (et sont soumises aux mêmes taxes que les importateurs étrangers).

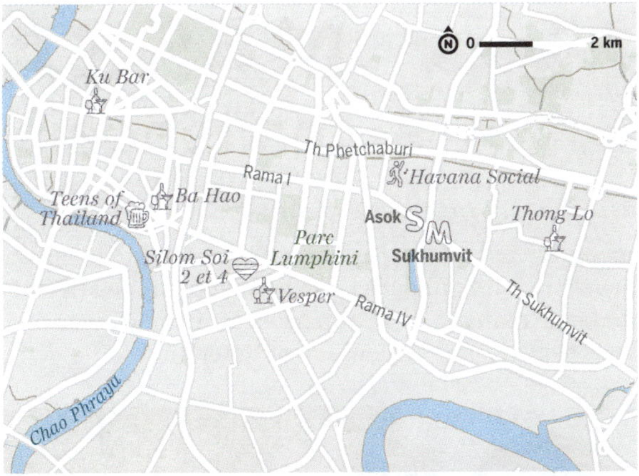

maisons de négoce qui bordent la petite Soi Nana (à ne pas confondre avec Sukhumvit Soi 11 Nana), vous trouverez un bar à gins, **Teens of Thailand** (p. 82), et un bar à cocktails à base de miel, **Asia Today** (p. 81). Au **Ba Hao** (p. 81), vous accompagnerez vos boissons d'en-cas chinois créatifs.

Si vous n'êtes pas contre un peu d'aventure, essayez de trouver le bar très bien caché **Ku Bar** (p. 82) ; il en vaut la peine.

Il y a de nombreuses raisons pour aller boire un verre dans ce quartier, mais la proximité de Th Yaowarat (aussi appelé Chinatown) et de son offre culinaire exceptionnelle suffit pour justifier qu'on s'y rende. Th Khao San, repaire de baroudeurs, se trouve aussi tout près. Dudesweet, pionnier de l'organisation de fêtes à Bangkok et lanceur de mode et d'art, vient d'y ouvrir un bar, **Mischa Cheap** (p. 82).

Les toits de Bangkok

Tout le monde apprécie un bon rooftop, et ceux de Bangkok sont très abordables. Perché au 76e étage, le **Mahanakhon Bangkok Skybar** offre une vue spectaculaire sur la ville. Pour contempler de près le fleuve et le Wat Arun, gagnez le modeste **Deck by Arun Residence** (p. 83).

À gauche Shot d'infusion de kratom, Teens of Thailand
Ci-dessus Terrasse panoramique, Mahanakhon Bangkok Skybar

06 MASSAGE thaïlandais

RELAXANT | BÉNÉFIQUE | ADDICTIF

Si vous n'avez pas encore expérimenté le massage thaïlandais, vous avez peut-être entendu parler d'expériences un peu déplaisantes. Oui, c'est vrai, le massage thaïlandais peut parfois être douloureux, mais après la séance, vous vous sentirez merveilleusement détendu.

ANEK SOOWANNAPHOOM/SHUTTERSTOCK ©

En pratique

Quand N'importe quand ! Mais particulièrement recommandé quand vous avez le corps endolori ou fatigué.

Douleur ou plaisir Comme le massage thaïlandais se concentre sur les tissus profonds et les "lignes" (*sen*) du corps, il peut être douloureux, mais vous devriez néanmoins y prendre plaisir. Si le masseur ou la masseuse y va un peu trop fort, dites-le-lui tout simplement. Cherchez une pression qui vous convienne, mais qui soit quand même bénéfique pour votre corps.

CHATCHAI SOMWAT/SHUTTERSTOCK ©

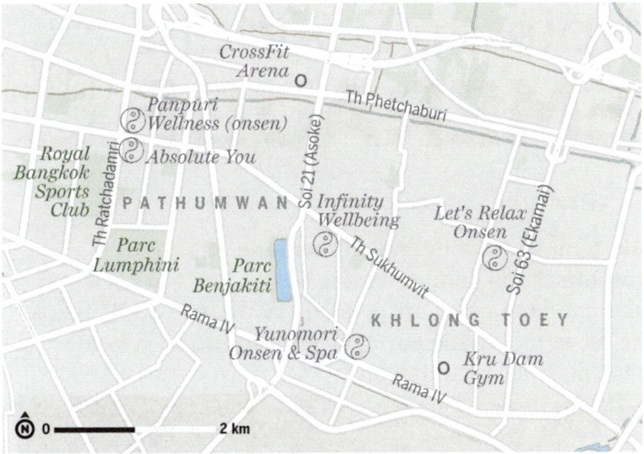

À gauche Massage thaïlandais
En dessous *Muay thai*

Le massage thaïlandais, dont l'histoire serait plurimillénaire, fait partie du système médical thaïlandais pour ses bienfaits psychiques et physiques. Aucune huile n'est utilisée et vous portez des vêtements amples et confortables, généralement fournis par les centres de massage. Le massage thaïlandais combine fortes pressions et étirements, excellents pour vos ligaments.

Bangkok est une ville incontournable pour essayer les massages ; ils y sont très courants, accessibles et très bon marché.

Pour un premier massage (p. 83)

Infinity Wellbeing Si vous appréhendez de vous faire masser en Thaïlande, vous vous sentirez ici rapidement à l'aise.

Panpuri Wellness – onsen et repas au cannabis On peut facilement passer la journée dans ce lieu baigné dans le parfum des produits. Vous repartirez le corps et l'esprit légers.

Let's Relax Onsen Une chaîne d'*onsen* présente un peu partout à Bangkok ; la qualité est la même dans toutes les antennes.

Yunomori Onsen & Spa Le confort et le minimalisme japonais au cœur du chaos de Bangkok ! Vous oublierez même que vous êtes dans la capitale thaïlandaise.

Se dépenser avec les habitants (p. 83 et p. 84)

Muay thai Kru Dam Gym, Elite Fight Club, BigBox Muay Thai.

CrossFit CrossFit Arena, Training Ground.

HIIT (entraînement fractionné de haute intensité) F45 Training.

Yoga et pilates Absolute You, Divine Yoga, Pilates Station.

Se retrouver autour du sport

Bangkok est une ville pleine de vie et de distractions. Les rues de Sukhumvit peuvent évoquer une jungle de béton, où l'on ne se sent pas toujours à son aise. Les salles de sport locales, qui réunissent expatriés, voyageurs et habitants autour d'un même objectif, sont de bons endroits où trouver sa tribu. Après la séance, on sort ensemble prendre un verre et faire le plein de calories pour s'assurer d'en avoir suffisamment à brûler le lendemain.

■ **Par Lu, Yen-Ju**, *coach sportif, Instagram @ yen_ju04*

07 Temple du Bouddha D'ÉMERAUDE

GRAND PALAIS | BOUDDHA D'ÉMERAUDE | PÈLERINAGE

Le Wat Phra Kaew, ou temple du Bouddha d'Émeraude, est un impressionnant ensemble architectural comprenant le Grand Palais, l'ancienne résidence de la famille royale thaïlandaise. Consacré en 1782, année où Bangkok est devenue capitale, ce site est la principale curiosité touristique de la ville, ainsi qu'un lieu de pèlerinage pour les bouddhistes.

SEAN PAVONE/ISTOCK ©

Ci-dessus Sanctuaire du bouddha d'Émeraude

Le bouddha d'Émeraude

L'entrée du Wat Phra Kaew est gardée par les *yakcha*, colosses musclés évoqués dans le *Ramakien* (version thaïlandaise du *Ramayana*). Au-delà s'étendent une cour et le *bòht* (salle d'ordination) central qui abrite la statuette du bouddha d'Émeraude. Les riches ornementations de la façade et de l'intérieur font facilement oublier aux visiteurs de rendre hommage au bouddha. Du fait de son statut royal, le bouddha d'Émeraude est vêtu d'habits monastiques cérémoniels.

En pratique

Infos pratiques Th Na Phra Lan ; 500 B ; 8h30-15h30 ; Chang Pier, Maharaj Pier

À savoir L'accès au Wat Phra Kaew et au Grand Palais se fait par la troisième porte, bien indiquée, depuis le débarcadère ; la billetterie est à l'intérieur.

Tenue Tenue correcte exigée. Si la vôtre est jugée inappropriée, on vous mènera au vestiaire où vous pourrez louer une chemise ou un sarong (caution 200 B).

Petite faim Allez déjeuner chez Ming Lee (p. 79), restaurant thaïlandais à l'ancienne, situé presque en face de l'entrée principale du site.

Wat Phra Kaew et Grand Palais

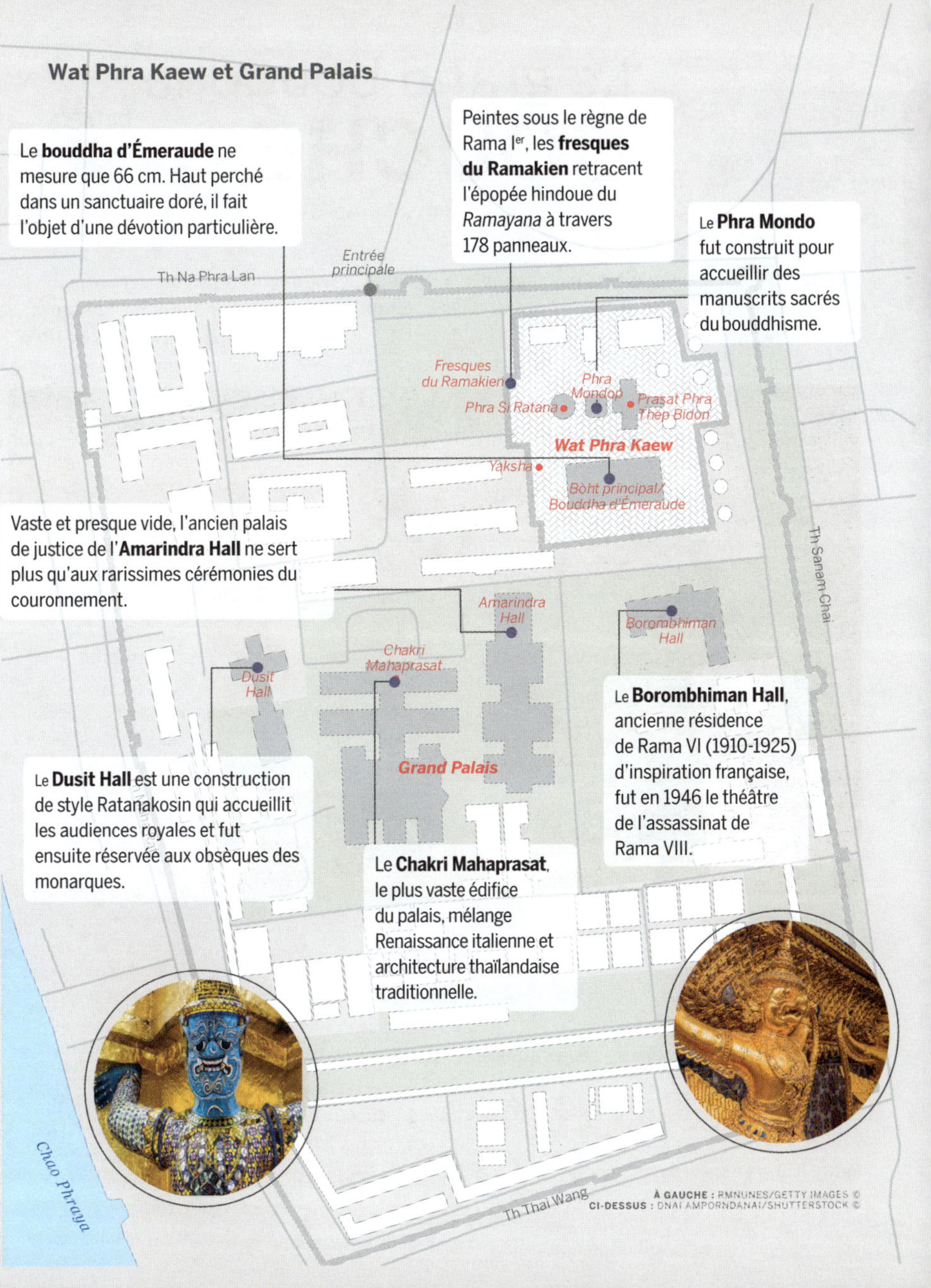

Le **bouddha d'Émeraude** ne mesure que 66 cm. Haut perché dans un sanctuaire doré, il fait l'objet d'une dévotion particulière.

Peintes sous le règne de Rama Ier, les **fresques du Ramakien** retracent l'épopée hindoue du *Ramayana* à travers 178 panneaux.

Le **Phra Mondo** fut construit pour accueillir des manuscrits sacrés du bouddhisme.

Vaste et presque vide, l'ancien palais de justice de l'**Amarindra Hall** ne sert plus qu'aux rarissimes cérémonies du couronnement.

Le **Borombhiman Hall**, ancienne résidence de Rama VI (1910-1925) d'inspiration française, fut en 1946 le théâtre de l'assassinat de Rama VIII.

Le **Dusit Hall** est une construction de style Ratanakosin qui accueillit les audiences royales et fut ensuite réservée aux obsèques des monarques.

Le **Chakri Mahaprasat**, le plus vaste édifice du palais, mélange Renaissance italienne et architecture thaïlandaise traditionnelle.

08 Le grand bouddha COUCHÉ

SANCTUAIRE | STUPAS | BOUDDHAS

S'il est un temple à ne pas manquer à Bangkok, c'est bien le Wat Pho, remarquable pour son bouddha couché, le plus grand de la capitale. Vaste ensemble constellé de stupas, c'est le plus ancien et le plus grand temple de la ville, recelant la plus importante collection de bouddhas de Thaïlande. Il fut jadis le premier centre d'éducation publique du pays.

TOONDELAMOUR/GETTY IMAGES ©

Ci-dessus Bouddha couché, Wat Pho

Bouddha couché

Située dans le principal *wí·hăhn* (sanctuaire), cette impressionnante statue de 46 m de long et 15 m de haut représente le Bouddha sur son lit de mort juste avant d'atteindre le nivarna. Moulé en plâtre sur une armature de brique et doré à la feuille, ce bouddha couché, achevé en 1848, reste le plus imposant de la capitale. Les incrustations de nacre sur ses pieds représentent les 108 *lák·sà·nà* (signes caractéristiques) de bon augure.

En pratique

Infos pratiques www.watpho.com ; Wat Phra Chetuphon ; 200 B ; 8h30-18h30 ; Tien Pier

Quand Arrivez tôt pour éviter les heures d'affluence et profiter de la (relative) fraîcheur.

À savoir Le billet d'entrée comprend une bouteille d'eau à récupérer de l'autre côté de la cour.

Petite pause Le stand de restauration en plein air Pa Aew (p. 79), près de l'entrée du temple, sert de savoureux curries et plats sautés.

Le **bouddha couché** est la pièce maîtresse du Wat Pho.

Quatre hauts **chedis royaux** recouverts de mosaïques rendent hommage aux quatre premiers rois de la dynastie Chakri.

Un petit pavillon renferme des **inscriptions anciennes** détaillant les principes du massage thaïlandais.

Le **Phra Ubosot** abrite de superbes fresques, ainsi qu'un piédestal contenant les cendres de Rama Ier, et sur lequel trône un fantastique bouddha assis.

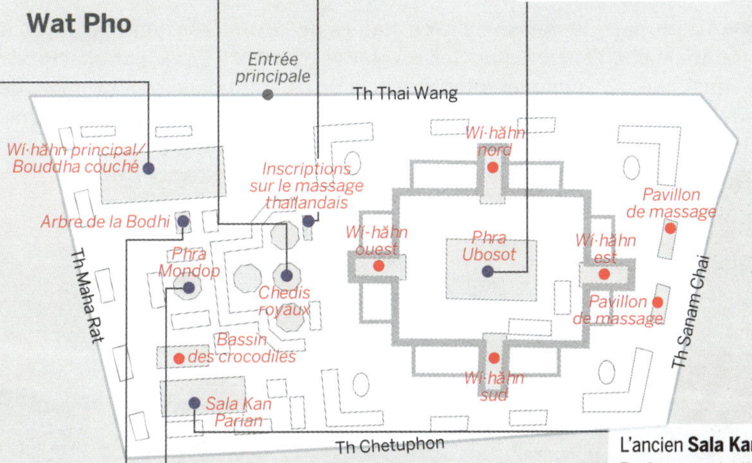

L'**arbre de la Bodhi**, noueux, est issu d'une bouture de l'arbre sous lequel le Bouddha aurait atteint l'Éveil.

Le **Phra Mondop**, en hauteur, conserve des textes bouddhiques ; il est gardé par quatre *yakcha* (gardiens-démons).

L'ancien **Sala Kan Parian**, construit dans le style d'Ayutthaya, était à l'origine le principal *bòht* du temple.

À GAUCHE : IVIEWFINDER/SHUTTERSTOCK © À DROITE : WARAPHORN APHAI SHUTTERSTOCK ©

09 Une balade ROYALE

TEMPLES | UNIVERSITÉS | MARCHÉ

La plupart des sites incontournables de la capitale sont regroupés dans Ko Ratanakosin, l'ancien quartier royal. Cet itinéraire passe par chacun d'entre eux, ainsi que par quelques sites moins connus. Commencez la promenade tôt le matin. Optez pour une tenue discrète et repoussez poliment, mais fermement, les inconnus affables qui vous proposeront leurs conseils.

THITIVONG/ISTOCK ©

Ci-dessus Grand Palais et Wat Phra Kaew au crépuscule

Marché aux amulettes

Dans le Trok Maha That, souvent bondé, arpentez l'étonnant marché aux amulettes. On y vend une grande variété de petits talismans prisés des collectionneurs, moines, chauffeurs de taxi et professionnels de métiers à risque.

En pratique

Départ Chang Pier

Arrivée Wat Arun

Distance 4 km

Durée 3 à 4 heures

À savoir De fréquents ferries traversent le fleuve entre Tien Pier et le Wat Arun.

01 Depuis le Chang Pier, suivez Th Na Phra Lan vers l'**université de Silpakorn** (p. 77), la principale université des Beaux-Arts de Thaïlande.

02 Continuez vers l'est jusqu'au **Wat Phra Kaew** (voir p. 42 et p. 66).

03 Revenez sur vos pas. Sur Th Maha Rat, juste après un kiosque à journaux, tournez à gauche dans **Trok Tha Wang**, une allée typique de Bangkok.

04 Poursuivez sur Th Maha Rat, sur votre droite se trouve le **Wat Mahathat** (p. 77), une université bouddhique très respectée.

05 Dans Trok Maha That se cache le **marché aux amulettes** (page ci-contre). Longez la rivière vers le nord ; les stands de restauration remplacent peu à peu les vendeurs de talismans.

06 Traversez Sanam Luang, la "place royale", en direction du **Lak Meuang** ("pilier de la ville"), qui incarne l'esprit de Bangkok.

07 Poursuivez dans Th Sanam Chai jusqu'à l'entrée du **Wat Pho** (p. 42 et p. 68).

08 Prenez un ferry jusqu'au **Wat Arun** (p. 43), temple bouddhique au sommet duquel on peut monter.

10 Virée shopping à SIAM SQUARE

TEMPLES | UNIVERSITÉS | MARCHÉ

Cette promenade au cœur du quartier le plus commerçant de Bangkok emprunte des passerelles et des escalators, et traverse des centres commerciaux climatisés. Commencez votre tournée shopping vers 10h pour profiter des magasins avant la foule.

MELISSAMN/SHUTTERSTOCK ©

Ci-dessus MBK Center, Siam Square

La folie des food courts

Les immenses centres commerciaux de Siam Square abritent quantité de *food courts*, idéals pour découvrir une multitude de plats thaïlandais. Prenez des forces à celui du 6e étage du MBK Center (p. 84) avant d'attaquer votre balade. Vous pourrez aussi grignoter un en-cas sucré dans le vaste Gourmet Paradise du Siam Paragon (p. 85)

En pratique

Départ MBK Center

Arrivée Hyde & Seek

Distance 3 km

Durée 2 à 4 heures

Bon plan S'il fait très chaud à l'extérieur, sachez que les centres commerciaux de Bangkok sont tous climatisés.

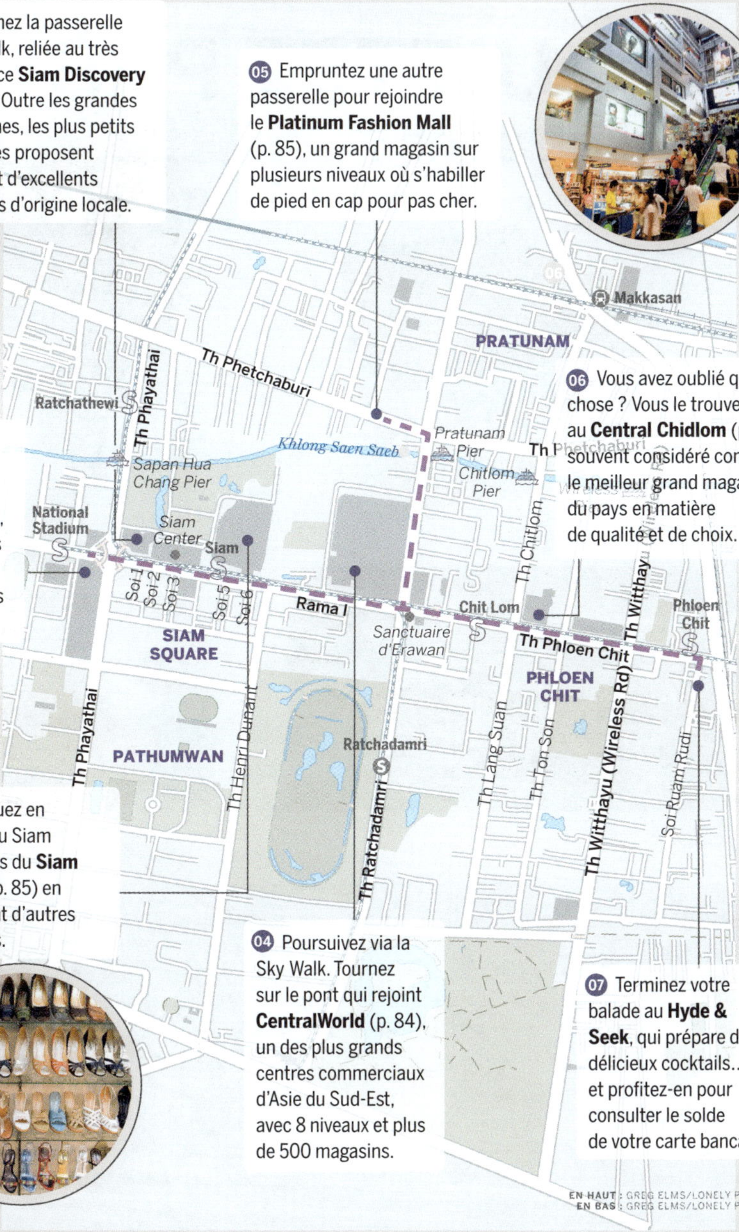

01 Commencez au **MBK Center** (p. 84), où vous trouverez de tout, des smartphones d'occasion aux dernières baskets à la mode.

02 Prenez la passerelle Sky Walk, reliée au très tendance **Siam Discovery** (p. 85). Outre les grandes enseignes, les plus petits kiosques proposent souvent d'excellents produits d'origine locale.

03 Continuez en direction du Siam Center, puis du **Siam Paragon** (p. 85) en empruntant d'autres passerelles.

04 Poursuivez via la Sky Walk. Tournez sur le pont qui rejoint **CentralWorld** (p. 84), un des plus grands centres commerciaux d'Asie du Sud-Est, avec 8 niveaux et plus de 500 magasins.

05 Empruntez une autre passerelle pour rejoindre le **Platinum Fashion Mall** (p. 85), un grand magasin sur plusieurs niveaux où s'habiller de pied en cap pour pas cher.

06 Vous avez oublié quelque chose ? Vous le trouverez au **Central Chidlom** (p. 84), souvent considéré comme le meilleur grand magasin du pays en matière de qualité et de choix.

07 Terminez votre balade au **Hyde & Seek**, qui prépare de délicieux cocktails… et profitez-en pour consulter le solde de votre carte bancaire.

NE QUITTEZ PAS
Bangkok sans...

01

02

03

04

01 Soie thaïlandaise
Sous forme de tote bag, de foulard ou de robe. Sa texture convient bien aux climats plus frais. Nettoyage à sec uniquement !

02 Créations locales
Siam Discovery et Emporium proposent un rayon entier consacré aux créateurs de mode et d'objets de décoration thaïlandais.

03 Œuvres d'art locales
Soutenez un artiste local et rapportez chez vous une œuvre véritablement unique, qui vous rappellera pendant des années votre séjour en Thaïlande.

04 Pâtes de curry
Avec les pâtes de curry vendues dans les supermarchés thaïlandais (meilleures que celles vendues à l'étranger), préparez un curry presque aussi bon qu'au restaurant.

05 Café thaïlandais
Visitez des boutiques comme Kaizen, Single Lane et Roots (p. 81), ou passez commande sur le site Left Hand

05

06

07

08

Roaster et vous pourrez déguster du véritable café thaïlandais de retour chez vous.

06 Chocolat thaïlandais

Le chocolat thaïlandais est encore un marché de niche (il était autrefois réservé à la famille royale), mais des marques comme Kad Kokoa, Shabar ou Pridi proposent des produits de premier choix, fabriqués à partir de fèves cultivées localement.

07 Sac Sampheng

Les sacs de courses multicolores Barbes East-West de Balenciaga sont populaires en Thaïlande depuis des décennies, et souvent utilisés par les vendeurs de rue pour s'approvisionner au marché de Sampheng (d'où leur surnom).

08 Benjarong

Considérée comme une forme d'art à part entière, la peinture sur céramique thaïlandaise remonterait au XIIIe siècle.

Carnet d'adresses

Les grands classiques (p. 42)

Bangkok Art & Culture Center (BACC)

(66 2 214 6630 ; en.bacc.or.th ; angle Th Phayathai et Rama I ; 10h-20h mar-dim ; S National Stadium sortie 3)

Canaux de Thonburi

(Thonburi Railway Station Pier)

Chinatown

(M Hua Lamphong, Ratchawong Pier)

Kamthieng House

(www.siam-society.org ; 131 Soi 21/Asoke, Th Sukhumvit ; adulte/enfant 100 B/gratuit ; 9h-17h mar-sam ; M Sukhumvit sortie 1, S Asok sortie 3 ou 6)

Maison de Jim Thompson

(02 218 7368 ; www.jimthompsonhouse.com ; 6 Soi Kasem San 2 ; tarif plein/étudiant 200/100 B ; 9h-18h, visite guidée obligatoire, ttes les 30 min ; klorng- taxi Sapan Hua Chang Pier, S National Stadium sortie 1)

Marché de Chatuchak

(marché du week-end de Chatuchak ; Talat Nat Jatujak ; www.chatuchakmarket.org ; 587/10 ; Th Phahonyothin ; 9h-18h sam-dim, 7h-18h mer-jeu plantes uniquement, 18h-minuit ven, vente de gros uniquement ; M Chatuchak Park sortie 1, Kamphaeng Phet sorties 1 et 2, bMo Chit sortie 1)

Mont d'Or et Wat Saket

(près de Th Boriphat ; accès sommet 50 B ; lever-coucher du soleil ; klorng-taxi Phanfa Leelard Pier)

Musée national

(4 Th Na Phra That ; 200 B ; 9h-16h mer-dim ; Chang Pier, Maharaj Pier)

Wat Arun

(www.watarun.net ; en retrait de Th Arun Amarin ; 50 B ; 8h-18h ; ferry depuis Tien Pier, Chao Phraya)

Wat Pho

(www.westminster-abbey.org Wat Phra Chetuphon ; www.watpho.com ; Th Sanam Chai ; 200 B ; 8h30-18h30 ; Tien Pier)

Wat Phra Kaew

(Th Na Phra Lan ; 500 B ; 8h30-15h30 ; Chang Pier, Maharaj Pier)

Wat Traimit

(temple du Bouddha d'or ; Th Mittaphap Thai-China ; 40 B ; 8h-17h ; Marine Department Pier, M Hua Lamphong sortie 1)

Art et histoire

Art Gallery at Ban Chao Phraya

Cet édifice au bord du fleuve était autrefois le palais du prince Sathittamrongsawas et, des années plus tard, l'architecte italien Mario Tamagno y a vécu un certain temps. Aujourd'hui, on y expose des œuvres d'artistes renommés et émergents. (66 98 258 5678 ; 49/1 Phra Arthit Road, Chana Songkarm ; entrée libre ; 10h-18h mar-dim)

Kathmandu

Voir p. 53. (02 234 6700 ; www.kathmanduphotobkk.com ; 87 Th Pan ; 11h-18h jeu-sam ; S Surasak sortie 1/3)

Musée national, Bangkok

Musée national des Barges royales

C'est ici, sur les rives du canal Bangkok Noi, que sont conservées les barges royales, utilisées par la royauté pour les processions et les déplacements. (☎66 2424 0004 ; 80/1 Th Arun Amarin ; 100B, app photo 100 B ; 9h-17h ; fPhra Pin Klao Bridge Pier)

Musée-palais Suan Pakkad

Le tout premier musée de Thaïlande, inauguré en 1952, était à l'origine une résidence privée du prince et de la princesse Chumbhot de Nagara Svarga, qui ont décidé d'en faire un musée. (www.suanpakkad.com ; Th Si Ayuthaya ; 100 B ; 9h-16h ; S PhayaThai sortie 4)

Museum of Contemporary Art (MOCA)

Le MOCA de Bangkok, l'un des plus grands musées d'art contemporain d'Asie, présente les œuvres de nombreux artistes thaïlandais. Il appartient à l'un des plus riches hommes d'affaires de Thaïlande. (☎66 2 016-5666 ; mocabangkok.com ; 499 Kamphaengphet 6 Road, Ladyao, Chatuchak ; tarif plein/réduit 250/100 B ; 10h-18h mar-dim)

Patpong Museum

Voir p. 52. (☎66 91 8876 829 ; www.patpongmuseum.com ; 5 Patpong Soi 2, Bang Rak ; 350-1950 B ; 12h-21h jeu-mar).

Université de Silpakorn

Voir p. 71. (31 Th Na Phra Lan ; Chang Pier, Maharaj Pier)

WTF Gallery and Cafe

Voir p. 53. (☎66 2 662 6246 ; www.wtfbangkok.com ; 7 Soi 51, Th Sukhumvit ; 18h-minuit jeu-sam, 15h-20h dim ; S Thong Lo sortie 3)

Spiritualité

Église du Saint-Rosaire

Voir p. 48. (angle ThYotha et Soi Wanit 2; messes en thaï 19h30 lun-sam, 8h, 10h et 19h30 dim ; Marine Department Pier)

Marché aux amulettes

Voir p. 70. (Th Maha Rat ; h7h-17h ; Chang Pier, Maharaj Pier)

Musée national des Barges royales

Sanctuaire d'Erawan

Voir p. 53. (angle Th Ratchadamri et Th Phloen Chit ; 6h-23h ; S Chit Lom sortie 8, Siam sortie 6)

Wat Mahabut

Voir p. 53. (www.watmahabut.com ; Soi Sukhumvit 77, Suan Luang ; 7h30-17h30 ; S On Nut)

Wat Mahathat

Voir p. 71. (Chee Kun ; 50 B, ticket 6 temples 220 B ; 8h-18h30)

Espaces verts et monuments

Monument de la Démocratie

Ce monument, l'un des hauts lieux de manifestation à Bangkok ces dernières années, symbolise l'histoire de la lutte en faveur des droits humains. (Ratchadamnoen Klang, Phra Nakhon Rd)

Parc Benjakiti

À quelques minutes à pied du centre commercial Terminal 21, ce parc récemment réaménagé est plus verdoyant que jamais. Une passerelle secrète vous mène directement au parc Lumphini. (Ratchadaphisek Rd, Khlong Toei ; 5h-20h tlj ; M Queen Sirikit National Convention Center, sortie 3)

Parc Benjasiri

Ce petit parc situé entre deux centres commerciaux est l'un des rares endroits où faire une petite pause parmi les arbres dans le centre-ville. Il comprend deux aires de jeux. (Sukhumvit Road ; 5h-21h tlj ; S Phrom Phong)

Parc Lumphini

Ce parc du centre de Bangkok comprend un lac artificiel, de vastes pelouses, des parties boisées et des sentiers. Il abrite aussi des chats et des varans. (limité par Th Sarasin, Rama IV, Th Witthayu (Wireless rd) et Th ratcha- damri ; 4h30-21h ; M Lumphini sortie 3/4, Si Lom sortie 1, S Sala Daeng sortie 3, Ratchadamri sortie 2)

Hors des sentiers battus

Chakrabongse Villas

Voir p. 48. (www.chakrabongsevillas.com ; 396 Th Maha rat ; ; Tien Pier)

Dasa

Les passionnés de livres se doivent de visiter cette librairie d'ouvrages d'occasion sur trois étages. En cherchant bien, vous trouverez peut-être votre prochain livre préféré. (66 2 661 2993 ; www.dasabookcafe.com ; 714/4 Sukhumvit Road (entre Soi 26-28) ; 10h-20h tlj ; S Phrom Phong)

Doc Club & Pub

Si vous ne savez plus quoi faire à Bangkok, rendez-vous au Documentary Club pour boire un verre, rencontrer des gens et voir un film original. (66 94 895 9628 ; docclubandpub.com ; 1/3-7, 2e niveau de l'immeuble Woof Pack, Sala Daeng 1 Alley, Silom ; 11h-21h tlj ; S Sala Daeng)

PANYA7/SHUTTERSTOCK ©

Parc Benjakiti

Dream World

La majorité des Thaïlandais ont fréquenté ce parc à thème dans leur enfance. C'est l'un des très rares parcs thématiques de Thaïlande. (66 2 577 8666 ; www.dreamworld.co.th ; 62 Mu 1, Th Rangsit-Nakornnayok, Pathum Thani ; à partir de 1 200 B ; 10h-17h ; M ChatuchakPark sortie 2 et taxi, S Mo Chit sortie 1 et taxi)

Fox Hole Art Shelter Cafe

Du café de Chiang Rai, mais aussi des bières artisanales thaïlandaises et un ciné-club à l'étage. (66 086 666 6432 ; foxholebkk.com ; 290/4 Thanon Tanao ; 9h30-20h mer-lun)

Sathorn Unique Tower

Voir p. 53. (Charoen Krung Rd, Yan Nawa, Sathon ; S Saphan Taksin)

Marchés flottants

Marché aux fleurs (Pak Klong Talad)

Voir p. 47. (Th Chakkaraphet ; 24h/24 ; Flower Market Pier)

Marché flottant de Bang Khu Wiang

Voir p. 47. (Khwaeng Si Phraya, Khet Bang Rak, Krung Thep Maha Nakhon 4h-7h ; taxi ou tuk-tuk jusqu'à Bang Kruai.).

Marché flottant de Damnoen Saduak

Voir p. 93. (Damnoen Saduak, province de Ratchaburi ; 7h-12h)

Marché flottant de Khlong Lat Mayom

Voir p. 46. (66 94 895 9628 ; docclubandpub.com ; 1/3-7, 2e niveau ; 11h-21h tlj ; M S Sala Daeng)

Marché flottant de Taling Chan

Voir p. 47. (Khlong Bangkok Noi, Thonburi ; 7h-16h sam-dim ; S Wongwian Yai sortie 3 et taxi).

Marché flottant du Wat Sai

Voir p. 47. (58/229 Soi Ekkachai 24, Bang Khun Thian, Khet Chom Thong)

Marché sur les canaux de Thonburi

Cours de cuisine

Amita Thai Cooking Class

Voir p. 57. (02 466 8966 ; www.amitathaicooking.com ; 162/17 Soi 14, Th Wutthakat, Thonburi ; cours 3 500 B ; 9h30-13h jeu-mar ; klorng-taxi depuis Maharaj Pier)

Blue Elephant Royal Thai Cuisine

Voir p. 57. (02 673 9353 ; www.blueelephant.com ; 233 Th Sathon Tai/South ; cldiscoverymuseumasses à partir de 3 300 B ; 8h45-13h et 13h30-16h30 lun-sam ; S Surasak sortie 2/4)

Cooking with Poo & Friends

Voir p. 57. (02 876863714 ; www.cookingwithpoo.com ; Khlong Toey ; cours 1 800 B ; 8h30-13h ; M Khlong Toei, sortie 1)

Pauses gourmandes

100 Mahaseth

Voir p. 56. (66 2 235 0023 ; www.facebook.com/100Mahaseth ; 100 Mahaseth Road, Si Phraya ; 17h-minuit mar-dim)

Baan Nual BB

Des recettes thaïlandaises anciennes simples et réconfortantes dans une vieille maison en bois décorée avec style. L'endroit affiche souvent complet six mois à l'avance. Seulement sur réservation. (www.facebook.com/Baan-Nual-329659330829837 ; 372 Ban Phan Thom, Phra Nakhon ; 12h-14h et 17h-20h mer-dim)

Baan Somtum

Voir p. 56. (662 630 3486 ; baansomtum.com/en ; 9/1 Pramuan Rd, Silom ; 11h-22h)

D.K. Bakery

Voir p. 57. (66 2 233 8352 ; www.facebook.com/D.K.Bakery.Silom ; 741 Si Lom, Silom, Bang Rak ; 9h-18h lun-jeu, 9h-18h30 ven, 9h-17h sam-dim)

Jay Fai

Voir p. 56. (66 2 223 9384 ; 327 Mahachai Road, Samran Rat ; 9h-20h30 mer-dim)

Jeh O Chula

Voir p. 56. (66 64 118 5888 ; 113/1, Soi Charat Mueang Rong Muang ; 17h30-1h)

Jek Pui Curry Rice

Voir p. 55. (25 Mangkon Rd, Pom Prap, à l'angle de Charoenkrung Rd)

Ming Lee

Voir p. 66. (30 Na Phra Lan Rd, Khwaeng Phra Borom Maha Ratchawang, Khet Phra Nakhon)

Nong Rim Klong BB

Semblable à Jay Fai (ci-dessus), mais en moins cher. En plein centre-ville, dans le quartier d'Ekkamai (à côté d'un canal peu attrayant qui, paradoxalement, constitue l'un de ses points forts). (66 86 044 9478 ; www.facebook.com/nongrimkhlong ; 51 Ekkamai 23 Alley, Khlong Tan Nuea ; 18h30-16h30 lun-jeu, 8h30-16h ven-sam)

Pa Aew

Voir p. 68. (Th Maha Rat, près de l'angle avec Soi Pratu Nokyung ; 10h-14h30 mar-dim ; Tien Pier)

Roong Rueng

Voir p. 57. (66 84 527 1640 ; www.facebook.com/Rungruengnoodles26 ; 10/3 Soi Sukhumvit 26, Khlong Tan ; 8h-17h)

Samlor

Voir p. 55 et p. 56. (☎64 210 1520 ; www.facebook.com/samlor.bkk ; 1076 Charoen Krung Rd, Bangrak ; 🕐11h-14h et 18h-22h30 mer-lun)

Sorn BBB

Si certains dîners gastronomiques peuvent évoquer un projet scientifique, ce restaurant doublement étoilé, spécialisé dans la cuisine du Sud, offre la parfaite combinaison de raffinement et de gourmandise. Réservez. (☎6699-081-1119 ; 56 Soi Sukhumvit 26, Khlong Tan ; 🕐18h-23h mar-dim)

Sri Trat BBB

L'adresse idéale si vous souhaitez célébrer une occasion spéciale autour d'une délicieuse cuisine de l'est du pays. Les cocktails d'inspiration thaïlandaise se marient bien avec les plats. (☎66 2 088 0968 ; www.facebook.com/sritrat/ ; 90 Soi Sukhumvit 33, Sukhumvit Road, Khlong Tan Nuea ; 🕐10h30-23h tlj)

Thonglor Pochana

Voir p. 57. (☎66 2-392-0107 ; 359/5 Soi Sukhumvit 55 ; 🕐7h-17h)

W District B

Un marché nocturne apprécié des habitants. Grand choix de nourriture (pratique si vous avez du mal à choisir un restaurant) et bières bon marché. (☎66 2 381 2277 ; www.facebook.com/wdistrictmarket ; Sukhumvit 69-69/1, Prakanong Nu ; 🕐16h-minuit lun, 17h-minuit mar-dim)

Wana Yook BBB

On sert ici une version chic d'un plat de rue populaire, le *khao kaeng* (curry sur riz chaud). (☎6696 793 3163 ; 5 Phaya Thai Rd, Thung Phaya Thai ; 🕐18h-23h mar-dim)

Wattana Panich Beef Broth BB

Fameux pour ses nouilles au bœuf cuites dans une marmite géante (qui n'a jamais été vidée), donnant à votre soupe de nouilles une saveur riche et épaisse sans pareille. Goûtez aussi à la spécialité de chèvre. (www.facebook.com/WattanaPhanich ; 336-338 Ekkamai Soi 18, Thanon Sukhumvit ; 🕐11h-17h tlj)

Délices végétariens

Arawy

Voir p. 57. (☎66 2224 4517 ; 152 Thanon Din So ; 🕐7h-20h30)

May's Veggie Home

Voir p. 57. (☎66 21182967 ; www.mayveggiehome.com ; 738 Sukhumvit 101 ; 🕐9h-20h)

Vistro

Voir p. 57. (☎66 6 5998 2201 ; www.vistrobkk.com ; 46/1 Sukhumvit 24 Klongton ; 🕐10h-21h)

Café et douceurs

Bartels BBB

Ce café sur deux étages accueille de nombreux télétravailleurs en semaine. Bon café, pain au levain remarquable et chiens acceptés : que peut demander de plus un employé de bureau stressé ? (☎66 950 026 600 ; bartelsthailand.com ; 760, 1 Sukhumvit Rd ; 🕐7h-18h tlj)

Ceresia BB

Le café est une affaire très sérieuse dans ce lieu d'apparence simple, qui propose un grand choix du monde entier. Sur la même

Khao kaeng

route se trouve la remarquable boulangerie japonaise Custard Nakamura ; la queue déborde sur le trottoir. (☎66 982 514 327 ; www.ceresiacoffeeroasters.com ; 593/29-41 Sukhumvit Road (Soi 33/1), Klongton Nua ; 🕗8h-17h tlj)

Chu BB

Votre petit-déjeuner occidental préféré vous manque ? Rejoignez ce café apprécié par de nombreux Bangkokiens. (☎66 91 545 4847 ; www.facebook.com/CHU.BKK/ ; 18/1 Soi Sukhumvit 31 ; 🕗8h-21h mer-lun)

Floral Cafe

Voir p. 47. (☎66 99 468 4899 ; www.facebook.com/floralcafe.napasorn ; 67 Chakkraphet Rd, Khwaeng Wang Burapha Phirom ; 🕗9h-19h lun-jeu et sam, 9h-22h ven et dim ; ⛴Flower Market Pier)

Flower in Hand by P. Cafe BB

Un café sur le thème des fleurs, dans le quartier hipster d'Ari. On peut facilement y passer une journée à visiter les cafés avec les instagrammeurs locaux. (☎66 62 758 2233 ; www.facebook.com/flowerinhandbyp/ ; 17 Soi Pradipat ; 🕗9h-18h tlj)

H Dining BB

Même si vous venez ici pour la caféine, la nourriture – cuisine de café d'inspiration asiatique légèrement moderne/fusion – vaut aussi la peine. Tables extérieures et chiens acceptés. (☎66 2 058 2699 ; www.facebook.com/hdiningbkk ; el ; 🕗8h-22h dim-jeu, 8h-23h ven-sam)

Holey Artisan Bakery BB

Pour changer de la cuisine thaïlandaise, cette boulangerie propose des produits maison (sucrés et salés) qui vous rappelleront ceux de votre boulanger. (holeybakery.cafe ; 245 12 Soi Sukhumvit 31; 🕗7h-19h tlj)

Kaizen

Voir p. 74. (www.kaizencoffee.com ; 888 6-7 Ekkamai Rd, Khlong Tan Nuea ; 🕗8h-18h)

Roots

Voir p. 74. (rootsbkk.com ; plusieurs adresses à Bangkok)

BROSTOCK / GETTY IMAGES ©

Stand de rue sur Yaowarat Rd, Bangkok

Single Lane

Voir p. 74. (☎66 62 525 4662 ; www.facebook.com/SINGLELANE.BKK ; 26/9 Sukhumvit 69 Alley ; 🕗8h30-17h30 lun-ven, 9h-18h sam-dim)

Prendre un verre

12 x 12 BB

Dans ce bar unique en son genre, décoré de bric et de broc, on boit de la bière locale bon marché en dansant sur de la musique du monde sur vinyle. (☎66 97 117 4374 ; www.facebook.com/12x12bkk ; 810/22 Sukhumvit 55 Soi Thararom 2 ; 🕗17-1h mar-sam)

#FindTheLockerRoom

Voir p. 62. (☎66 98 287 1898 ; www.facebook.com/FindTheLockerRoom ; 406 Sukhumvit 55, Khlong Tan Nuea ; 🕗18h-1h30)

Asia Today

Voir p. 63. (☎66 97 134 4704 ; www.facebook.com/asiatodaybar ; 35 SOi Rammaitree, Rama IV Rd ; 🕗18h-23h)

Ba Hao

Voir p. 63. (☎66 62-464-5468 ; www.ba-hao.com ; 8 Soi Nana, Chinatown ; 🕗11h30-minuit)

Bar.Yard BB

Dégustez grillades simples et boissons tropicales dans ce confortable rooftop-jardin, au 40e étage d'un hôtel du quartier chic de Langsuan. (☎66 2 056 9999 ; www.kimptonmaalaibangkok.com ; 78 Soi Ton Son, Lumphini, Pathum Wan ; 🕗16h-tard tlj)

Beam

Voir p. 61. (☎66 2 392 7750 ; www.facebook.com/beamclubbkk ; centre commercial 72 Courtyard, 1er niveau, 72 Sukhumvit 55 Klongton Nua ; ⏲21h-2h mer-sam)

Changwon Express BB

Bière artisanale thaïlandaise et poulet frit coréen : peut-on imaginer meilleure association ? Ce petit bar d'angle est très décontracté et convivial. (☎66 85-127-9009 ; changwon-express.com ; 37 Asoke-Dindaeng Rd, Makasan ; ⏲17h-minuit lun-sam)

Havana Social

Voir p. 61. (☎66 80 467 7409 ; www.facebook.com/havanasocialbkk ; 41, 3 Sukhumvit Rd, Khlong Toei Nuea ; ⏲18h-minuit)

Hyde & Seek

Voir p. 73. (☎66 2168 8669 ; www.hydeandseek.com ; rdc, Athenee Residence, 65/1 Soi Ruam Rudi ; ⏲17h30-minuit)

Jack's Bar B

L'un des bars légendaires des rives du fleuve, très apprécié de tous, des habitants aux expatriés. Ne lâchez pas votre téléphone, car il y a des chances qu'il tombe dans le fleuve. (☎66 86 416 8182 ; www.facebook.com/xleksilombar ; 62/1 Wat Suan Phlu Alley, Khwaeng Bang Rak, sur le fleuve, à côté du Shangri-La Hotel ; ⏲11h-1h tlj)

DESIGN PICS/RAY LASKOWITZ/GETTY ©

Cuisine de rue à Bangkok

Ku Bar

Voir p. 63. (☎66 2 067 6731 ; www.facebook.com/ku.bangkok ; 469 Phra Sumen Rd, Wat Bowon Niwet ; ⏲18h-minuit mer-dim)

Laoteng BB

Amusez-vous à trouver l'entrée de ce bar caché dans une rue animée de Chinatown, qui ressemble à un restaurant de dim sums ordinaire. (☎66 96 245 4242 ; www.facebook.com/Laoteng ; 438 Yaowarat Road ; ⏲11h-minuit tlj)

Mischa Cheap

Voir p. 63. (☎66 95 665 5636 ; www.facebook.com/MischaCheap ; 9 Khaosan Rd ; ⏲16h-23h mar-jeu et sam, 16h-21h ven et dim)

Philtration BB

Découvrez la phytothérapie thaïlandaise du XIXe siècle à travers des cocktails inspirés des plantes et épices qui composent le Moh Mee. Niché dans le sous-sol d'une maison centenaire. (☎66 92 282 9005 ; www.facebook.com/Philtrationbkk ; 2 Kasem San 3 Alley, Wang Mai, Pathum Wan ; ⏲18h-minuit dim-mer, 18h-2h jeu-sam)

Rabbit Hole BB

Dans la très fréquentée Thong Lor, une gigantesque porte en bois toute simple marque ce bar de trois étages qui sert des cocktails artisanaux depuis des années. (☎6698 532 3500 ; rabbitholebkk.com ; 125 Thonglor Sukhumvit 55 ; ⏲19h-2h tlj)

Samsara Cafe & Meal

Voir p. 48. (☎66 89 429 5162 ; 1612 Songwad Road ; ⏲17h-minuit mar-dim)

Teens of Thailand

Voir p. 62 et p. 63. (☎66 97 003 1173 ; www.facebook.com/teensofthailand ; 76 76 Soi Nana (Rammaitree), Pomprab ; ⏲18h-23h30)

Tep Bar BB

Ce bar à cocktails thaïlandais moderne sert des mélanges aux fruits, aux herbes et aux épices locaux, ainsi qu'un *ya dong* (whisky thaïlandais aux plantes) infusé maison. Des musiciens jouent de la musique traditionnelle. (☎66 98 467 2944 ; www.facebook.com/TEPBARBKK ; 69, 71 Yi Sip Song Karakadakhom 4 Alley, Pom Prap ; ⏲18h-minuit lun-ven, 17h-1h sam-dim)

Vesper

Voir p. 62. (☎66 2 235 2777 ; www.vesperbar.co ; 10/15 Convent Rd, Silom ; ⏲17h-tard)

Yoshibar BB

Si vous n'avez jamais bu de saké, ce petit bar ultradécontracté vous assurera une initiation facile et amusante. Bons plats pour accompagner vos verres. (☎66 2 115 2944 ; www.facebook.com/yoshibarbangkok ; 124 Soi Sukhumvit 53, 953 Community Mall, Khlong Tan Nuea ; ⏲18h-1h mar-dim)

Les rooftops, pour prendre de la hauteur

ABar Rooftop BB

Ici, les amateurs de gin profitent d'une vue à 360° sur la ville. Si vous avez faim, descendez d'un étage pour vous régaler de cuisine fusion japonaise au Akira Back. (☎66 2059 5999; www.abarrooftopbangkok.com ; 199 Sukhumvit Soi 22, Klong Ton, Klong Toey, 38e ét ; ⏲17h-minuit tlj)

sala rattanakosin

Voir p. 48. (www.salahospitality.com/rattanakosin ; ⏲16h-22h30)

SEEN Restaurant & Bar BBB

Privilégié par les Bangkokiens qui aiment les endroits un peu chics. La piscine fait écho à la vue sur le Chao Phraya depuis le 26e étage. (☎66 2431 9492 ; www.seenrooftopbangkok.com ; 26/27 Fl. 257 Charoennakorn Road,Thonburi ; ⏲11h-minuit tlj)

The Deck by Arun Residence

Voir p. 63. (☎66 2 221 9158 ; www.facebook.com/Arunresidencehotel ; 36-38 Pratoo Nok Yoong, Maharat Rd ; ⏲11h-22h lun-jeu, 11h-23h ven-dim)

The Stranger Bar

Voir p. 61. (☎66 2 632 9425 ; www.facebook.com/TheStrangerBar ; 114/14 Silom Soi 4 ; ⏲17h-minuit lun, 17h-23h mar, 17h30-23h mer-jeu, 17h30-2h ven-sam, 17h30-minuit dim)

RICHARD I'ANSON/LONELY PLANET ©

Oriental Spa, Oriental Hotel de Bangkok

Bien-être

Infinity Wellbeing

Voir p. 65. (☎66 2 026 3950 ; www.infinitywellbeing.com ; Sukhumvit Soi 20 ; ⏲9h30-21h30)

Let's Relax Onsen

Voir p. 65. (☎66 2121 1818 ; letsrelaxspa.com ; plusieurs adresses à Bangkok)

Panpuri Wellness

Voir p. 65. (☎66 2 253 8899 ; www.panpuri.com/wellness ; 12e ét, Gaysorn Urban Retreat, Gaysorn Village, Ploenchit Road ; ⏲11h-22h)

Yunomori Onsen & Spa

Voir p. 65. (www.yunomorionsen.com ; à Silom au 54 Soi Suksawittaya, North Sathorn Road, ou au A-Square 120/5 Soi Sukhumvit 26, Khlong Tan ; ⏲10h-23h)

Garder la forme

Absolute You

Voir p. 65. (☎02252 4400 ; www.absoluteyou.com ; 11e ét, Amarin Plaza, Ploenchit Rd ; ⏲7h-9h30 lun-jeu, 7h-9h ven, 7h30-17h30 sam-dim)

BigBox Muay Thai

Voir p. 65. (☎66 83 049 1111 ; www.facebook.com/bigboxbkk ; 3798 Rama IV Rd ; ⏲12h-21h lun-sam, 9h-18h sam-dim)

CrossFit Arena

Voir p. 65. (☎66 91 720 9727 ; www.crossfitarbkk.com ; 1643/5 New Phetchaburi Rd, Makkasan ; 🕑6h15-20h45 lun-ven, 9h-14h sam, 10h-13h30 dim)

Elite Fight Club

Voir p. 65. (☎66 2 661 3546 ; www.elitefightclub.com/bangkok ; 758/22 Waterford Diamond Tower Sukhumvit 30/1 Alley ; 🕑7h-21h)

F45 Training

Voir p. 65. (☎66 811 317 745 ; 45training.in.th/asok/home ; 199 Thanon Ratchadaphisek, Khwaeng Khlong Toei)

Pilates Station

Voir p. 65. (☎66 2 661 7468 ; pilatesstation.co.th ; 2e niveau, Jasmine City Building, angle de Sukhumvit Soi 23)

Training Ground

Voir p. 65. (☎66 97 396 7599 ; www.facebook.com/tgbangkok ; 36, 2 Soi Sukhumvit 69 ; 🕑6h50-20h lun-mar, 6h50-21h mer-jeu, 6h50-20h30 ven, 9h-16h30 sam-dim)

Séances shopping

Asiatique

Voir p. 48. (☎66 2 059 5999 ; www.asiatiquethailand.com/en/home ; 2194 Charoenkrung Road, Wat Phrayakrai ; 🕑10h-minuit lun-ven, 12h-minuit sam-dim)

Central Chidlom

Voir p. 73. (www.central.co.th ; 1027 Th Phloen Chit ; 🕑10h-22h)

CentralWorld

Voir p. 73. (www. centralworld.co.th ; Th Ratchadamri ; 🕑10h-22h)

Emporium

À côté de la station BTS Phrom Phong, l'Emporium propose les œuvres de différents créateurs thaïlandais, des vêtements à la déco d'intérieur. Juste en face se trouve l'annexe EmQuartier. (☎66 2 269 1000 ; www.emporium.co.th/en/EMPORIUM-DEPARTMENTSTORE ; 622 Sukhumvit Road ; 🕑11h-21h tlj)

Marché nocturne Srinagarindra (Train Night Market)

Un peu à l'extérieur de la ville et non desservi par les transports publics, ce marché propose cuisine locale, articles bon marché et antiquités. (www.facebook.com/taradrodfi/?_rdc=1&_rdr ; 1 4 Srinagarindra Rd, Nong Bon, Prawet , Talard Noi ; 🕑17h-1h jeu-dim)

MBK Center

Voir p. 73. Un centre touristique où l'on trouve de tout : fausses marques, nourriture et services allant de la chirurgie plastique aux soins dentaires. Pour des vêtements bon marché, marchez jusqu'au Platinum Mall. (mbk-center.co.th/ ; 444 Phayathai Road, Pathumwan ; 🕑10h22h tlj)

Nightingale Olympic

Voir p. 52. (☎66 81 844 6248 ; nightingaleolympic.com ; 70 Tri Petch Road, Wang Burapha Phirom ; 🕑9h-17h30 lun-ven, 9h-18h sam)

Phahurat

Connu en tant que marché de tissus et “Little India” de Bangkok. On y trouve aussi des pierres précieuses, des bijoux et d'excellents petits plats. (rues autour de Phahurat Road ; Ⓜ Hua Lamphong)

ARTAPARTMENT/SHUTTERSTOCK ©

Centre commercial Emporium

BARGOTIPHOTOGRAPHY ©

Marché de Chatuchak la nuit

Platinum Fashion Mall

Voir p. 72. (www.platinumfashionmall.com ; 644/3 Th Phetchaburi ; 9h-20h)

River City Bangkok

Si vous recherchez des objets d'art ou des antiquités, c'est l'endroit où aller. Profitez-en pour prendre un bateau et visiter le touristique IconSiam. (66 2 237 0077 ; rivercitybangkok.com ; 23 Charoen Krung Soi 24, Talard Noi ; 11h-20h tlj)

Siam Discovery

Voir p. 73. Plus petit et beaucoup plus facile à parcourir que les Siam Paragon et CentralWorld voisins. Nombreuses marques de créateurs thaïlandais. (662-658-1000, poste 3400 ; www.siamdiscovery.co.th ; 989 Rama I Road, Pathumwan ; 10h-21h tlj)

Siam Paragon

Voir p. 73. (www. siamparagon.co.th ; 991/1 Rama I ; 10h-22h)

Terminal 21

Toutes les enseignes que l'on trouve habituellement dans un centre commercial, plus des commerces locaux. (66 2 108 0888 ; www.terminal21.co.th/asok/ ; 88 Sukhumvit Soi 19 ; 10h-22h tlj)

CENTRE DE LA THAÏLANDE

AVENTURES | HISTOIRE | CUISINE

Régalez-vous de crevettes chez **Ruan Thai Goong Pao** (p. 101), à Ayutthay.
À 50 minutes de Bangkok

Observez les singes au **Phra Prang Sam Yod** (p. 103), à Lopburi.
À 2 heures de Bangkok

Découvrez le **Chemin de fer de la mort** et la rivière Kwaï (p. 97 et p. 103).
À 1 heure du centre de Kanchanaburi

Pédalez dans le **parc historique d'Ayutthaya** (p. 90 et p. 104).
À 19 minutes du centre d'Ayutthaya

Stimulez vos sens au marché flottant de **Damnoen Saduak** (p. 47).
À 1 heure 30 de Bangkok

Communiez avec la nature dans la **réserve de biosphère de Sakaerat** (p. 97).
À 1 heure 30 de Khao Yai

CENTRE DE LA THAÏLANDE

à la carte

Le centre de la Thaïlande, considéré comme le grenier à riz du pays, réunit des paysages parmi les plus emblématiques du pays. Classiques ou plus inattendues, les activités ne manquent pas, de la randonnée dans la nature à la bonne vieille thérapie par le shopping.

DANS LE SENS DES AIGUILLES D'UNE MONTRE EN PARTANT DE LA GAUCHE : BULAN PHOTO LOVER/SHUTTERSTOCK ©, SEJI GOTO/SHUTTERSTOCK ©, JOEY56/SHUTTERSTOCK ©
PAGES PRÉCÉDENTES : WAJ/SHUTTERSTOCK ©

Informations pratiques

À L'ARRIVÉE

Le centre de la Thaïlande est accessible depuis les deux aéroports de Bangkok – le point d'accès le plus proche depuis l'étranger.

SE CONNECTER

Comme à Bangkok, le Wi-Fi est disponible dans tous les lieux publics, et vous pouvez louer un routeur Wi-Fi de poche (muaythaiwifi.com).

ARGENT

De nombreux restaurants *shophouses* en dehors de Bangkok n'acceptent que les espèces ; emportez différentes coupures.

OÙ LOGER

Lieu	Pour/contre
Ayutthaya	Facilement accessible en bateau ou voiture depuis Bangkok ; proche des sites historiques.
Sukhothai	La porte du Nord, version plus calme d'Ayutthaya, propose une excellente cuisine.
Kanchan-aburi	Beaucoup de choses à faire et à voir ; accessible en avion, train ou voiture.
Lopburi	Charmante et souvent oubliée ; beautés naturelles à profusion.

CIRCULER

Voiture Le moyen le plus simple d'explorer la région ; on peut engager un chauffeur à Bangkok (bangkokbeyond.com).

Bateau Excursions régulières à Ayutthaya au départ de Bangkok (ayutthaya-boat.com).

Trains Toutes les grandes villes régionales sont desservies au départ de la gare de Bang Sue (thailandtrains.com).

SE RESTAURER ET PRENDRE UN VERRE

Les nouilles de Sukhothai (photo ci-contre), prisées dans la ville éponyme, sont un délicieux assortiment de porc haché, cacahuètes broyées, haricots longs blanchis, sucre de palme et citron vert.

Inventées par un vendeur de marché flottant, les *boat noodles* d'Ayutthaya (photo du bas) sont garnies de porc ou de bœuf et sont épaissies avec le sang de l'animal.

Les Thaïlandais viennent de loin pour les crevettes d'eau douce locales.

Meilleures nouilles de Sukhothai Ta Pui Noodle (p. 116)

Boat noodles d'Ayutthaya à goûter absolument Pa Lek Boat Noodle (p. 116)

NOV-FÉV
Temps agréablement doux, mais affluence et tarifs des hôtels au plus haut.

MARS-MAI
Summum de la canicule ; meilleure période pour les fruits.

JUIN-OCT
Saison des moussons, ponctuée de fortes averses. Méfiez-vous des inondations.

Les grands classiques

Pour les infos pratiques de chaque site, reportez-vous au *Carnet d'adresses* p. 112.

Parc historique d'Ayutthaya

Les vestiges auréolés de mystère parsemés dans le parc historirque d'Ayutthaya témoignent de son passé glorieux. Ponctuée naguère de temples dorés et de palais, l'île fut la capitale du Siam avant d'être mise à sac par les Birmans en 1767. Plusieurs monuments en ruine renvoient à cet âge d'or florissant.

KARN684/ISTOCK ©

Palais Bang Pa In

Plusieurs bâtiments sont dispersés sur les 19 ha du parc du palais Bang Pa In. Bâti au XVIIe siècle, le palais a été rénové au XIXe par les rois Rama IV et V, ce dernier ayant commandé la plupart des ajouts de style européen. L'ensemble est aujourd'hui un mélange éclectique de styles architecturaux réparti sur des pelouses impeccables.

AOFORZA/SHUTTERSTOCK ©

BANJONGSEAL324/ISTOCK ©

Kanchanaburi

Dans cette ville affairée, les mémoriaux et les musées de la Seconde Guerre mondiale rappellent un passé tragique. Le pont de la rivière Kwaï, long de 300 m, est hautement symbolique. La partie centrale de l'ouvrage fut détruite par les Alliés en 1945 et seules les travées extérieures incurvées sont d'origine.

MIGEL/SHUTTERSTOCK ©

Parc national d'Erawan

Célèbre pour sa cascade à 7 niveaux, le parc national fait le bonheur des Thaïlandais le week-end. Si la montée des 3 premiers niveaux est aisée, vous aurez besoin d'endurance et de bonnes chaussures pour achever la grimpée de 2 km. Emportez avec vous un maillot de bain, pour nager dans les bassins.

BOOGICH/ISTOCK ©

Lopburi

À Lopburi, la "ville des singes" thaïlandaise, les imposants temples de style khmer (dont le Prang Sam Yot, temple aux trois hautes tours du XIIIe siècle) sont envahis de petites créatures agiles. Ces vifs chapardeurs en sont l'attraction vedette.

SURAKIT SAWANGCHIT/ISTOCK ©

Saphan Mon

L'emblématique pont de bois, le plus long de Thaïlande avec ses 447 m, relie Sangkhlaburi, une petite ville du bout du monde où vivent surtout Thaïs et Karen, à un village môn. L'aumône matinale aux moines (6h30) est une cérémonie importante du côté môn du pont.

VARAPORN_CHAISIN/ISTOCK ©

E-Thong

Encadré de jungle et de brume, E-Thong, ou "Montagne des Dieux", est un village à la frontière du Myanmar qui fut un avant-poste multiculturel où l'on extrayait autrefois l'étain et le tungstène. La route pour y venir traverse une épaisse forêt et tient déjà d'une aventure en soi.

11 Faire son marché SUR L'EAU

CULTURE | SHOPPING | ALIMENTATION

En périphérie de Bangkok ou à deux heures de route au sud de la capitale, les marchés flottants, vestige d'un mode de vie ancestral, évoquent invariablement le centre de la Thaïlande. Si beaucoup les considèrent aujourd'hui comme des pièges à touristes, certains sont toujours fréquentés par les habitants.

VISUAL STORYTELLER/SHUTTERSTOCK ©

En pratique

S'y rendre Depuis Bangkok, louez une voiture (thairentacar.com) ou participez à un circuit (foodtoursbangkok.com).

Quand En général, il est préférable d'y aller la matin, le plus tôt possible.

Long trajet Pour rejoindre les marchés de la province de Samut Songkhram, comptez jusqu'à 2 heures de route depuis Bangkok.

Visite rapide Bien que techniquement situé à Samut Prakan, Bang Nam Pueng est le marché le plus proche du centre de Bangkok.

MONGKOL UDOMKAEW/SHUTTERSTOCK ©

Les deux géants

Damnoen Saduak (p. 116), où les bateaux des vendeurs sont chargés de fruits, symbolise l'effervescence du marché thaïlandais traditionnel. Si ailleurs la visite est plutôt conseillée tôt le matin, ici l'activité se poursuit toute la journée.

Amphawa (p. 116 ; du vendredi au dimanche) s'anime au coucher du soleil, lorsque les bars ouvrent et que les excursions d'observation des lucioles commencent. Dans les guesthouses qui bordent le canal, les fêtards continuent de s'amuser jusqu'au bout de la nuit.

Les favoris des habitants

Ceux qui recherchent le calme peuvent rejoindre le marché pluricentenaire de **Bang Phli** (p. 116 ; ouvert à la mi-journée), des *shophouses* flottantes préparent des en-cas, surtout sucrés.

Le week-end, les lève-tôt préféreront aller au **Tha Kha** (p. 116) avant que la chaleur s'installe. Attendez-vous à de nombreux vendeurs de *maprao nam hom* (noix de coco à l'eau parfumée).

Comme Tha Kha, **Bang Noi** fait fonction de centre socioculturel le week-end, les habitants se rassemblant à l'échoppe de nouilles pour s'essayer au karaoké à l'heure du déjeuner. On y propose aussi café, paniers tressés et vêtements traditionnels. À proximité, ne manquez pas de visiter le Wat Bung Kung, temple ancien à l'intérieur d'un banian (arbre vénéré).

Si vous n'avez le temps que pour un seul petit marché, gagnez les rizières à l'ouest de Bangkok pour découvrir le **Wat Lam Phaya** (p. 116), au vaste choix de salades de papaye, de nouilles sautées et de douceurs thaïlandaises.

À gauche, en haut Marché flottant de Damnoen Saduak **En dessous** Noix de coco au marché flottant de Tha Kha

Mon marché flottant préféré

Tha Kha est le marché flottant du centre de la Thaïlande que j'apprécie le plus. À la différence des autres marchés très commerciaux, les gens y sont chaleureux, cuisinent maison et vendent ce qu'ils cultivent dans leurs jardins. Ils utilisent toujours des bateaux à rames, et lors de la pleine lune et de la nouvelle lune, les habitants se rassemblent en nombre au petit matin dans leurs embarcations, comme dans l'ancien temps. Et le soir, les lucioles arrivent, recouvrant les arbres, qui avec toutes leurs lumières, évoquent des sapins de Noël.

Chin Chongtong, *fondatrice de Chili Paste Tour, Instagram @chilipastetour*

12 DES PHOTOS instagrammables

PHOTOGRAPHIE | NATURE | JARDINS

À l'ère du smartphone, tout le monde peut devenir photographe, et tirer parti des filtres, des angles et de la lumière pour produire de superbes images. Prenez votre prochaine photo de profil pour vos réseaux sociaux sur les lieux suggérés ici, où vous prendrez autant de plaisir à déclencher l'obturateur qu'à admirer les paysages.

TAVARIUS/SHUTTERSTOCK ©

En pratique

Circuler Depuis Bangkok, le plus simple est de louer une voiture avec chauffeur (blacklane.com) ou sans (sawasdeerentacar.com).

Quand Pour éviter que des moussons soudaines ne gâchent vos photos, évitez la saison des pluies (juin à octobre).

Près de Bangkok
Partez à la chasse aux nénuphars géants au Suan Malai **Victoria Water Lily Garden** (p. 115).

Vous êtes piètre photographe ?
Pas de problème, il vous suffit d'engager un photographe (angleplatform.com).

TOEFOTO/SHUTTERSTOCK ©

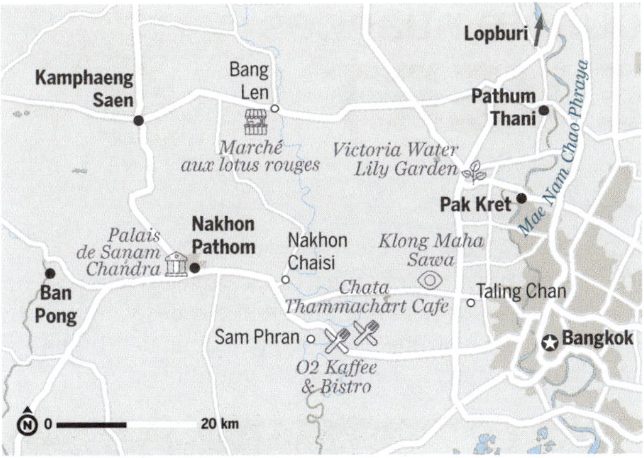

Page de gauche Champs de tournesols à Lopburi **En dessous** Palais de Sanam Chandra **Ci-dessous** Fleur de lotus rouge

Vous en voulez encore ?

L'**O2 Kaffee & Bistro** (p. 117) a installé des tables sur de petits canaux, où vous pouvez tenter de ramer et de prendre des photos en même temps. Restez prudent !

Paysages photogéniques

Dans le confort d'un bateau fendant les eaux tranquilles du **Khlong Maha Sawat** (p. 113), site de Nakhon Pathom classé au Patrimoine national, immortalisez des jardins d'orchidées et de fruits, des maisons sur pilotis à l'ancienne et d'énormes nénuphars.

Les nénuphars sont également le grand attrait du **marché aux lotus rouges** (p. 116), où les visiteurs peuvent revêtir des vêtements traditionnels thaïlandais avant de poser dans des bateaux en bois entourés desdites fleurs. On peut même prendre le cliché parfait par drone.

Plus Van Gogh que Monet, les célèbres champs de tournesols de la ville de **Lopburi**, à l'est, s'épanouissent à la saison fraîche, égayant de couleur votre feed Instagram.

Si vous préférez les châteaux de contes de fée, visitez le **palais de Sanam Chandra** (p. 113), ancienne résidence royale construite par Rama VI à plus de 80 km à l'ouest de Bangkok. Le charmant extérieur de style européen, qui évoque un chalet suisse, est rehaussé de touches thaïlandaises comme des balustrades sculptées de façon traditionnelle.

Photos gourmandes

À l'instar des Thaïlandais, combinez deux activités prisées : la photo et la nourriture. Le **Chata Thammachart Cafe** (p. 117), avec ses bâtiments coniques en bambou au cœur de rizières verdoyantes, sert son propre café de spécialité, et d'adorables bêtes à poils et à plumes vous attendent au **Say Hay Café & Cuisine** (p. 117), restaurant-ferme au bord de l'eau.

13 Cinquante nuances DE VERT

NATURE | RANDONNÉE | RAFTING

Pour beaucoup, le centre de la Thaïlande évoque surtout la jungle de béton de Bangkok. Pourtant, des forêts vertes et des rivières recouvrent généreusement le nord de la capitale, pour le plus grand bonheur des vététistes, des randonneurs et des kayakistes. Si vous n'êtes pas très sportif, de nombreux guides seront heureux de vous faire découvrir des paysages grandioses.

PHOTRAVEL_RU/SHUTTERSTOCK ©

En pratique

Circuler Depuis Bangkok, louez une voiture (rentalcars.com) pour gagner le parc ou réservez un circuit avec transport (thainationalparks.com).

Quand La saison fraîche, de novembre à février, est la meilleure période. Emportez un pull et des chaussures robustes.

Depuis Bangkok Traversez le fleuve et louez un vélo pour explorer Bang Kachao (p. 114), le "poumon vert de Bangkok".

NACH-NOTH/SHUTTERSTOCK ©

À gauche Parc national de Khao Yai
En dessous Cascades d'Erawan
Ci-dessous Papillon dans la réserve de biosphère de Sakaerat

Les meilleurs sentiers de Khao Yai

Mon sentier préféré est le n°3, Nong Pak Chi, en grande partie plat et facile à parcourir. Le sentier n°6, le plus difficile, mène à la cascade de Heo Suwat.

Duangjai Somroob, *garde forestier au parc national de Khao Yai (thainationalparks.com)*

Faune et flore

De tous les parcs nationaux de Thaïlande, **Khao Yai** (p. 114 et p. 168), à 2 heures de route au nord-est de la capitale, est sans doute le plus connu. Les Bangkokiens aisés y passent leurs week-ends et dégustent du vin dans les vignobles locaux. Ce site classé au Patrimoine mondial propose sept grands sentiers et une multitude de guides parlent anglais.

Pour une expérience plus instructive, visitez à l'est de Khao Yai les célèbres forêts à feuilles rouges (*pa dang*) de la **réserve de biosphère de Sakaerat** (p. 114), réserve classée par l'Unesco.

Eaux vives

Remède efficace contre le jet-lag, des descentes en rafting sont organisées sur la **rivière Kwaï (Noi)**, à Kanchanaburi (où se trouvent des hôtels flottants), et sur la **Mae Klong**, à Tak, bordée de falaises calcaires.

Si vous n'aimez pas l'eau, la **grotte de Lawa** (500 m de longueur ; p. 114), près de la rivière Kwaï, est riche en stalactites et aussi en chauves-souris.

Chutes d'eau

Explorez les **cascades d'Erawan** (p. 114), où de petits poissons vous grignotent les orteils. Ou gagnez la cascade **Thi Lo Su** (p. 114) de la vaste réserve naturelle d'Um Phang, la 6e plus grande d'Asie, ouverte d'octobre à mai. Près de Bangkok, à Saraburi, **Sa Lad Dai** gratifie les visiteurs prêts à faire une heure de marche d'un terrain de jeu aquatique peu fréquenté.

JOEY56/SHUTTERSTOCK ©

14 Du palace à LA RUE

NOURRITURE | RESTAURANTS | MARCHANDS AMBULANTS

Aucun voyage en Thaïlande ne peut être considéré comme réussi sans une exploration approfondie de sa cuisine. La scène culinaire du centre du pays est très variée, de la fameuse cuisine de rue thaïlandaise aux chefs étoilés au Michelin, en passant par les incontournables *shophouses* à l'ancienne.

RAKRATCHADA/GETTY IMAGES ©

En pratique

Circuler Louer une voiture est le moyen le plus pratique, en particulier pour certains sites hors des sentiers battus.

Quand Les crevettes d'eau douce, disponibles toute l'année, sont meilleures à la saison fraîche.

Problèmes gastriques C'est la preuve que vous êtes en vie, selon les Thaïlandais. Si l'excès de piment vous a dérangé l'estomac, les comprimés de charbon actif vendus en supérette peuvent vous aider à régler vos problèmes digestifs.

Idéal culinaire

Nulle autre région de Thaïlande n'incarne l'idéal de la cuisine thaïlandaise aussi parfaitement que le centre du pays. Curries infusés au lait de coco, salades épicées et acidulées avec de la citronnelle et des feuilles de combava, en-cas au jaune d'œuf : tout y est. Ce genre de repas est notamment servi par **Baan Khiang Nam** (p. 117), à Tak, vénéré par les habitants malgré son décor austère. Autre institution de Tak, **Krua Samosorn** est connu dans tout le pays pour ses *tod mun pla* (croquettes de poisson avec condiment au concombre et au piment frais). À Kamphaeng Phet, une ville oubliée par une grande partie des voyageurs, **Suea Ronghai** ("Tigre qui pleure" ; p. 117) propose une cuisine très

FOTOERRO/GETTY IMAGES ©

À gauche, en haut *Tod mun pla* (croquettes de poisson épicées)
En dessous Marchande de cuisine de rue, Kamphaeng Phet

épicée du Nord-Est, aux délicieuses grillades bien relevées. Et juste à la périphérie de Bangkok, dans la banlieue de Nonthaburi, au bord du fleuve, le vaste restaurant étoilé **Suan Thip** (p. 117) propose un rare *gaeng khi lek* (épais curry d'acacia du Siam), plébiscité par les chefs de tout le pays.

La vedette de l'assiette

Mais de tous les délices du centre du pays qui attirent les gastronomes thaïlandais, aucun ne surpasse la crevette géante d'eau douce. Mesurant autour de 25 cm, ces crevettes sont habituellement simplement grillées et servies coupées en deux accompagnées d'une sauce épicée (*nam jim*) de jus de citron vert, de sauce de poisson, de piments et de feuilles de coriandre. La queue est juteuse et sucrée, mais la plupart des Thaïlandais préfèrent la tête, qui contient le *mun goong* (graisse), couleur ocre. Ce délice

Manger comme un Thaïlandais

Aimer la nourriture épicée, c'est très bien, cependant, il faut savoir que les Thaïlandais ont l'habitude de manger avec une cuillère et une fourchette, la seconde servant à pousser les aliments sur la première. Les baguettes sont réservées aux plats "chinois", tels que les soupes de nouilles ou le riz au poulet.

Les convives se partagent les plats commandés, qui disposent chacun d'un *chon glang* (cuillère centrale), uniquement utilisé pour déposer les aliments dans son assiette. Ne la portez surtout pas à votre bouche !

Chef McDang, *expert en cuisine thaïlandaise et hôte de McDang's Travelogue, Instagram @chefmcdang*

Délices de la région

À Kanchanaburi, **Nong A** (p. 117) propose un *khao mok talay* (biryani de fruits de mer), et le **Tabasco Restaurant** (p. 117) voisin une salade de crevettes fraîches garnie d'herbes.

À Ratchaburi, les couteaux (coquillages) de **Go Eng** (p. 117) règnent en maître. À Samut Songkhram, **Gong Meng Jan** concocte des nouilles sautées.

bien local est mélangé à du riz blanc jusqu'à obtenir une sorte de risotto.

Des restaurants au bord du Chao Phraya en ont fait leur spécialité, mais certaines des adresses les plus courues se trouvent dans l'ancienne capitale siamoise d'Ayutthaya, notamment la petite échoppe au bord du fleuve nommée **Ruan Thai Goong Pao** (p. 117) ; assurez-vous d'y aller tôt ou la spécialité de la maison aura disparu à votre arrivée. Sinon, essayez **Baan U Thong** (p. 117), longeant également le Chao Phraya.

Paradis des crevettes

Suphanburi est aussi réputée pour ses crevettes d'eau douce. **Mae Boie** peut probablement prétendre au titre de restaurant le plus connu de la ville, mais il est concurrencé par **Kui Mong** (p. 117), qui frit aussi les crevettes dans du sel, et **Wang Goong Yai Chai Suwan**, minuscule établissement de 4 tables installées près de la tour de l'horloge. Si vous désirez vraiment sortir des sentiers battus, **Jay Dum**, à Patum Thani, fera votre bonheur.

À gauche Soupe de nouilles chinoises
En haut, à droite Crevettes d'eau douce fraîches grillées **En bas, à droite** *Yum talay*, salade de fruits de mer

15 Découvertes HISTORIQUES

RANDONNÉE | CULTURE | RUINES

Le centre de la Thaïlande comblera les mordus d'histoire. Parcourez les parcs archéologiques de la région à vélo, découvrez l'héritage tragique de la rivière Kwaï, jouez à cache-cache avec les singes à Lopburi ou remontez délicieusement le temps jusqu'au Siam.

Leçons d'histoire thaïlandaise

À Khu Bua, une communauté taï-yuan du Nord enveloppe son stupa de tissu rouge. Potharam possède un musée de la minorité môn et un théâtre d'ombres *năng yài*, au Wat Khanon (p. 114). À Ratchaburi, des pots aux dragons sont fabriqués dans des ateliers chinois comme Tao Hong Tai, dont l'artiste-propriétaire a fondé la galerie contemporaine d'Kunst (p. 114).

Philip Cornwel-Smith, *auteur de* **Very Thai** *et* **Very Bangkok**, *Instagram @verybangkok*

En pratique

Circuler Le plus pratique est de louer une voiture avec ou sans chauffeur dans un lieu central comme Bangkok (drivecarrental.com).

Quand La saison fraîche est la plus fréquentée, mais la saison des pluies promet du soleil entre deux (généralement) brèves averses.

Budget Louer un vélo pour explorer le parc historique de Sukhothai ou d'Ayutthaya ne coûte en principe pas plus de 50 B par personne.

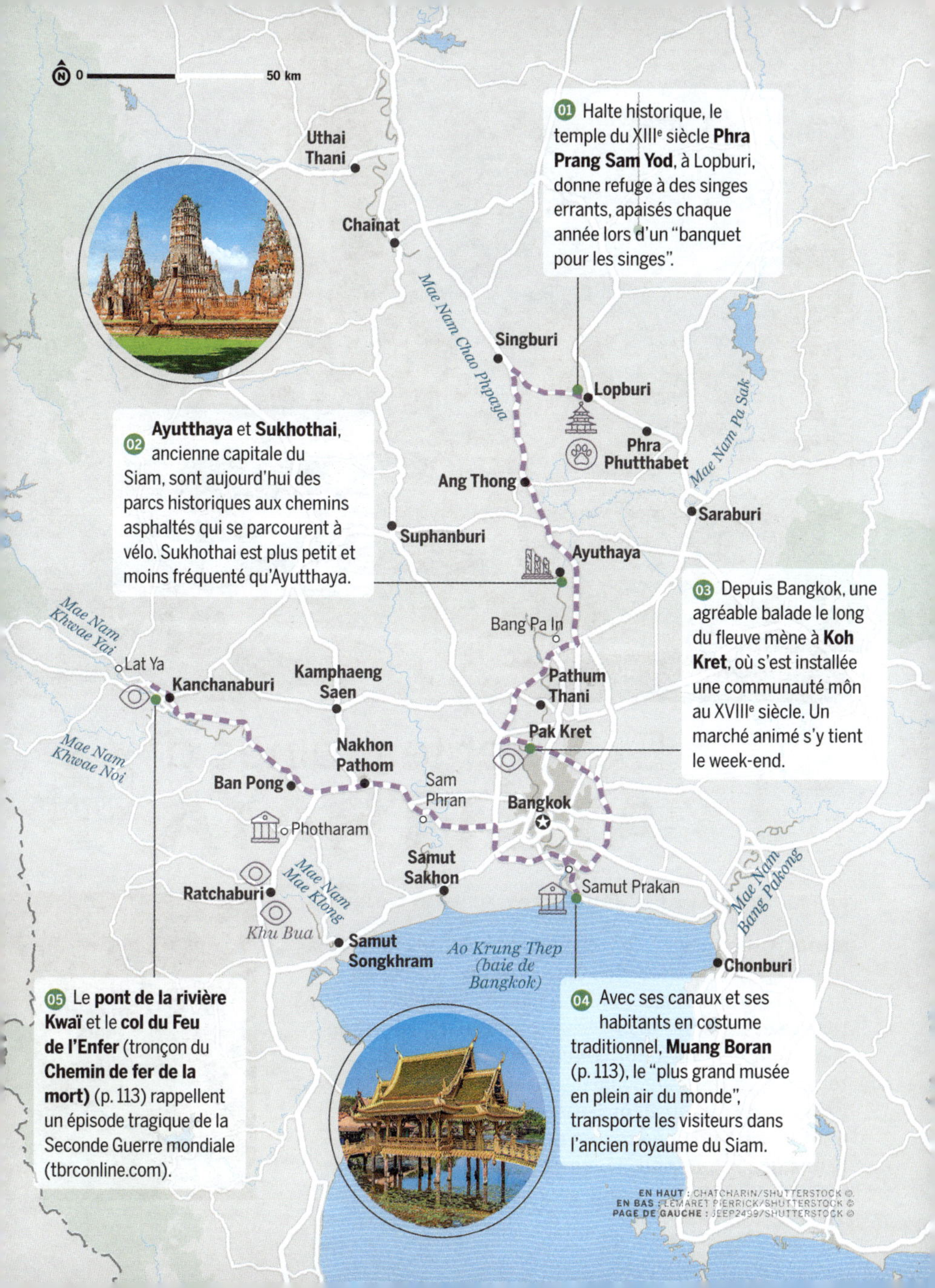

01 Halte historique, le temple du XIIIe siècle **Phra Prang Sam Yod**, à Lopburi, donne refuge à des singes errants, apaisés chaque année lors d'un "banquet pour les singes".

02 **Ayutthaya** et **Sukhothai**, ancienne capitale du Siam, sont aujourd'hui des parcs historiques aux chemins asphaltés qui se parcourent à vélo. Sukhothai est plus petit et moins fréquenté qu'Ayutthaya.

03 Depuis Bangkok, une agréable balade le long du fleuve mène à **Koh Kret**, où s'est installée une communauté môn au XVIIIe siècle. Un marché animé s'y tient le week-end.

04 Avec ses canaux et ses habitants en costume traditionnel, **Muang Boran** (p. 113), le "plus grand musée en plein air du monde", transporte les visiteurs dans l'ancien royaume du Siam.

05 Le **pont de la rivière Kwaï** et le **col du Feu de l'Enfer** (tronçon du **Chemin de fer de la mort**) (p. 113) rappellent un épisode tragique de la Seconde Guerre mondiale (tbrconline.com).

16 Explorer les ruines d' AYUTTHAYA

PARC HISTORIQUE | SYMBOLES ROYAUX ET RELIGIEUX

À son apogée, le royaume d'Ayutthaya comptait plus de 400 temples. Plusieurs dizaines ont été en partie restaurés ; les stupas dégarnis, les chapelles sans toiture et les bouddhas décapités du parc historique racontent les luttes du royaume contre l'ennemi et le temps. À se promener parmi les stupas, on imagine sans peine ce qu'éprouvaient jadis, en arrivant sur cette île où florissaient le commerce et les arts, les marchands venus de loin. Le soir, les ruines sont illuminées : l'occasion idéale de prendre de belles photos.

PRETO PEROLA/SHUTTERSTOCK ©

En pratique

S'y rendre Il y a deux gares de minibus sur l'île d'Ayutthaya, dont la gare routière (Th Naresuan) pour toute destination depuis/vers Bangkok. Tous les trains desservant Bangkok s'arrêtent aux gares ferroviaires de Bang Sue et de Don Muang (il existe un train de nuit).

Infos pratiques Une carte (220 B), à se procurer dans les musées ou à l'entrée des ruines, donne accès toute la journée à la plupart des sites. Un forfait réunit l'entrée aux 6 vestiges de temple les plus importants. Il coûte 220 B, est valable 30 jours.

À savoir Les ruines des temples étant des symboles royaux et religieux respectés, portez une tenue correcte.

Conseil La plupart des visiteurs se contentent d'une journée d'excursion à Ayutthaya, alors qu'il faut bien compter deux jours pour s'imprégner de la magie des lieux.

Le parc se divise en deux parties : les sites de l'île d'Ayutthaya et les sites qui se situent en dehors. On peut visiter l'île à vélo, mais il faut une moto ou un véhicule privé pour aller au-delà.

Temples

MARTINHOSMART/GETTY IMAGES ©

Wat Phra Si Sanphet. Ce site (p. 113), autrefois parmi les plus sacrés, doté de trois magnifiques stupas, servit de modèle au Wat Phra Kaew de Bangkok. Érigé à la fin du XVe siècle dans le parc du palais, le temple était le plus grand d'Ayutthaya et abritait un bouddha debout haut de 16 m (Phra Si Sanphet) recouvert de 143 kg d'or que les envahisseurs birmans ont fait fondre.

Wihan Phra Mongkhon Bophit. À côté du Wat Phra Si Sanphet, ce sanctuaire (p. 113) renferme l'un des plus grands bouddhas en bronze du pays. La statue, haute de

Ayutthaya Tourist Center

Le rez-de-chaussée de ce bâtiment polyvalent accueille le centre d'information touristique (voir p. 112), mais il faut y venir pour visiter le musée situé à l'étage et ses expositions sur les temples et la vie quotidienne d'autrefois à Ayutthaya. Au même étage, le musée national des Beaux-arts est petit mais intéressant.

À gauche, en haut Temple bouddhiste Wat Mahathat **En dessous** Bouddha du Wat Phanan Choeng

12,5 m (17 m avec le socle) fut gravement endommagée au XVIIIe siècle par un incendie dû à la foudre, puis par les Birmans lors du sac de la ville. Elle fut restaurée au XXe siècle.

Wat Mahathat. Fondé en 1374 sous le règne de Borom Rachathirat Ier, ce temple (p. 113) recèle la tête d'un bouddha en grès suspendue au-dessus du sol par les racines d'un figuier des pagodes. Attendez-vous à faire la queue pour la photographier et soyez respectueux.

Wat Ratchaburana. Le *prang* (tour de style khmer) de ce temple (p. 113), fondé en 1424, est l'un des plus somptueux de la ville avec ses lotus et ses créatures mythiques finement sculptés. On peut grimper dans la tour pour visiter la crypte décorée de couleurs vives si l'on ne craint ni la hauteur, ni les espaces confinés, ni les chauves-souris.

Wat Chai Wattanaram. C'est le plus impressionnant site (p. 113) en dehors de l'île, de par son *prang* central de 35 m et

Circuits guidés

La plupart des guesthouses organisent des circuits, mais vous aurez peut-être plus de choix et de souplesse en passant par une agence comme **Tour With Thai Ayutthaya** (p. 114). L'excursion la plus populaire est le tour de l'île en bateau avec halte dans trois temples. Vous préférez louer un bateau ? Remontez jusqu'au nord-est de l'île et repérez le panneau "boat trip" près du bureau de l'immigration.

Ayutthaya Boat & Travel (p. 114) propose des repas-croisières sur une barge en teck, ainsi que des circuits à vélo et en bateau, et des séjours chez l'habitant.

Recreational Ayutthaya Biking (p. 114) organise quelques circuits à vélo.

Mr Pok (p. 114) est un guide recommandé pour une visite des ruines.

À gauche Vue aérienne au coucher du soleil sur le Wat Mahathat
Ci-dessous Moine se recueillant devant une statue du Bouddha

son bon état général. Le roi Prasat Thong en lança la construction en 1630 en l'honneur de sa mère ; la ressemblance avec le temple d'Angkor (Cambodge) est intentionnelle.

Wat Phanan Choeng. Ce temple (p. 113) est très animé le week-end car s'y déroulent une foule de rituels pour acquérir des mérites. Il occupe l'emplacement de la communauté chinoise qui s'installa à Ayutthaya au XIVe siècle. Sa principale curiosité est le bouddha Phra Phanan Choeng haut de 19 m, conçu en 1324, installé dans un sanctuaire entouré de 84 000 petits bouddhas. Le sanctuaire chinois face à la rivière est coloré.

Wat Na Phra Men. Ce temple (p. 113), qui servait de base à son armée, est l'un des rares à avoir échappé à l'ire de l'envahisseur birman en 1767. Le *bòht* massif est plus grand que ses homologues modernes ; le bouddha principal, très vénéré, porte une tenue royale, pratique très courante dans la dernière période d'Ayutthaya. N'en déplaise à la pancarte en anglais, il est en bronze, pas en or.

Phu Khao Thong. Cet immense stupa blanc (p. 112) fut édifié par les Birmans pour commémorer l'occupation d'Ayutthaya en 1569. La grande statue est un hommage

à Naresuan, le roi conquérant thaïlandais qui chassa les Birmans. Il est entouré de reliefs décrivant ses exploits, notamment sa lutte contre un crocodile, et de dizaines de statues de coqs de combat. Une trilogie cinématographique (2007- 2011) du réalisateur Chatrichalerm Yukol célèbre ses exploits.

17 ESPRIT, es-tu là ?

SANCTUAIRES | HISTOIRE | SURNATUREL

Selon une croyance thaïlandaise répandue, la terre et les arbres sont habités par des esprits, qu'il faut apaiser par des cadeaux. C'est pourquoi en Thaïlande une maison des esprits est généralement construite devant les bâtiments. Dans certains lieux cependant, comme ceux cités ci-après, les esprits ne semblent jamais trouver la paix.

PUMIDOL/SHUTTERSTOCK ©

En pratique

Circuler Entre Bangkok et Kanchanaburi, il est possible de prendre le train (thailandtrains.com).

Attention Des inondations peuvent survenir dans la région de septembre à octobre.

Voyance En Thaïlande, il est courant de consulter un *mor doo* (diseur de bonne aventure). On en trouve dans les marchés de rue ou dans toute agglomération.

Visites de temples N'oubliez pas de couvrir vos épaules et vos jambes.

JUAN HUNG-YEN/SHUTTERSTOCK ©

WARAPHORN APHAI/SHUTTERSTOCK ©

À gauche, en haut Tête de bouddha dans un banian à Ayutthaya
En dessous Sanctuaire d'Erawan à Bangkok **Ci-contre** Moines marchant sur le Chemin de fer de la mort
Ci-dessous Poudre à frotter sur un *hopea odorata*, arbre sacré

Que faire en cas de possession ?

Vous ressentez un tiraillement sur votre jambe ou un poids sur votre poitrine ? Dites à l'esprit votre reconnaissance et il devrait vous laisser tranquille.

Invoquer les esprits

Les Thaïlandais se rendent généralement au temple pour demander aux esprits d'exaucer leurs vœux, mais des sanctuaires comme le sanctuaire d'Erawan à Bangkok auraient également le pouvoir de réaliser rêves et espoirs. Un autre type de sanctuaire, consacré aux ancêtres, est érigé dans les maisons familiales et les entreprises sino-thaïlandaises.

Et puis il y a les petites maisons des esprits, destinées à accueillir les esprits de la terre et des arbres qui auraient été délogés par la construction de bâtiments.

Côté obscur

Mais que fait-on si les esprits ne sont pas apaisés ? On consulte un voyant, censé comprendre ce qu'ils désirent. De nombreuses entreprises emploient des voyants, chargés notamment de purifier les nouveaux établissements et de les protéger des mauvais sorts.

Les esprits les plus tourmentés hantent les lieux de morts violentes, parmi lesquels Sukhothai, Ayutthaya et le Chemin de fer de la mort de Kanchanaburi, considéré comme l'un des endroits les plus hantés du royaume. Le bunker délabré appelé Brothel 35 – ou cimetière des prostituées de Kanchanaburi – contiendrait également les esprits de femmes asservies, et abandonnées à leur sort lorsqu'elles tombaient malades. Le lieu est depuis à l'abandon, mais des curieux continuent de se promener dans ses couloirs jonchés de détritus.

ANIRUT THAILAND/SHUTTERSTOCK ©

LES FANTÔMES
de Thaïlande

01

02

03

04

05

01 Khwai Tanu
Cet esprit qui apparaît sous la forme d'un buffle agit selon les ordres de son maître vaudou.

02 Krasue
Femme flottante dont il ne reste que la tête et les entrailles ; sa punition pour ses méfaits passés.

03 Krahang
La version masculine de Krasue, qui serait son mari ; ces esprits sont réunis même après la mort.

04 Kuman Thong
Les esprits de jeunes garçons en tenue traditionnelle condamnés à servir un maître vaudou pour l'éternité.

05 Mae Nak
Morte en couches alors que son mari était à la guerre, Mae Nak feint d'être encore en vie à son retour. Elle protège désormais les mères et les enfants et aide les joueurs à la loterie.

06 Phi Tai Hong
Les esprits d'autres femmes mortes en couches. Leur mort soudaine les a rendues furieuses et agressives.

07 Nang Tani
Une belle jeune femme en robe traditionnelle verte qui hante les bananiers à la pleine lune.

07

08

10

09

13

08 Nang Takian
Une autre belle jeune femme qui porte une robe traditionnelle rouge ou marron et hante les *ta-khian* (*hopea odorata*).

09 Phi Am
Cette femme pâle colérique aime s'asseoir sur la poitrine des gens endormis, provoquant la “paralysie du sommeil”.

10 Phi Dip Jeen
Adopté par la communauté sino-thaïlandaise, ce vampire porte des vêtements traditionnels chinois et une rune chinoise sur le visage.

11 Phi Kong Koi
Ce fantôme unijambiste se déplace en sautillant et suce le sang des orteils de ceux qui dorment dans la forêt.

12 Phi Pop
Cet esprit possède généralement un hôte féminin et mange les intestins d'autres hôtes pendant leur sommeil.

13 Pret
De grands esprits humanoïdes aux petites bouches plantées d'aiguilles à cause de leur gloutonnerie et de leur cupidité dans leurs vies antérieures.

Carnet d'adresses

Les grands classiques (p. 90)

Ayutthaya Tourist Center

(035 246076 ; parc historique d'Ayutthaya ; 8h30-16h30). GRATUIT

E-Thong

(vestiges d'une mine; lever-coucher du soleil ; Wat E-Thong ; lever-coucher du soleil). GRATUIT

Kanchanaburi

(pont du Chemin de fer de la mort, 24h/24). GRATUIT

Lopburi

(temple Prang Sam Yot ; angle Th Wichayen et Th Prang Sam Yot ; 50 B, billet combiné 150 B ; 8h30-18h)

Palais Bang Pa In

(100 B ; 8h-17h, dernière entrée à 16h)

Parc national d'Erawan

(034 574222 ; adulte/enfant 300/200 B, voiture/moto 30/20 B ; entrée du parc 8h-16h ; cascade paliers 1 à 3 8h30-17h, paliers 4 à 7 8h30-16h)

Saphan Mon

(Sangkhlaburi ; 24h/24). GRATUIT

Temples et sanctuaires

Palais de Bang Pa-In

Aussi appelé Palais d'été, cette ancienne résidence royale d'Ayutthaya a été bâtie au XVIIe siècle, puis restaurée par Rama IV deux siècles plus tard. (www.tourismthailand.org/Attraction/bang-pa-in-palace ; Ban Len Bang Pa-in Phra Nakhon Si Ayutthaya ; 100 B ; 8h-16h)

Parc historique d'Ayutthaya

Voir p. 90 et p. 104. (66 3524 2286 ; www.finearts.go.th/ayutthayahistoricalpark ; 96 Moo 4 Khlong Tho Rd, Pratuchai Phra Nakhon, Ayutthaya ; 50 B/temple ; 8h-18h tlj)

Parc historique de Si Satchanalai

Dans ce parc historique, moins fréquenté que le parc historique de Sukhothai voisin, baladez-vous à vélo parmi les ruines de la deuxième plus grande cité après Sukhothai. (66 5567 9211 ; Si Satchanalai District, Sukhothai, près de la Rte 101 ; entrée 100 B, 40 B pour le tramway ; 8h-17h)

Parc historique de Sukhothai

Voir p. 118. (Sukhothai ; 100 B, plus 10/20 B vélo/moto ; zone centrale 6h30-19h30, 6h30-21h sam, zone nord et ouest 6h30-19h30)

Phra Prang Sam Yod

Voir p. 103. (www.lopburi.org/lopburi-prangsamyod ; Tha Hin, Lopburi ; 50 B ; 6h-18h mer-dim)

Phu Khao Thong

Voir p. 107. (aube-crépuscule)

Sanctuaire d'Erawan

Voir p. 53. (angle Th Ratchadamri et Th Phloen Chit ; 6h-23h ; S Chit Lom sortie 8, Siam sortie 6)

Wat Ban Tham

Ce temple troglodyte de Kanchanaburi est particulièrement pittoresque avec son entrée en forme de gueule de dragon et sa vue sur le fleuve du haut de la montagne. (Tambon Khao

MONTEE KANTHARAKSA/SHUTTERSTOCK ©

Wat Tha Khanun

CENTRE DE LA THAÏLANDE CARNET D'ADRESSES

Noi ; temple lever- coucher du soleil, escalier 8h-17h)

Wat Chai Wattanaram

Voir p. 106. (50 B ; 8h-18h)

Wat Mahathat

Voir p. 106. (Th Chee Kun ; 50 B ; 8h-18h)

Wat Na Phra Men

Voir p. 107. (20 B ; aube-crépuscule)

Wat Phanan Choeng

Voir p. 107. (20 B ; aube-crépuscule)

Wat Phra Si Sanphet

Voir p. 105. (50 B ; 8h-18h)

Wat Ratchaburana

Voir p. 106. (50 B ; 8h-18h)

Wihan Phra Mongkhon Bophit

Voir p. 105. (8h-17h). GRATUIT

Wat Sam Phran

Un énorme dragon s'enroule autour de ce temple cylindrique rose bonbon de 17 étages, à 1 heure 30 de route de Bangkok. (92 Sam Phran, Sam Phran District, Nakhon Pathom ; watsamphran.business.site ; 9h-17h lun-ven, 6h-18h sam-dim)

Wat Tha Khanun

Au-delà de la rivière depuis la Kanchanaburi proprement dite, ce temple est dominé par un stupa doré, accessible par un pont suspendu qui passe près de l'eau. (Thong Pha Phum, province de Kanchanaburi ; 8h-17h)

Sites historiques

Col du Feu de l'Enfer

Voir p. 103. (66 34 919605 ; Hwy 323 ; musée Thailand-Burma Railway Centre 9h-16h, site lever-coucher du soleil)

Khlong Maha Sawat

Voir p. 95. (infos croisière 66 8 1743 5850 ; www.tourismthailand.org/Attraction/khlong-maha-sawat-cruise ; Phutthamonthon, Nakhon Pathom ;

Jeune moine honorant Bouddha au Wat Phutthai Sawan, Ayutthaya

PAKIN SONGMOR/GETTY IMAGES ©

croisière 2-4 heures 350 B/bateau (jusqu'à 6 pers) + entrée 70 B/pers)

Muang Boran

Voir p. 103. (www muangboranmuseum com ; 296/1 Th Sukhumvit, Samut Prakan ; adulte/enfant 700/350 B ; 9h-18 ; S Bearing sortie 1)

Musée militaire du JEATH

Le premier musée de Kanchanaburi consacré aux prisonniers de guerre qui construisirent le Chemin de fer de la mort occupe une ancienne cabane de détention de la Seconde Guerre mondiale. (angle Th Wisuttharangsi et Th Pak Phraek, Kanchanaburi ; 30 B ; 8h30-18h)

Palais de Sanam Chandra

Voir p. 95. (Nakhon Pathom ; 50 B ; 9h-16h mar-dim)

Pont de la rivière Kwaï

Voir p. 91 et p. 103. (Maenam Khwae Rd, Kanchanaburi ; 24h/24)

Thailand-Burma Railway Centre

Aucune excursion à la rivière Kwaï n'est complète sans une halte dans ce musée interactif, consacré à la voie ferrée Thaïlande-Birmanie, surnommée le Chemin de fer de la mort. (www.tbrconline.com ; 73 Chao Khun Nen Rd, Ban Nuea, Kanchanaburi ; tarif plein/7-12 ans 150/70 B ; 9h-16h tlj)

Art et circuits culturels

Ayutthaya Boat & Travel

Voir p. 106. (081 733 5687 ; www.ayutthaya-boat.com ; angle Th Chee Kun et Th Rotchana ; 9h-17h lun-sam)

Galerie d'Kunst

Voir p. 102. (66 98 794 1595 ; 323 Woradej Rd, Ratchaburi ; 9h-18h)

Mr Pok

Voir p. 106. (081 253 9037 ; 300 B/heure)

Nang Yai Museum

Voir p. 102. (66 3223 3386 ; www.tourismthailand.org/Attraction/nang-yai-museum-wat-khanon ; au Wat Khanon, Tambon Soi Fa, sur la Mae Klon, à 10 km de Photharam ; spectacle à 12h le samedi, 2 500 B sur réservation ; 8h-17h tlj)

Recreational Ayutthaya Biking

Voir p. 106. (021 072500 ; www.ayutthayabiking.com ; Ho Rattanachai ; 141 Mu 1, Rte 3053 ; 8h-17h)

Tour With Thai Ayutthaya

Voir p. 106. (035 958226, 086 982 6265 ; Naresuan Soi 2 ; 8h30-19h)

Promenades dans la nature

Arbre à pluie géant

Dans la province de Kanchanaburi, cet imposant arbre de plus d'un siècle culmine à 20 m et possède une canopée de 52 m de large. Une promenade surélevée protège ses racines. (à 20 km de la ville de Kanchanaburi)

Wat Yai Chai Mongkhon, Ayutthaya

Bang Kachao

Voir p. 49 et p. 96. (Depuis Bangkok, prendre le BTS jusqu'à Bang Na, puis un taxi jusqu'au quai des ferries de Wat Bang Na Nork. On trouve sur l'île artificielle le parc de Si Nakhon Kheun Khan et le marché de Bang Nam Pheung (8h-15h sam-dim) ainsi que le Wat Bang Nam Pheung Nok, un temple bouddhique vieux de 250 ans).

Cascades d'Erawan

Voir p. 91 et p. 97. (www.thainationalparks.com/erawan-national-park ; parc national d'Erawan ; tarif adulte/enfant 300/150 B, voiture/moto 30/20 B ; 8h-16h30)

Cascade Thi Lo Su

Voir p. 97. (réserve naturelle d'Um Phang ; 200 B ; 8h-16h30)

Grotte de Lawa (Lawa Cave)

Voir p. 97. (www.thainationalparks.com/sai-yok-national-park ; parc national de Sai Yok, à environ 90 km de Kanchanaburi ; entrée du parc adulte/enfant 300/150 B ; 8h-16h30)

Parc national de Khao Yai

Voir p. 97 et p. 168. (66 86 092 6529 ; www.thainationalparks.com/khao-yai-national-park ; adulte/enfant 200/100 B ; 6h-18h)

Réserve de biosphère de Sakaerat

Voir p. 97. (66 44 760 110 ; www.tistr.or.th/sakaerat/sakaeratE/sakaeE.htm ; à environ 60 km de Nakhon Ratchasima (Korat), sur l'autoroute 304)

Réservoir Sap Lek (Ang Sap Lek)

Si vous souhaitez simplement faire une promenade facile dans un beau paysage tranquille, gagnez cette étendue d'eau à la périphérie de Lopburi en semaine. (à environ 5 km du Wat Khao Chin Lae, le temple du Paon ; lever-coucher du soleil)

LITTLEKOP/ISTOCK ©

Train du Chemin de fer de la mort, pont de la rivière Kwaï

Victoria Water Lily Garden

Voir p. 94. (66/1 Amphur Nontaburi, 1 Bang Bua Thong-Suphanburi Rd, province de Nonthaburi ; 5h-13h tlj)

En famille

Alpaca Hill

Vos enfants trouveront assurément cette ferme en activité de Ratchaburi très divertissante. Venez pour les alpagas, restez pour les mini-kangourous. (66 80-821-2108 ; www.alpacahill.com/en/about-alpaca-hill/ ; 357 Moo 8 Phapok-Tako Lang, T.SuanPhung district, Ratchaburi ; entrée à partir de 290 B (5 activités) ; 9h30-17h lun-jeu, 9h-18h ven-dim)

Boon Lott's Elephant Sanctuary

Passez la nuit dans ce refuge pour éléphants de Sukhothai et suivez les pachydermes dans leurs activités quotidiennes. Repas et transport depuis l'aéroport de Sukhothai inclus. (www.blesele.org ; 304 Mu 5, Baan Na Ton Jan, Tambon Baan Tuek, Si Satchanalai, Sukhothai ; 6 000 B/nuit, transfert depuis l'aéroport et repas compris, réservation obligatoire)

Musée au million de jouets

Ce musée privé d'Ayutthaya fondé par un professeur local conserve des jouets thaïlandais et occidentaux qui pour les plus anciens datent de 1880. (Million Toy Museum ; 66 3532 8949 ; 45 Moo 2, U Thong Rd Phra Nakhon Si Ayutthaya ; adulte/enfant 50/20 B ; 9h-16h mar-dim)

Campings isolés

Cascade de Huai Mae Khamin

Un camping avec location de tentes et de matériel de couchage offre la possibilité de passer la nuit à proximité de cette cascade à sept niveaux, considérée comme l'une des plus belles de Thaïlande. (parc national Khuean Srinagarindra, entrée parc adulte/enfant 300/200 B, voiture/moto 30/20 B ; 6h-17h, jusqu'à 19h le week-end)

Khao Luang

Dans le parc national de Ramkhamhaeng, à Sukhothai, un magnifique sentier mène au sommet de cette montagne, où on peut camper. La randonnée est considérée comme difficile pour les débutants. (www.tourismthailand.org/Attraction/ramkhamhaeng-national-park-khao-luang ; entrée parc adulte/enfant 200/100 B ; 8h30-17h)

Parc national de Thong Pha Phum (Khao Chang Phueak)

Cette montagne à la frontière birmane, surnommée "le fil du rasoir" pour ses points de vue spectaculaires, est réservée aux randonneurs expérimentés. Un guide est considéré comme essentiel ; annulation en cas de mauvais temps. (www.tourismthailand.org/Attraction/thong-pha-phum-national-park ; Pilok Pha Phum Kanchanaburi ; entrée parc adulte/enfant 200/100 B)

Marchés flottants et nocturnes

JJ Night Market de Kanchanaburi

Les Thaïlandais aiment leurs marchés nocturnes, et celui-ci, où l'on trouve cuisine de rue, café, jolis souvenirs et vêtements bon marché, ne fait pas exception. (Kanchanaburi plaza ; Th Saengchuto ; 17h30-22h)

Marché aux lotus rouges

Voir p. 95. (6 10/2 Kan Prapa Nakhon Luang Rd, Ban Len, Nakhon Pathom ; tour en barque 200 B ; 9h-18h)

Marché flottant d'Ayutthaya

Ce n'est pas un véritable marché flottant, mais on y vend des souvenirs et des en-cas dans un cadre charmant. (66 35-881-733 ; ayothayafloatingmarket.in.th/en/ ; 65/19 Phai Ling, Phra Nakhon Si Ayutthaya ; 9h-18h)

Marché flottant d'Amphawa

Voir p. 93. (Amphawa, province de Samut Songkhram ; 12h-20h ven-dim)

Marché flottant de Bang Phli

Voir p. 93. (www.tourismthailand.org/Attraction/the-old-bang-phli-floating-market ; khlong Samrong, Bang Phli, province de Samut Prakan ; 11h-17h30 mar-sam)

Marché flottant de Damnoen Saduak

Voir p. 93. (Damnoen Saduak, province de Ratchaburi ; 7h-12h)

Marché flottant de Tha Kha (uniquement le week-end)

Voir p. 93. (province de Samut Songkhram ; week-end, seulement en matinée)

Marché flottant du Wat Lam Phaya (uniquement le week-end)

Voir p. 93. (www.tourismthailand.org/Attraction/wat-lam-phaya-floating-market ; Lam Phaya Klang Bang Len Nakhon Pathom ; 6h-17h sam-dim)

Marché nocturne du week-end d'Ayutthaya

Surnommé Krungsri Walking Street, ce marché propose tout ce qu'on peut attendre d'un marché nocturne thaïlandais, plus des spectacles d'arts martiaux. Comme son nom l'indique, il se tient le week-end. (Th Si Sanphet ; 16h-22h ven-dim)

Nouilles

Kai Tong — B

Les *guaythiew lard na*, nouilles de riz sautées au porc ou au bœuf à la chinoise, sont la spécialité du "Poulet doré", qui attire les gourmets de Bangkok en nombre, surtout le week-end.

Pa Lek Boat Noodle — B

Ayutthaya est réputée pour ses *boat noodles*, nouilles des marchands flottants, épaissies avec du sang de porc ou de bœuf. Ce restaurant est de loin le plus célèbre. (66 89 804 7418 ; Bang Lan Rd (en face du temple Maha That), Tha Wasukri, Phra Nakhon Si Ayutthaya ; 7h-17h)

Ta Pui Noodle — B

Si vous visitez Sukhothai, vous devez absolument goûter aux nouilles de Sukhothai. En périphérie de la ville, ce restaurant en plein air en propose une excellente version. (66 55 620 435 ; sud de la Highway 12, à environ 100 m de la station-service PTT : recherchez une grande enseigne jaune et rouge ; 7h-16 tlj)

Yai Krieng — B

Autre institution de Sukhothai, cette halte en plein air vend sa version des nouilles de Sukhothai sans bouillon, appelées *guaythiew bae*, ainsi que des crêpes de riz fermenté sur une pique.

Repas végétariens

Aurra Ammie Vegetarian Restaurant — B

La carte de ce restaurant végétarien de Pak Chong, au bord de la rivière, est parsemée

PAKIN SONGMOR/GETTY IMAGES ©

Marchande sur le marché flottant de Damnoen Saduak

de classiques thaïlandais et occidentaux. Antimoustique recommandé.

Kaffa Bistro BB

À Ayutthaya, cet agréable petit restaurant spécialisé en pizza propose non seulement des repas végétariens, mais aussi des plats sans gluten. Le propriétaire, passionné de *Star Wars*, est très sociable. (66 840401818 ; www.facebook.com/KaffaBistroAyutthaya/ ; 1/12 Phai Ling, Phra Nakhon Si Ayutthaya ; 11h-21h dim-mar, 11h-22h ven-sam)

Pauses gourmandes

O2 Kaffee & Bistro

Voir p. 95. (66 81 622 3983 ; www.facebook.com/O2-Kaffee-Bistro-273796093076844/ ; A6 Rai Khing, Sam Phran, Nakhon Pathom ; 10h-19 lun et mer, 9h-19h jeu-dim)

Baan Khiang Nam

Voir p. 99. (66 5589 4069 ; Mai Ngam, Tak ; 9h-22h tlj)

Baan U Thong

Voir p. 101. (66 81 341 4595 ; 39/11 Moo 1, U Thong Rd Pratuchai Subdistrict, Ayutthaya ; 10h-22h)

Chata Thammachart Cafe

Voir p. 95. (66 61 326 3624 ; www.facebook.com/ChataThammachart/ ; 168 Moo 7 Raikhing, Sam Phran, Nakhon Pathom ; 9h-18h mar-dim)

Go Eng

Voir p. 101. (66 90 626 5856 ; Ban Nuea, Kanchanaburi ; 10h-23h tlj)

Kui Mong

Voir p. 101. (66 35 587 256 ; www.facebook.com/kuimong/ ; 328 Moo 5, Khokram,Bangplama, Suphanburi ; 10h30-15h mar-dim)

Nong A

Voir p. 101. (Lat Ya, Kanchanaburi ; 10h-21h tlj)

Ruan Thai Goong Pao

Voir p. 101. (66 35 366 002 ; 1/2 Moo 4 Ratchakram, Bang Sai, Ayutthaya ; 10h-18h)

Say Hay Café & Cuisine

Voir p. 95. (66 65 629 6142 ; www.facebook.com/Sayhaycafecuisine/ ; 12, Hom Kret, Sam Phran, Nakhon Pathom ; 11h-20 lun-ven, 10h30-20h sam-dim)

Suan Thip

Voir p. 100. (66 2583 3748 ; www.suanthip.com ; 17/9 Moo 7, Sukhaprachasan 2 Soi 76, Bang Phut, Pak Kret, Nonthaburi ; 11h-23h tlj)

Suea Ronghai

Voir p. 99. (112, Nong Pling, Kamphaeng Phe)

Tabasco Restaurant

Voir p. 101. (66 90 626 5856 ; Ban Nuea, Kanchanaburi ; 10h-23h tlj)

18 Vaut le détour : SUKHOTHAI

PATRIMOINE MONDIAL | ANCIEN ROYAUME | PARC HISTORIQUE

Temples en ruine et bouddhas sereins offrent une balade contemplative dans l'ancienne capitale thaïlandaise, classée au Patrimoine mondial. Après s'être détaché du royaume impérial khmer en 1238, Sukhothai devint une puissance régionale et culturelle. De magnifiques temples mêlant style khmer et style Sukhothai furent érigés en l'honneur du bouddhisme theravada, récemment adopté, et de la nouvelle dynastie. La vieille ville se cache aujourd'hui dans un cadre verdoyant, propice à la méditation et idéal pour apprécier la majesté des monuments. C'est l'un des parcs historiques les plus imposants de Thaïlande.

COWARDLION/SHUTTERSTOCK ©

En pratique

S'y rendre La plupart des visiteurs arrivent en bus de Bangkok. La gare routière du parc historique est située à près de 1 km au nord-ouest de la ville de New Sukhothai – comptez entre 50 et 120 B pour une course à moto-taxi jusqu'au parc ; vous pourrez aussi prendre un *songthaew* (30 B, 10 à 30 min).

Infos pratiques Le parc historique est divisé en 5 zones (ouverture 7h30-17h30). Pour accéder aux zones centrale, nord et est, il faut payer un droit d'entrée de 100 B, plus un supplément de 10 à 50 B pour les véhicules.

Quand Arrivez de bonne heure le matin pour éviter la chaleur et revenez prendre des photos en soirée.

À savoir Avec une lumière et des températures plus douces, la fin de la journée est idéale pour explorer la zone centrale.

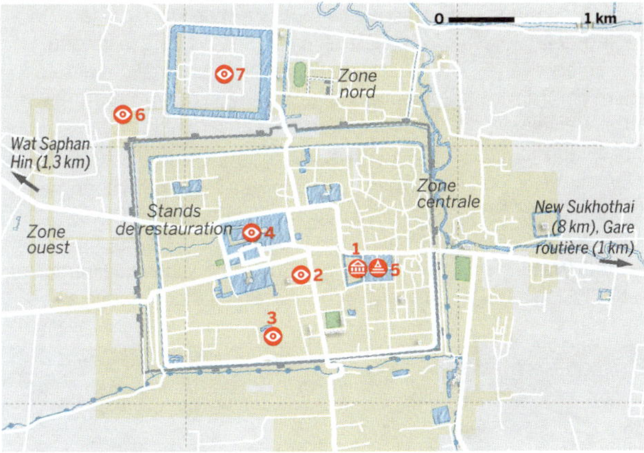

Le royaume de Sukhothai (sukhothai signifie "aube du bonheur") prospéra de la moitié du XIIIe siècle à la fin du XIVe siècle, alors que le royaume impérial d'Angkor, au Cambodge, relâchait son emprise sur sa frontière occidentale. Cette période est généralement considérée comme l'âge d'or de la civilisation thaïlandaise. La dynastie Sukhothai perdura 200 ans et compta 9 souverains. En 1438, Sukhothai fut absorbée par Ayutthaya (voir p. 90 et p. 104).

Zone centrale

Les vestiges de ce qui semble avoir été le centre administratif du royaume sont concentrés dans un ensemble de 45 km^2 appelé *meuang gòw* (vieille ville). Louer un vélo pour découvrir les ruines est le meilleur moyen de visiter cette zone.

Bon point de départ dans le parc historique, le **1 musée national Ramkhamhaeng** (150 B ; 9h-16h) porte le nom du troisième roi de Sukhothai, considéré comme le père fondateur de la nation (on lui attribue l'invention de l'écriture thaïe et l'établissement du bouddhisme theravada comme principale religion du royaume). Une réplique de la célèbre stèle de Ramkhamhaeng, réputée être le premier exemple d'écriture thaïe, est conservée ici. Selon les historiens, les ruines des temples du parc historique constituent une transition entre l'art khmer et l'art thaïlandais.

Plus grand temple du parc, le **2 Wat Mahathat**, achevé au XIIIe siècle, aurait été le centre spirituel et administratif de l'ancienne capitale. Il est entouré d'un mur de brique (206 m de long par 200 m de large) et d'une douve qui représenterait la

Se loger

La plupart des hébergements, dont certaines adresses petits budgets parmi les plus avantageuses du nord de la Thaïlande, sont dans la ville de New Sukhothai. Les pensions et hôtels pimpants et propres sont nombreux et beaucoup d'établissements disposent de jolis bungalows, proposent gracieusement le ramassage à la gare routière et le prêt de vélos. Cela dit, il y a de plus en plus d'hébergements logés près du parc, dont des adresses haut de gamme. Les prix ont tendance à grimper pendant la fête de Loi Krathong.

Page de gauche Coucher du soleil sur le Wat Mahathat

paroi externe de l'Univers et l'océan cosmique, thème courant de l'architecture khmère. De nombreux chédi présentent le célèbre motif en bouton de lotus considéré comme caractéristique du style Sukhothai. Certains des imposants bouddhas siègent toujours parmi les colonnes en ruine de l'ancien *wí·hăhn* (sanctuaire). L'enceinte regroupe quelque 198 chédi.

Juste au sud du Wat Mahathat, le **3 Wat Si Sawai** bouddhique des XIIe et XIIIe siècles possède des tours de style khmer et une douve. C'était à l'origine un temple hindou, auquel les artisans de Sukhothai ont ajouté des reliefs en stuc montrant des créatures mythiques comme l'apsara et le naga.

Le **4 Wat Sa Si** (monastère du bassin sacré) occupe une île à l'ouest du monument en bronze dédié au roi Ramkhamhaeng (3e souverain de Sukhothai). Ce wat tout simple, de style Sukhothai classique, renferme un grand bouddha, un chédi en cloche et les

Le saviez-vous ?

Les vestiges de l'ancienne capitale thaïlandaise comprennent 21 sites historiques et 4 grands bassins à l'intérieur des remparts, ainsi que 70 sites et monuments dans un rayon de 5 km.

colonnes d'un *wí·hăhn* en ruine. Les chédi en cloche, hérités du Sri Lanka, sont arrivés à Sukhothai avec l'adoption du bouddhisme.

À côté du musée national Ramkhamhaeng, le petit **5 Wat Trapang Thong**, toujours habité et orné de beaux reliefs en stuc, est accessible par une passerelle enjambant le grand bassin de lotus qui l'entoure. Ce réservoir, où se déroulait la fête de Loi Krathong, fournit à Sukhothai la majeure partie de son eau.

Zone nord

Cette zone, située à 500 m au nord des remparts de la vieille ville, se rejoint facilement à vélo. Ses ruines architecturales valent largement celles de la zone centrale.

Chouchou des photographes, le **6 Wat Si Chum**, situé au nord-ouest de la vieille ville, renferme un imposant *mon·dòp* (pavillon) contenant un bouddha assis de 15 m en brique et stuc aux élégants doigts fuselés. Selon les archéologues, il s'agirait du "Phra Atchana" mentionné sur la stèle de Ramkhamhaeng.

Le **7 Wat Phra Phai Luang**, un peu isolé, possède 3 tours khmères du XIIe siècle. Une seule est encore debout ; elle est décorée de reliefs en stuc érodés caractéristiques du style Sukhothai. C'était peut-être le centre de Sukhothai lorsqu'elle était gouvernée par les Khmers d'Angkor avant le XIIIe siècle.

Zone ouest

Il y a rarement foule dans cette zone située à environ 2 km de la vieille ville. Le chemin qui y conduit traverse de jolis paysages ruraux.

Juché sur la crête d'une colline s'élevant à 200 m au-dessus de la plaine, le **Wat Saphan Hin**, qui signifie "pont de pierre", fait référence au sentier et à l'escalier pavés d'ardoise qui y conduisent. Les seuls vestiges du temple d'origine sont quelques chédi et les ruines d'un *wí·hăhn*. Ce site à 3 km des anciens murs de la ville offre une belle vue sur les ruines de Sukhothai, au sud-est, et sur les montagnes, au nord et au sud.

Ci-dessus Temples et monuments de Sukhothai **Ci-dessous** Petites statues du Bouddha sur le tronc d'un grand banyan, Wat Si Sawai

Page de gauche À vélo face à un temple bouddhique du parc historique de Sukhothai

CHIANG MAI ET LE NORD

CAFÉ | ÉLÉPHANTS | MONTAGNES

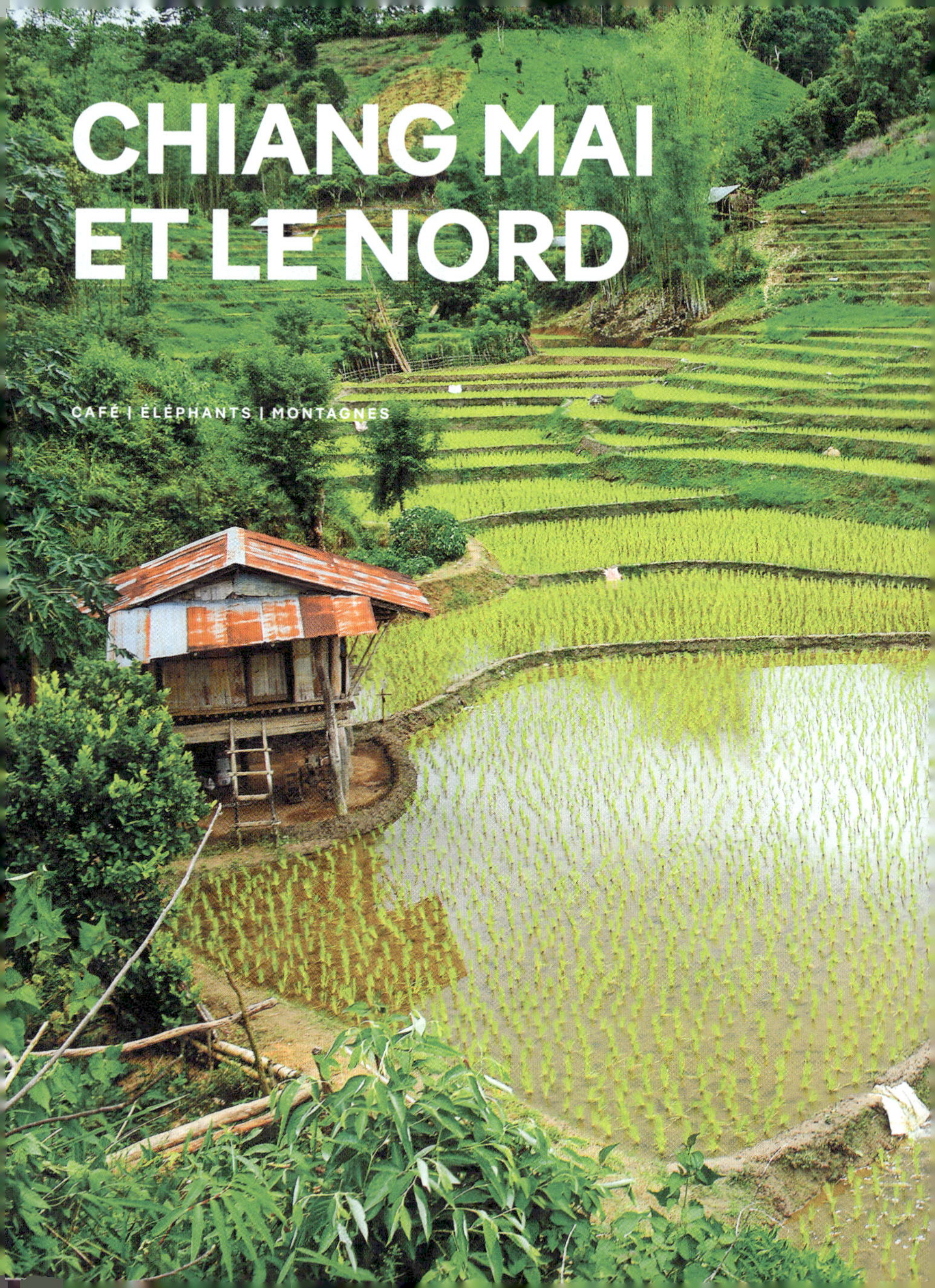

CHIANG MAI ET LE NORD
à la carte

Le rythme lent du Nord en fait une parfaite destination pour qui veut échapper aux villes trépidantes et aux plages animées qui font la renommée de la Thaïlande. Les choses à voir et à faire y sont nombreuses, la plupart tournant autour de la culture et de l'époustouflante nature.

Parlez mandarin avec les résidents yunnanais à **Baan Rak Thai** (p. 137).
À 1 heure de Mae Hong Son

Tentez la **boucle de Mae Hong Son** à votre rythme (p. 136).
4 jours

Partagez votre petit-déjeuner avec un éléphant à **Chai Lai Orchid** (p. 143).
À 2 heures de Chiang Mai

Immergez-vous dans les sources chaudes de **Chiang Dao** (p. 152).
À 1 heure de Chiang Mai

Prenez place dans un side-car Royal Enfield pour une balade le long du **Triangle d'Or** (p. 143).
À 5 heures de Chiang Mai

Passez-vous d'électricité dans la localité de montagne de **Mae Mae** (p. 152).
À 2 heures de Chiang Mai

Découvrez la contrée des bandits et des bateliers dans la **province de Nan** (p. 146).
À 4 heures de Chiang Mai

Perdez-vous dans les *soi* de Chiang Mai et les temples souterrains de **Soi Wat Umong** (p. 138).
À 15 minutes de la vieille ville de Chiang Mai

Dégustez du café torréfié par **Akha Ama**, socialement engagé (p. 135).
À 10 minutes de la vieille ville de Chiang Mai

Informations pratiques

AMNAT PHUTHAMRONG/SHUTTERSTOCK ©

À L'ARRIVÉE

Bus et trains offrent la plus grande flexibilité dans le Nord ; vous pouvez monter et descendre à n'importe quel arrêt. Chiang Mai fait par ailleurs fonction de nœud de transports dans la région, avec de multiples liaisons avec les villes et provinces voisines. Le train-couchettes au départ de Bangkok est certes lent, mais l'expérience en vaut la peine. Les vols à destination de l'aéroport international de Chiang Mai sont fréquents et bon marché.

QUAND

NOV-MARS
Cette saison douce et fraîche est la plus prisée, malgré le smog dû aux brûlis agricoles. Fin novembre est la meilleure période, avant le smog et après la pluie.

AVR-JUIN
Chaud et sec, mais plus frais que Bangkok. Forte affluence pendant Songkran.

JUIL-OCT
La saison des pluies ravive les jungles desséchées et alimente les chutes d'eau.

BUDGET

Café local
50-100 B

Cocktail
150-300 B

Kôa soy
50-100 B

COMMENT CIRCULER

À pied Le meilleur moyen de se déplacer dans les grandes villes du Nord, nettement plus petites que la capitale, malgré la chaleur et l'humidité.

Camions rouges Les *rót daang* sont omniprésents à Chiang Mai. Les prix sont fixes (vous pouvez négocier pour l'aller-retour ou la journée complète), mais les arrêts dépendent des demandes des passagers.

Taxi et Grab Disponibles dans la plupart des grandes villes du Nord. À Chiang Mai, vous pouvez réserver un taxi traditionnel pour de plus grandes distances. Les taxis de l'application mobile Grab ne circulent que dans les limites de la ville. Si vous allez loin, veillez à organiser votre transport de retour.

SE RESTAURER ET PRENDRE UN VERRE

Le *kôw soy*, plat de nouilles dans un bouillon de curry, est l'une des spécialités du Nord. Il est généralement préparé avec des nouilles aux œufs, du bœuf ou du poulet, des échalotes, des légumes marinés, du citron vert et des nouilles frites.

Le *sâi òo-a*, saucisse de porc ou de poisson très épicée, est un autre classique du Nord à goûter (photo du bas). Lampang prétend faire les meilleurs, mais chaque province défend sa propre recette.

Le *ya dong*, whisky de riz local fermenté avec de l'écorce et des plantes, connaît un regain d'intérêt en Thaïlande, où les bars servent cette boisson alcoolisée traditionnellement médicinale sous forme de cocktail.

Savoureux café local
Akha Ama (photo du haut ; p. 160)

Meilleur cadre pour un repas
Chiang Dao Nest (p. 152)

SUR DEUX ROUES

Les deux-roues sont des moyens sûrs et flexibles d'explorer les centres urbains du Nord, même si les routes thaïlandaises peuvent être dangereuses. Louer un vélo ou une moto est très facile et bon marché. Attention cependant aux contrôles de police : vous recevrez une amende si vous n'avez pas les documents requis.

POLLUTION DE L'AIR

Si vous visitez la région entre décembre et mars, il est conseillé de porter un masque N95 lorsque la qualité de l'air devient mauvaise à cause du smog causé par les brûlis agricoles. Les particules peuvent alors recouvrir la ville, compromettant la vue – et votre santé.

OÙ LOGER

Les capitales du Nord, qui portent le nom de leur province, possèdent chacune leur culture, leur dialecte et leur cuisine. Vous ne connaissez pas le Nord, dit-on, si vous n'avez pas visité plus d'une ville.

Ville/village	Pour/contre
Chiang Mai	Une base idéale. Visitez la vieille ville pour ses traditions, les berges de rivière pour leur romantisme.
Chiang Rai	Pour le Triangle d'or, la Maison noire et le Temple blanc.
Mae Hong Son	Charmante ville au sommet d'une montagne, imprégnée de la culture des ethnies montagnardes.
Nan	Un ancien royaume caché aux cultures et coutumes bien ancrées. Prisé des voyageurs thaïlandais branchés.
Tak	La ville à la frontière du Myanmar la plus fréquentée de Thaïlande, reliée aux plaines centrales.
Lampang	Coin reculé aux superbes stupas sur les montagnes et aux "taxis" tirés par des chevaux.

ARGENT

La plupart des restaurants, bars et magasins du Nord n'acceptent pas les cartes, mais les DAB sont omniprésents et vous pouvez toujours faire de la monnaie dans un 7-Eleven.

Les grands classiques

Pour les infos pratiques de chaque site, reportez-vous au *Carnet d'adresses* p. 156.

Chiang Mai

L'ancienne capitale du royaume Lanna offre calme et sérénité, idéals pour se détendre et se ressourcer. Vous pouvez participer à un large éventail d'activités et de fêtes, comme celle de Loi Krathong ci-dessous, ou juste flâner dans les petites rues, à la découverte d'une ville où règnent encore une ambiance et un état d'esprit résolument thaïlandais.

TAKE PHOTO/SHUTTERSTOCK ©

Chiang Rai

Chiang Rai est une petite ville agréable à l'ambiance détendue, forte d'une excellente cuisine locale. Elle constitue une base pratique pour des excursions dans des régions parmi les plus reculées de la province. Fondée en 1262, Chiang Rai faisait partie du royaume Lanna lao-thaï. Elle ne devint territoire siamois qu'en 1786.

SOUTHTOWNBOY/ISTOCK ©

DOMINIK GYECSEK/ISTOCK ©

Monk's Trail

Cette merveilleuse randonnée dans la jungle part de derrière l'université de Chiang Mai (Th Suthep) et mène au Wat Pha Lat, caché dans la jungle, en 45 minutes. Si l'on y voit des moines cheminer en sandales, il est conseillé de porter des chaussures fermées à cause des roches friables et de la pente raide à certains endroits.

URF/GETTY IMAGES ©

Marché de Warorot

Sur le plus ancien marché public de Chiang Mai, on trouve des vendeurs de souvenirs et de nombreux étals : filets de pêche, feuilles de thé, autocuiseurs, saucisses thaïlandaises, *kâab mŏo* (couennes de porc), poissons-chats vivants et autres statues pour "maisons des esprits". On y passe facilement une demi-journée.

DECNUI/ISTOCK ©

Sticky Waterfall

Dans le parc national de Si Lanna, cette fameuse "cascade collante" permet aux visiteurs de gravir facilement les chutes. Le secret réside dans l'eau riche en calcium de la source alimentant la cascade (100 m) à trois niveaux. Les minéraux déposés sur les rochers empêchent les végétaux glissants (telles les algues) d'y pousser.

Mae Hong Son

Avec ses montagnes boisées et son lac, Mae Hong Son correspond à la bourgade du Nord typique. L'influence birmane palpable et une ambiance de ville-frontière confortent cette image, que ne vient troubler quasiment aucun tuk-tuk ou rabatteur. Les activités, telles que bateau et trekking, garantissent un séjour mémorable.

WICHIANDUANGSRI/ISTOCK ©

Doi Inthanon

Le "Doi In" (2 565 m) est le point culminant du pays. Autour du massif de granit, le parc national de Doi Inthanon compte divers sentiers et des cascades. Les pentes supérieures du mont sont couvertes d'orchidées, de lichens, de mousses et d'épiphytes, et abritent près de 400 espèces d'oiseaux.

SKAZZJY/ISTOCK ©

Tham Lot

À 9 km au nord-est du petit bourg de Soppong, Tham Lot, aussi appelé *tâm nám lôrt*, est un immense réseau de grottes calcaires, traversé par un large cours d'eau, composé d'imposantes stalagmites et de grottes funéraires. Tham Lot compte parmi les plus vastes grottes connues de la Thaïlande.

GAGARYCH/ISTOCK ©

TAI POWER SEEFF/GETTY IMAGES ©

Pai

La popularité de la ville n'a pas entamé la beauté de cette splendide vallée de montagne. Nombre d'hébergements y sont installés et de multiples activités distraient les visiteurs, qui profitent aussi d'une scène artistique et musicale dynamique. Les racines shan de la ville se remarquent dans ses temples, ses ruelles et également un marché l'après-midi.

TUMDEE/ISTOCK ©

Nan

Nan est une ville paisible, riche en histoire. Nombre de ses habitants sont des descendants d'immigrants venus du sud-ouest de la Chine, et leur héritage culturel se manifeste dans l'art et l'architecture. Le Musée national de Nan (ci-dessus), installé dans le palais des deux derniers seigneurs féodaux, comporte une intéressante section ethnographique.

MARK WEINS/LONELY PLANET ©

Lampang

Ville au bord de l'eau, riche en bâtiments anciens de styles thaï, anglais, chinois et birman, Lampang est animée d'excellents marchés. Hébergements, cafés et restaurants branchés en font une bonne étape pour les visiteurs en quête d'une destination relativement épargnée par le tourisme de masse.

19 Promenade dans la VIEILLE VILLE

TEMPLES | CULTURE | MUSÉE

Les remarquables temples de Chiang Mai se trouvent tous dans la vieille ville. Commencez votre promenade de bonne heure, couvrez vos épaules et vos genoux, et n'oubliez pas de vous déchausser avant d'entrer dans les Wat. Dans les salles, il est préférable de vous asseoir les jambes repliées "en sirène".

PIDJOE/ISTOCK ©

Ci-dessus Marché de nuit près du Wat Phra Singh

En pratique

Départ Phra Singh

Arrivée Musée des Arts populaires lanna

Distance 1,2 km

Durée 3 heures

Billet combiné Un billet combiné incluant le musée des Arts populaires lanna, le Centre culturel et artistique de Chiang Mai et le Centre d'histoire de Chiang Mai est valable une semaine et coûte 180/80 B (adulte/enfant).

Une petite soif ?

Le café du musée des Arts populaires lanna propose une gamme complète de cafés chauds, froids ou glacés.

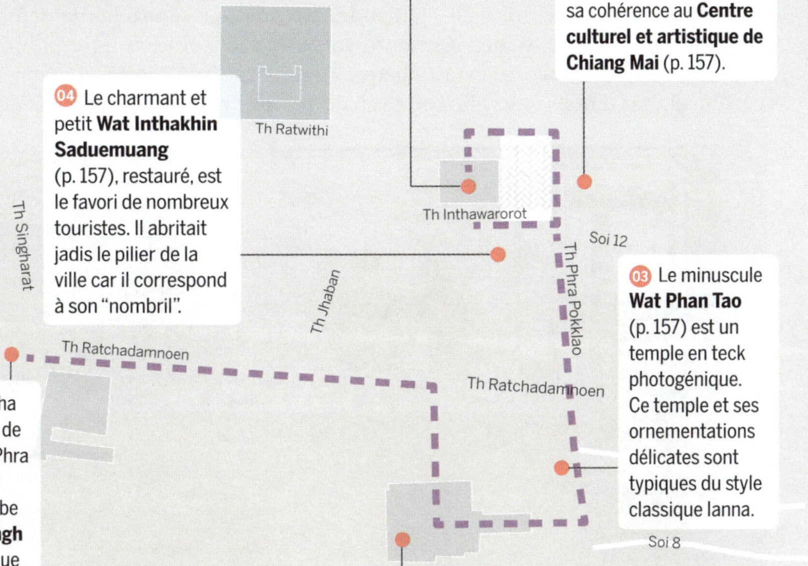

01 Le bouddha le plus révéré de Chiang Mai (Phra Singh) réside dans le superbe **Wat Phra Singh** (p. 157), typique de l'architecture lanna.

02 Le **Wat Chedi Luang** (p. 157), aujourd'hui en ruines, était l'édifice le plus haut de Chiang Mai. Il abritait le Bouddha d'Émeraude (Phra Kaew), aujourd'hui exposé à Bangkok.

03 Le minuscule **Wat Phan Tao** (p. 157) est un temple en teck photogénique. Ce temple et ses ornementations délicates sont typiques du style classique lanna.

04 Le charmant et petit **Wat Inthakhin Saduemuang** (p. 157), restauré, est le favori de nombreux touristes. Il abritait jadis le pilier de la ville car il correspond à son "nombril".

05 Cette matinée sous le signe de l'art, de l'architecture et de l'histoire trouvera toute sa cohérence au **Centre culturel et artistique de Chiang Mai** (p. 157).

06 Juste en face, le **musée des Arts populaires lanna** (p. 157) propose une balade parmi des constructions anciennes restaurées et des expositions artistiques.

20 Un café pour terminer LA MATINÉE

CAFÉ | CULTURE | ART

La passion de Chiang Mai pour le café est peut-être récente, mais la culture du café a une riche histoire en Thaïlande, évoquant des épisodes de déforestation, de pauvreté, d'opium, d'intervention royale et de coopération internationale. Aujourd'hui, on trouve du café à chaque coin de rue, qu'il soit fraîchement torréfié par de vieilles dames chez elles ou préparé par des baristas champions de *latte art*.

TEEPAKARN KHAMWAEN/SHUTTERSTOCK ©

En pratique

Démarrage tardif Les gens du Nord prennent leur café plus tard que dans d'autres pays. La plupart des cafés ouvrent à 10h ou même plus tard.

Tasses superstars Prendre des photos (et des selfies) dans les cafés fait partie de l'expérience ; apportez votre appareil et laissez-vous tenter.

Postes de télétravail Pour répondre aux besoins des nombreux nomades numériques de la ville, presque tous les cafés proposent une connexion haut débit.

AYDAN STUART/LONELY PLANET ©

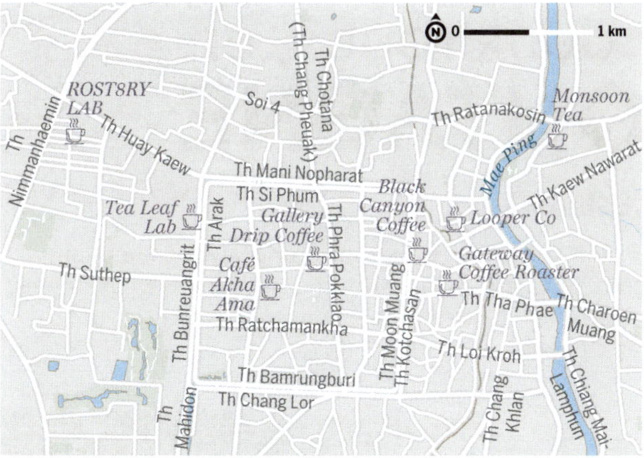

À gauche Gateway Coffee Roaster
En dessous Café à ROST8RY LAB

Approvisionnement local

L'odeur du café fraîchement préparé est omniprésente à Chiang Mai. Tout a commencé par les projets lancés par le roi Bhumibol Adulyadej afin de créer une variété unique d'arabica et de fournir aux communautés locales une autre solution que le pavot à opium. Ainsi est née la passion pour cette précieuse graine.

Pour goûter au café local, il n'y a pas meilleur endroit qu'**Akha Ama** (p. 160). Plus qu'un simple café, le lieu gère également une entreprise sociale qui permet aux ethnies montagnardes de s'émanciper en cultivant du café de manière durable. **Gateway Coffee Roaster** (p. 161), à quelques pas de la porte Tha Phae, sert du café cultivé à Doi Chiang et Huay Chomphon.

Reconnaissance internationale

Pour ce qui est des mélanges internationaux, **ROST8RY LAB** (p. 161) est mythique. Il a remporté le Championnat du monde de *latte art* en 2017 et le Championnat du monde des baristas en 2018 et 2019.

Black Canyon Coffee (p. 160) est une belle réussite de Chiang Mai, avec des antennes dans toute l'Asie du Sud-Est.

Cafés innovants

Créatifs, de nombreux propriétaires locaux cherchent à élever le café vers de nouveaux sommets. L'intérieur épuré de **Looper Co** (p. 161) est le plus instagrammable de la ville, et les cafés infusés à froid de **Cotton Tree Roasters** (p. 160) parmi les plus innovants.

Si vous êtes plutôt thé, vous apprécierez **Tea Leaf Lab** (p. 161) et **Monsoon Tea** (p. 161).

Le roi thaïlandais du café filtre

Le café filtre n'est certes pas la façon la plus rapide de préparer une tasse, mais les aventures du roi thaïlandais du café filtre vous aideront à patienter.

Gallery Drip Coffee (p. 160) propose la première "table de barista" de la ville, à la découverte des origines du café thaïlandais et de ses saveurs caractéristiques. Cette expérience, que l'on ne peut réserver, est un voyage lent et holistique, guidé par la passion du roi du café filtre d'aider les gens à comprendre l'histoire du café qu'ils boivent, des montagnes où il a été cultivé aux mélanges conçus pour les palais les plus exigeants.

21 Sur deux roues, en MONTAGNE

DEUX-ROUES | VIE VILLAGEOISE | AVENTURE

Visiter les provinces du Nord sur un deux-roues, à pédales ou à moteur, sera sûrement une expérience exaltante. Mais parmi tous les itinéraires possibles, la boucle de Mae Hong Son tient du rite de passage pour tout aventurier qui se respecte. Vous comprendrez vite pourquoi.

SCOTT BIALES DITCHTHEMAP/SHUTTERSTOCK ©

Une boucle de 600 km

Au départ de Chiang Mai, la boucle de Mae Hong Son se parcourt en quatre ou cinq jours, selon vos envies d'aventure. Sans aucune restriction, si ce n'est de temps, envisagez par exemple une journée de plus à Pai ou un détour d'une demi-journée dans un village chinois reculé.

Feuille de route

Quand Rouler à moto sous la pluie de la mousson peut être dangereux. La saison fraîche est la meilleure, juste avant la saison chaude.

Choisir sa monture Un scooter de location suffit amplement, mais plus votre deux-roues sera puissant, plus grande sera votre marge d'exploration.

Pratiquer son mandarin Les Yunnanais qui se sont installés dans les montagnes de Mae Hong Son pour fuir la révolution communiste parlent encore aujourd'hui une forme de mandarin.

01 Plantez le décor de votre aventure sur la route **Chiang Mai-Pai**, qui passe par la vallée de Mae Sa et est jalonnée de cols sauvages et de rizières en terrasses.

02 Après les 1 867 virages de la route **Pai-Mae Hong Son**, dominant les montagnes qui bordent le Myanmar, le certificat proposé à 60 B par la Chambre de commerce de la ville vient couronner le tout.

03 À **Baan Rak Thai** (photo ci-dessous), paisible village yunnanais entouré de plantations de thé nimbées de brume, il y a toujours une théière en train d'infuser pour les visiteurs.

04 Sur la route **Mae Hong Son-Mae Sariang**, les paysages montagneux sont époustouflants. À moins que vous ne preniez la route 1263, décoiffante même pour les motards chevronnés.

05 Descendez les jolies collines de la route **Mae Sariang-Chiang Mai**, qui traverse des faubourgs animés. Ou retardez l'inévitable en passant une nuit sur le Doi Inthanon (p. 130 et p. 156), le plus haut sommet du pays.

22 L'INSPIRANT Soi Wat Umong

ART | COMMUNAUTÉ | SHOPPING

Grâce à ses étudiants en art, ses propriétaires de cafés et ses habitants, le discret Soi Wat Umong s'est transformé en centre de créativité (et de gentrification) ces dernières années. La rue, qui tire son nom de l'ancien temple forestier Wat Umong Suan Phutthatham, comblera vos envies de cuisine locale, de bars, d'art, de nature, de temples et de vie communautaire.

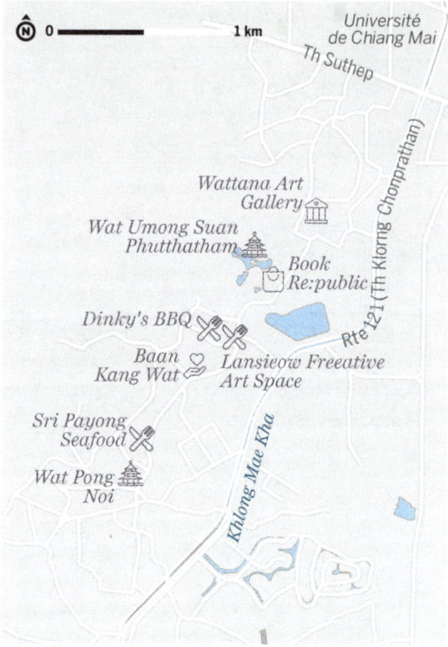

En pratique

S'y rendre Un "camion rouge" ou un taxi vous y emmènera en un rien de temps. Et vous en hélerez un tout aussi facilement pour repartir.

Quand Allez-y plutôt en milieu d'après-midi pour être sûr que tout soit ouvert.

Argent Les rares DAB étant souvent en panne, emportez suffisamment d'espèces pour la journée.

Immersion N'hésitez pas à participer aux événements, même s'ils visent plus le public local.

Bénédictions au temple de la forêt

Parmi les centaines de temples que compte Chiang Mai, le **Wat Umong Suan Phutthatham** (p. 157), construit au XIIIe siècle par le roi Mengri, le fondateur de la ville, se distingue tout particulièrement. Ses passages souterrains recèlent des bouddhas et de sombres alcôves encore utilisées aujourd'hui pour la méditation.

Les moines résidents, vêtus de robes safran, sont souvent heureux de discuter de leur vie au monastère. Ne manquez pas de visiter le jardin de vestiges de bouddhas brisés et de lire les mots de sagesse partagés par les tristement célèbres "arbres parlants".

Balade le long du soi

En quittant le temple, allez en direction du **Wat Pong Noi** (p. 157), pour explorer le quartier au gré de vos envies.

Derrière le café **Paper Spoon** (p. 161) se cache Book Re:public (p. 157), une librairie militante de Chiang Mai, qui organise régulièrement des discussions sur la littérature, le cinéma et la culture thaïs et internationaux.

Haltes gourmandes

Grignoter fait partie de la culture thaïlandaise. Les habitants vous recommanderont **Laap Lung Noi** pour ses grillades, sa version locale du *lâhp* (viande émincée aux herbes et aux épices) et son *sôm·đam* (salade de papaye verte épicée), et **Sri Payong Seafood** (p. 160) pour ses spécialités de la mer. Envie de saveurs différentes ? **Dinky's BBQ** (p. 159) propose les meilleures viandes grillées à la sud-américaine de la ville. **Lamour Cafe** (p. 160), au bâtiment jaune vif difficile à rater, est une bonne halte pour une dose de caféine et une part de fabuleux gâteau. Si vous poussez jusqu'au Wat Pong Noi, vous profiterez devant ses portes de généreux stands de cuisine de rue.

Plus bas, le sympathique ensemble de bars et de restaurants **Lansieow Freeative Art Space** (p. 160) programme des concerts, des marchés éphémères et des événements caritatifs.

Place à la durabilité

Après les temples, le **Baan Kang Wat** (p. 159) est probablement le plus grand attrait du *soi*. Ce lieu conçu comme une place de marché communautaire axée sur la durabilité réunit des magasins, des galeries, des restaurants et des écoles d'art.

Participez à un atelier ou regardez un film dans le mini-amphithéâtre. Juste derrière, la **Wattana Art Gallery** (p. 160) expose de formidables œuvres thaïlandaises contemporaines.

Ci-dessus Dans les tunnels du Wat Umong

SAVEURS
Muang

01

02

03

04

05

06

01 Lâhp mŏo krua
Salade de viande parfumée au cumin, au curcuma, au sang de porc et au gingembre, lui donnant un goût plus intense que sa cousine du Nord-Est.

02 Yam nòr mái
Salade épicée qui associe jeunes pousses de bambou, citronnelle, feuilles de combava et gingembre avec une bonne dose de pâte de crabe.

03 Kôw soy
Bouillon de curry à la noix de coco, avec nouilles aux œufs bouillies et frites, moutarde chinoise marinée, échalotes, citron vert et huile de piment.

04 Sâi òo·a
Chaque région a sa version de cette saucisse de porc épicée, assaisonnée avec de la citronnelle, des feuilles de combava, du galanga et de la pâte de piment rouge.

05 Nám prík nùm
Faite de jeunes piments verts, cette sauce s'apprécie idéalement avec de la couenne de porc croustillante et des légumes frais.

06 Nám prík ong
Une sorte de sauce bolognaise thaïlandaise, préparée en faisant mijoter du porc, des tomates, de la pâte de crevettes et des graines de soja fermentées pendant des heures.

07

08

09

10

11

12

07 Gaang hoh
Ce curry sauté est préparé avec des restes de curry, des nouilles et des herbes fraîches.

08 Gaang kà-nŭn
Une version locale de la soupe *tom yum*, épicée, aigre et agrémentée de jacquier, de tomates cerises et d'os de porc.

09 Aab ong orr
Cervelle de porc aux herbes et épices locales, grillée à la perfection dans une feuille de bananier. C'est bien meilleur que ce que l'on pourrait penser !

10 Kà-nŏm jeen nám ngée-o
Nouilles de riz fraîches dans un bouillon de tomate aromatisé à l'insolite fleur de kakopier (ou fromager) rouge (*Bombax ceiba*) qui pousse naturellement dans le Nord.

11 Gaang hung le
Tamarin, ail macéré et gingembre donnent à ce curry birmano-thaï servi les jours de fête une saveur massala caractéristique.

12 Gaang gae gòp
Un curry très local (comprendre : épicé) préparé avec de la pâte de piment, des feuilles de bétel, des légumes et des cuisses de grenouille.

23 Au contact des ÉLÉPHANTS

ÉLÉPHANTS | TREKKING | PRÉSERVATION

S'il y a un animal qui vient à l'esprit quand on évoque la Thaïlande, c'est bien l'éléphant. Le pays compte plus de 160 réserves et s'il est vrai qu'elles ne se valent pas, il suffit simplement de se renseigner pour s'assurer que l'expérience sera aussi gratifiante pour vous que pour les éléphants que vous rencontrerez. En voici deux dont nous garantissons les bonnes pratiques.

JAMES DE LA CHOCHE ©

En pratique

Comprendre l'éthique Voir p. 144 pour bien comprendre ce qu'est un tourisme promouvant des valeurs éthiques.

Se renseigner Avant de vous rendre dans une réserve, faites des recherches sur ses pratiques.

Demander un second avis N'hésitez pas à demander un second avis pour corroborer les affirmations émises par les réserves d'éléphants.

STEVE CUKROV/SHUTTERSTOCK ©

À gauche, en-haut Éléphant à Chai Lai Orchid En dessous Anatara Golden Triangle Elephant Camp & Resort

Immersion et préservation

Anantara Golden Triangle Elephant Camp & Resort (p. 158), perché à la frontière avec le Myanmar et le Laos, dans le Triangle d'Or, propose une formidable expérience en matière de rencontre avec les éléphants, quand on peut se l'offrir car elle est coûteuse.

Les éléphants errent librement sur le domaine et les cornacs en prennent soin en permanence. L'équipe a passé des années à chercher les meilleurs moyens de garder les éléphants actifs et de les faire interagir de manière durable et pédagogique.

Vous pourrez découvrir le mode de vie des cornacs, observer les éléphants dans leur habitat naturel depuis votre balcon ou votre confortable chambre-bulle, ou encore faire une balade en side-car Royal Enfield le long des sentiers.

Expérience pratique et engagement social

Chai Lai Orchid (p. 158) est moins onéreux tout en étant socialement engagé. Au cours des dernières années, la réserve a soigné, nourri et sauvé des dizaines d'éléphants d'Asie de pratiques abusives.

Tous les bénéfices de cet écolodge à but non lucratif financent les soins des éléphants et les projets sociaux de Daughter's Rising, qui aide les réfugiés karen marginalisés à échapper à la pauvreté.

Les visiteurs ne vivent pas seulement parmi les éléphants et leurs cornacs, mais sont aussi encouragés à participer aux soins des éléphants, notamment en les nourrissant, les baignant et, plus important encore, en apprenant à mieux préserver leur habitat, la forêt. Se faire réveiller par les éléphants en quête de petit-déjeuner est le moment fort de tout séjour.

Mae Wang : des éléphants, mais pas seulement

Chai Lai Orchid est situé à Mae Wang, la terre de l'ethnie Pga k'nyau où les expériences à vivre vont bien au-delà des éléphants. Entourés de paysages spectaculaires, les visiteurs peuvent randonner jusqu'à des cascades et des temples cachés dans la jungle, dormir à la dure dans la forêt en compagnie de guides karen qui partagent avec eux leurs connaissances sur la recherche de nourriture, les plantes médicinales et le tissage, ou se laisser flotter sur un radeau en bambou, une bière locale à la main.

Alexandra Pham, *fondatrice de Chai Lai Orchid (chailaiorchid.com) et Daughters Rising, Facebook Chai Lai Orchid, Instagram @Chailaiorchid*

Gros comme un éléphant

LE TOURISME AUTOUR DES ÉLÉPHANTS EN QUESTION

L'interaction avec les éléphants en captivité est dénoncée par les défenseurs des animaux du monde entier. Cependant, cette situation est en grande partie due à une méconnaissance ou à un malentendu. Les éléphants ont toujours été un élément clé du développement de la Thaïlande, et sans pouvoir "gagner leur vie" grâce aux interactions, à l'éducation et au tourisme, l'avenir des pachydermes est menacé.

À gauche *Mahout* (cornacs) donnant le bain à leurs éléphants **Au milieu** Sculpture au Wat Phra Singh **À droite** Éléphant à Chai Lai Orchid

MATYAS REHAK/SHUTTERSTOCK ©

Des liens historiques

"Les éléphants font partie de l'héritage thaïlandais et, depuis le Covid, les choses vont plutôt mal pour eux", affirme Alexandra Pham, fondatrice de Daughters Rising, organisation qui aide des femmes karen, et de Chai Lai Orchid (p. 143), éco-resort qui donne refuge à des éléphants.

Les éléphants vivent et travaillent avec les humains depuis près de quatre millénaires et ont joué un rôle crucial dans le développement de l'Asie. La surexploitation forestière au milieu du XXe siècle a réduit leur habitat naturel et les relâcher dans la nature était compliqué, en plus d'être illégal.

Avec le tarissement des revenus, les éléphants ne pouvaient plus faire vivre les familles qui dépendaient d'eux. Un éléphant nécessite environ 250 kg de nourriture par jour et un cornac à plein temps, qui doit lui-même nourrir sa famille. Heureusement, le tourisme a comblé le vide, et les trois camps d'éléphants des années 1970 sont devenus aujourd'hui plus de 160 réserves (aux normes de bien-être variables).

Un sujet sensible

L'élevage moderne des éléphants fait toujours l'objet de débats éthiques.

"Beaucoup de touristes pensent que les éléphants sont systématiquement maltraités et que toute interaction avec eux est mauvaise", dit John Roberts, responsable des éléphants à Anantara (p. 143), qui supervise également des projets de durabilité et de préservation pour Minor Hotels. "Mais en réalité, les conditions ne sont pas pareilles partout."

Si certaines réserves leur font subir des traitements cruels, d'autres font tout pour donner aux éléphants les meilleurs

CYRILLE REDOR/SHUTTERSTOCK ©

JAMES DE LA CHOCHE ©

soins possibles. Dans tous les cas, si les touristes boycottent les réserves, les éléphants se retrouveront sans abri.

“Avec le Covid, nous avons vu l'impact que peut avoir l'absence de tourisme sur les éléphants”, explique Alexandra Pham, qui a récemment sauvé une matriarche de 60 ans abandonnée. “Les éléphants des camps voisins souffrent tous de problèmes gastro-intestinaux parce qu'ils ne bougent pas de la journée. Au moins, les balades les gardent en forme.”

> Si certaines réserves leur font subir des traitements cruels, d'autres font tout pour donner aux éléphants les meilleurs soins possibles.

Faire le bon choix

S'il n'y a pas de solution parfaite, les touristes peuvent faire certaines choses pour s'assurer de visiter les bons sites.

“Les dirigeants de camps, les cornacs et les employés qualifiés qui travaillent 24h/24 pour offrir aux éléphants d'excellents niveaux de bien-être ne manquent pas”, estime le Dr Ingrid Suter d'Asian Captive Elephant Standards (ACES), une organisation d'accréditation des camps d'éléphants de premier plan. “Ces lieux devraient être mis en valeur et soutenus.”

Pour John Roberts, les réserves qui font une demande d'accréditation auprès d'un organisme qui fonde ses normes sur l'expérience scientifique ou vétérinaire sont dignes de respect.

Pour en savoir plus sur la manière dont le tourisme peut contribuer à aider les éléphants, consultez les informations fournies par ACES (elephantstandards.com), Asian Captive Elephant Working Group (ACEWG) et Global Spirit (globalspirit.biz), qui cherchent à casser les mythes et à améliorer la qualité du tourisme interagissant avec les éléphants à travers l'Asie.

Preuves à l'appui

En mesurant les hormones du stress chez les éléphants d'Asie, des recherches ont révélé que les éléphants laissés en liberté dans des champs étaient plus stressés que ceux qui baladaient des touristes tous les jours. “Probablement à cause de liens inappropriés, du manque d'exercice et de l'obésité”, suppose John Roberts, responsable des éléphants à Anantara. “Ce qui ne veut pas dire qu'il vaut mieux les faire travailler que les laisser errer en liberté ! Mais dans les deux cas, les choses peuvent être bien ou mal faites. Les photos qui montrent de mauvaises conditions de vie ou les critiques négatives publiées sur les médias sociaux obligent les réserves à faire des efforts. Et même si elles ne le font pas toujours pour les bonnes raisons, le résultat est globalement positif pour les éléphants.”

24 Beautés naturelles DU NORD

HISTOIRE | PATRIMOINE | MONTAGNES

Nan était autrefois considérée comme une terre sauvage inaccessible, abritant dans ses montagnes non cartographiées bandits et communistes rebelles. De nos jours, la province compte moins de brigands (voire pas du tout) et davantage de boutiques-hôtels, attirant de plus en plus les citadins en quête de beaux paysages naturels et de culture nord-thaïlandaise authentique.

THANAKORN HONGPHAN/SHUTTERSTOCK ©

En pratique

S'y rendre Vous pouvez gagner Nan en voiture ou en bus, mais attendez-vous à un trajet fatigant. Il n'y a pas de trains, mais les vols directs depuis Bangkok sont rapides et bon marché.

S'habiller chaudement À Nan, les mois d'hiver sont particuliers. Le ciel est clair et les températures fraîches. Matins brumeux garantis : prévoyez une écharpe.

Louer une voiture Les infrastructures étant rares, on peut facilement se retrouver coincé, à moins de louer une voiture à l'aéroport.

ROUYBIN/SHUTTERSTOCK ©

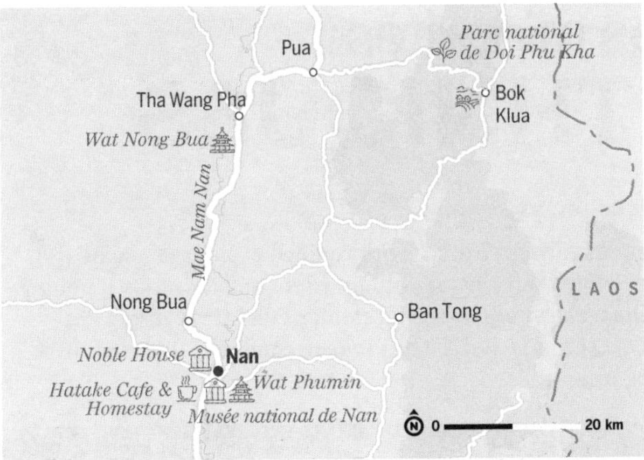

À gauche, en haut Parc national de Doi Phu Kha **En dessous** "Murmure d'amour" au Wat Phumin

Vieille ville artistique

Dernière province intégrée au Siam en 1932 après des siècles d'autonomie, Nan a pendant des décennies souffert de son isolement du reste du pays jusque dans les années 1980. Son patrimoine ethnique est différent des autres provinces du Nord.

Nan peut se prévaloir du **Wat Phumin** (p. 157), temple du XVIe siècle orné de peintures murales thaï lü exécutées par le légendaire Thit Buaphan. Le "murmure d'amour" est sans doute la plus connue, imprimée sur les souvenirs vendus au **marché nocturne du week-end**, qui se tient à l'extérieur du temple.

Le **musée national de Nan** (p. 157) vous plonge dans son histoire fascinante, et la **Noble House** (p. 157) offre un instantané de la vie royale lanna dans les années 1900, avec des tenues à disposition pour le parfait selfie.

Comme Chiang Mai, les collines de Nan produisent du café en abondance. **Hatake Cafe & Homestay** (p. 161) propose du café local avec une belle vue, et **Rong Krua Cafe Lab & Roastery** sert le café le plus fraîchement torréfié qui soit.

Espaces sauvages préservés

Plus au nord, la ville-frontière de **Pua** comprend un ancien temple môn, le **Wat Nong Bua**, et donne accès aux parcs nationaux bien entretenus de Nan, le plus important étant le superbe **parc national de Doi Phu Kha** (p. 158).

Si vous êtes motorisé, laissez les routes sinueuses des sommets vous conduire vers le petit village de **Bok Klua**, où était autrefois extrait et raffiné le sel récolté dans un seul puits, selon un processus plus de huit fois centenaire.

Bateaumania

Vers la mi-juillet, la rivière Nan commence à se remplir d'équipes de rameurs qui s'entraînent pour les courses de bateaux devenues une tradition de Tan Kway Salak, fête du Nord en hommage aux ancêtres.

Les festivités se déroulent généralement entre octobre et novembre, lorsque les bateaux-dragons aux couleurs vives rivalisent devant une foule de supporters armée d'amplificateurs.

Chaque village possède son équipe de rameurs ; celle qui l'emporte gagne le droit de fanfaronner toute l'année suivante. À cette période, la paisible province montagneuse se transforme en explosion de gaieté et de couleurs.

25 Les minorités ETHNIQUES

MONTAGNES DU NORD | TREKS | MUSÉE TRIBAL

Les minorités ethniques qui vivent dans la province montagneuse de Chiang Rai sont souvent appelées “ethnies montagnardes” ou *chow kŏw* (“peuple des montagnes”). Leurs villages accueillent généralement des treks organisés depuis la capitale provinciale, Chiang Rai, ce qui leur permet de faire connaître leur histoire et leur culture unique.

TOPTEN22PHOTO/SHUTTERSTOCK ©

En pratique

S'y rendre De fréquents bus partent de Bangkok à destination de la nouvelle gare routière de Chang Rai de 8h30 à 19h50 (544-890 B ; 11-12 heures).

Musée des Ethnies montagnardes On gagne à visiter ce musée et centre culturel avant de partir à la rencontre des ethnies montagnardes de Thaïlande.

Conseil Demandez à votre guide quelles sont les coutumes à respecter dans le village.

À ne pas manquer Un repas chez l'habitant, une occasion exceptionnelle de partage.

BANANA REPUBLIC IMAGES/SHUTTERSTOCK ©

À gauche, en haut Femmes Yao réalisant des broderies
En dessous Jeune fille akha portant des vêtements traditionnels et des bijoux

Bon à savoir

Le coût d'un trek de 2 jours revient entre 2 900 et 5 000 B ; le prix comprenant les repas, la randonnée dans la jungle, l'hébergement dans un village (une nuit) et les transferts depuis/vers votre hôtel.

Histoire des ethnies montagnardes

Les minorités ethniques des montagnes du Nord sont souvent appelées "ethnies montagnardes" (ou *chow kŏw*). La plupart sont semi-nomades, originaires du Tibet, du Myanmar, de Chine et du Laos, et installées en Thaïlande depuis 200 ans environ. L'Institut de recherches tribales de Chiang Mai reconnaît 10 ethnies montagnardes, mais il pourrait y en avoir le double. La tendance étant à l'intégration à la culture thaïlandaise, beaucoup de traditions anciennes se perdent.

Musée tribal

Avant d'entreprendre un trek dans les villages des ethnies montagnardes, une visite de ce **musée et centre de formation des Ethnies montagnardes** (p. 157) dirigé par l'association Population & Community Development Association (PDA), s'impose. Les expositions, si elles sont un peu datées, rassemblent une mine d'informations. La visite débute par un diaporama sur les ethnies montagnardes de Thaïlande, avant une découverte des vêtements traditionnels, des outils et du matériel, parmi d'autres objets anthropologiques. Le musée ne propose pas de visites guidées, mais s'il est sur place, le conservateur vous fera volontiers partager sa passion pour ces différents peuples. La PDA organise également des treks (ci-après) vivement recommandés.

Treks

Les hébergements de Chiang Rai proposent presque tous des excursions vers les villages des ethnies montagnardes. Ceux listés ici ont une approche non lucrative, citoyenne et durable :

Rai Pian Karuna (p. 158). Cette compagnie locale propose des excursions sur un ou plusieurs jours avec hébergement dans les villages des ethnies akha, lahu et lua dans le district de Mae Chan, au nord de Chiang Rai.

PDA Tours & Travel (p. 158). Cette ONG réputée propose des treks sur 1 à 3 jours. Les bénéfices servent au financement de projets (centre de soins mobile, prévention du sida, bourses d'éducation, création de banques autogérées).

Mirror Foundation (p. 158). Les prix sont plus élevés que la moyenne, mais cette ONG finance la formation de ses guides locaux. Les treks durent de 1 à 3 jours et traversent les villages akha, karen et lahu dans le district de Mae Yao, au nord de Chiang Rai.

26 Les trésors de CHIANG DAO

AVENTURE | CHEZ L'HABITANT | MARCHÉS

À un jet de pierre de Chiang Mai, Chiang Dao en est différente à presque tous les égards. Cette merveille de forêt tropicale, cachée à l'ombre d'une imposante montagne qui y maintient fraîcheur et humidité toute l'année, est prisée des amoureux de la nature et des trekkeurs thaïlandais. Ici, on ne peut échapper aux hurlements des gibbons et aux stridulations des cigales sauf isolé dans les profondeurs d'une grotte légendaire utilisée comme abri et lieu de culte depuis au moins le XVIIe siècle.

RBK365/SHUTTERSTOCK ©

En pratique

Quand Avec ses températures fraîches persistantes, Chiang Dao est agréable toute l'année.

Se déplacer À votre arrivée à Chiang Dao, les taxis et les bus disparaissent plus ou moins. Comptez sur les transports de votre hôtel ou, pour une plus grande liberté d'exploration, louez une moto.

Prévoir une veste Chiang Dao est en général plus froide que sa voisine Chiang Mai, et en hiver, vous aurez presque toujours besoin d'une veste.

AMNAT30/SHUTTERSTOCK ©

Les incontournables

Chiang Dao se traduit par "ville des étoiles". Il n'est donc pas surprenant qu'on y vienne surtout pour contempler son ciel étoilé, quand le brouillard ou la pollution ne gâchent pas la vue.

L'ascension du majestueux **Doi Luang Chiang Dao** (2 175 m ; p. 158), donnant sur la ville éponyme et les montagnes qui ondulent sur l'horizon bleu brumeux, est l'activité la plus populaire. Vous aurez besoin d'un guide pour grimper ses pentes défiant la gravité, souvent enveloppées de brouillard matinal, jusqu'au sommet (comptez environ 4 heures). Passer la nuit là-haut et regarder le soleil se lever est une expérience quasi mystique.

Dans la direction opposée s'étend un vaste ensemble de **grottes** (p. 158) qui tient à la fois du temple et de la merveille naturelle. Il y a

BLUR LIFE 1975/SHUTTERSTOCK ©

Le mardi, c'est marché

Le mardi matin, Chiang Dao s'anime avec son marché principal (p. 156), qui réunit habitants et villageois d'ethnies montagnardes. En vous baladant entre les étals désorganisés, vous verrez de tout, dont des vêtements, bibelots, épices, ruches dont le miel a été fraîchement récolté, œufs de fourmis, chapeaux tissés à la main et paniers à vapeur en bambou.

À gauche, en haut Tentes au Doi Luang Chiang Dao **En dessous** Grottes de Chiang Dao **Ci-dessus** Marché de Chiang Dao

deux parties à visiter : la grotte principale, qui s'explore sans guide en une demi-heure à une heure, et la partie la plus profonde et sombre – dans laquelle seuls les guides locaux, et les chauves-souris, savent s'orienter.

Les plus précieux joyaux cachés de Chiang Dao restent cependant ses **sources chaudes**, juste au pied de la montagne. Les bassins publics sont gratuits, tandis que les bassins privés se louent pour 50 B de l'heure environ. Passez la journée dans les eaux chaudes à grignoter du poulet grillé et du riz gluant accompagnés de bière fraîche tout en observant la vie du village au-delà du ruisseau peu profond.

Séjours chez l'habitant

Suivez la route qui monte dans les collines de **Mae Mae** et vous découvrirez d'innombrables logements chez l'habitant dans des villages de montagne reculés que voient rarement les touristes.

Un refuge au paradis

Inauguré il y a deux décennies, **Chiang Dao Nest** (p. 158) a placé Chiang Dao sur les cartes touristiques. De charmants cottages en bambou parsèment des jardins tropicaux bien entretenus, ombragés par d'imposants arbres Yang, eux-mêmes dominés par la montagne. Dans ce cadre naturel paisible, la propriétaire et chef Wicha Cavaliero propose l'une des meilleures cuisines locales et européennes que l'on puisse trouver dans le Nord. C'est un endroit tout indiqué pour profiter de beaux paysages, d'un service chaleureux et d'une cuisine raffinée loin de la foule.

■ **Pim Kemasingki**, *fondatrice et rédactrice en chef de Chiang Mai Citylife (chiangmaicitylife.com)*

À gauche Chiang Dao Nest
Ci-dessous Vue sur le Doi Luang Chiang Dao

Tree House Hideaway (p. 158) offre une vue sans pareille sur la canopée et ses propriétaires encouragent activement les visiteurs à découvrir la nature et la culture locales. **Cher Cheeva** (p. 158), quant à lui, propose un séjour plus intimiste qui met l'accent sur le partage des repas et des expériences communes.

Yu Tuan at Suan Koh convient davantage aux aventuriers purs et durs ; il n'y a pas d'électricité, les toilettes sont en plein air et il n'y a pas grand-chose à faire à part allumer des feux, barboter dans le ruisseau... et écraser les moustiques. Mais profiter de votre barbecue avec du whisky de la jungle et contempler le Doi Luang Chiang Dao au loin, et vous serez au paradis.

Activités extrêmes

Aucun voyage dans les jungles du Nord ne saurait être complet sans une rencontre rapprochée avec les forces de la nature.

Descendez la rivière en **kayak**, traversez la canopée en **tyrolienne**, partez en **trek** vers des pics acérés ou affrontez les **rapides** sur un canot pneumatique. Quelle que soit l'aventure qui vous tente, choisissez un prestataire expérimenté qui prend toutes les mesures de sécurité requises (consultez les commentaires), quitte à payer un peu plus cher.

27 Les grottes de PANGMAPHA

GROTTES CALCAIRES | COURS D'EAU SOUTERRAINS | CERCUEILS DE TECK

Le district de Pangmapha, au nord de la province de Mae Hong Son, est réputé pour sa forte concentration de réseaux souterrains – plus de 200 grottes ont été découvertes à ce jour. Certaines, formées par des cours d'eau souterrains, abritent des cascades, des lacs et des "plages" de sable. Un grand nombre contiennent d'anciens cercueils en bois. Tham Lot et Tham Nam Lang comptent parmi les plus vastes grottes connues du pays.

En pratique

S'y rendre Pour arriver à la grotte Tham Lot ou à la guesthouse Cave Lodge, prenez une des motos-taxis qui se garent devant le 7-Eleven à Soppong – des pick-up privés (jusqu'à 6 pers) couvrent le même parcours.

Quand Pendant la saison des pluies (août-oct), certaines grottes peuvent être fermées en raison du niveau de l'eau.

Bon plan Des sorties de spéléologie/trekking d'une journée sont proposées par Cave Lodge (p. 158).

Poissons troglobies et cercueils de teck

Parmi les grottes de Pangmapha, deux sont les seuls endroits au monde où on peut trouver des *Cryptotora thamicola*, des poissons troglobies sans yeux, qui remontent les cascades. D'autres grottes ne renferment que très peu, ou aucun, organisme vivant.

Plus de 85 des 200 grottes calcaires de la région contiennent d'anciens cercueils vieux de 1 200 à 2 200 ans, taillés dans des troncs de teck. Mesurant jusqu'à 9 m de long, ils sont suspendus sur des échafaudages en bois. Aux extrémités, habituellement sculptées, on trouve au moins 50 motifs différents. On ne sait pas qui a fabriqué ces cercueils ni pourquoi ils furent mis dans ces grottes, mais on pense que ces sépultures élaborées étaient réservées à certains individus seulement. Des cercueils semblables ont été trouvés à l'ouest de Bangkok et ailleurs en Asie, mais

Tham Lot

Grottes funéraires

Les **grottes funéraires** (voir p. 158) les plus accessibles se situent juste après l'hôpital de Pangmapha, à 2 km à l'ouest de Soppong, et à Tham Lot. Certaines grottes, en cours de fouilles, sont fermées au public.

Pangmapha en possède la plus grande concentration datant de cette période.

Grottes à explorer

À 9 km au nord-est de Soppong, **Tham Lot** fait partie d'un réseau de grottes calcaires de 1 600 m, traversé sur 600 m par un large cours d'eau (le Nam Lang), composé d'imposantes stalagmites et de grottes funéraires. Des guides se postent à l'entrée de la grotte pour la faire visiter – le trajet se fait souvent en radeau en bambou et certaines salles sont accessibles par des échelles.

Elle aussi arrosée par le Nam Lang, **Tham Nam Lang**, longue de 8,5 km, est située à 20 km au nord-ouest de Soppong. C'est l'une des plus vastes grottes au monde. Pour la découvrir, vous devrez réserver les services d'un guide.

Proche de Soppong, **Tham Mae La-Na**, traversée par un cours d'eau, est longue de 12 km, mais ne dispose pas d'infrastructures pour accueillir les visiteurs. Mieux vaut explorer, à proximité, **Tham Pakarang** (grotte du Corail) et **Tham Phet** (grotte du Diamant), fortes de belles formations rocheuses. Vous trouverez des guides à la principale boutique du village de Mae La-Na.

La **Tham Pla** (grotte aux Poissons), à 16 km au nord de Mae Hong Son, est une grotte remplie d'eau où frétillent par centaines des carpes soro. Un sentier de 450 m conduit de l'entrée du parc national de Tham Pla à un pont suspendu sur un cours d'eau puis continue jusqu'à la grotte.

À la guesthouse **Cave Lodge** (p. 158), voisin de la grotte de Tham Lot, on pourra habituellement vous indiquer les grottes qui sont ouvertes aux visiteurs et organiser une sortie.

Carnet d'adresses

Les grands classiques (p. 128)

Chiang Mai

(office du tourisme 053 252557 ; Th Tha Phae ; 8h30-12h et 13h-16h30 lun-ven)

Doi Inthanon

(parc national de Doi Inthanon ; (053 286729 ; www.thainationalparks.com/doi-inthanon-national-park ; adulte/enfant 300/150 B, voiture/moto 30/20 B ; 5h30-18h30)

Lampang

(office du tourisme TAT ; 054 237229, centre d'appels national 1672 ; Th Thakhrao Noi ; 9h-16h lun-ven)

Mae Hong Son

(office du tourisme TAT ; 053 612982, www.tourismthailand.org/Mae-Hong-Son ; Th Ni-wet Pi-sarn ; 8h30-16h30)

Marché de Warorot

(angle Th Chang Moi et Th Praisani ; 6h-17h)

Monk's Trail

(sentier du Moine ; de Chiang Mai à Wat Pha Lat)

Nan

(centre touristique 054 751169 ; Th Pha ; 8h30-12h et 13h-16h30)

Sticky Waterfall

(Rte 1001 à partir de Chiang Mai ; Nam Tok Bua Tong ; parc national de Si Lanna ; 6h-18h)

Tham Lot

(réseau de grottes ; à partir de 150 B ; 8h-17h30)

Mentions spéciales

Baan Doi Pui, Chiang Mai

Certes un peu trop touristique, ce village hmong juché au sommet d'une montagne est un excellent endroit où découvrir l'histoire et la culture des nombreux groupes ethniques du Nord.

Kwan Phayao, Phayao

Un lac géant au cœur de la peu connue Phayao. Une balade en bateau au coucher du soleil est un must avant de se promener sur le marché nocturne.

Mae Salong, Chiang Rai

Si l'on ne connaît pas son histoire, on peut se demander ce que fait là ce village ethniquement chinois. En marchant dans la rue, on se croirait presque dans la province du Yunnan. (si vous n'êtes pas motorisé, le plus simple pour rejoindre Doi Mae Salong depuis Chiang Rai est de prendre un bus jusqu'à Mae Chan, puis l'un des *songthaew* qui partent pour Doi Mae Salong une fois pleins du quartier du marché. Sinon, on peut prendre un bus en direction de Mae Sai et descendre à Ban Pasang, d'où des *songthaew* peuvent être loués pour environ 400 B. En sens inverse, vous pourrez héler un *songthaew*, ou en prendre un près du 7-Eleven de Doi Mae Salong. On peut se rendre à Mae Salong par la route depuis Tha Ton, à Chiang Mai. Les *songthaew* jaunes à destination de Tha Ton s'arrêtent près de la Little Home Guesthouse).

Marché de Chiang Dao

Voir p. 151. (6h-12h mardi)

Wat Chaloemphrakiet, Lampang

Nan Noble House

Voir p. 147. (☎66 81 796 9029 ; www.nannoblehouse.com/nan-noble-house.html ; 371 Moo 6, T. Parsing, A. Muang, Nan)

Wat Rong Khun, Chiang Rai

Le "Temple blanc" n'est pas du tout un temple, mais une exposition d'art privée qui représente la porte du paradis, conçue et construite par Chalermchai Kositpipat. (☎66 5367 3579 ; Mueang Chiang Rai, près de la Rte 1/AH2 ; 50 B ; 6h30-18h)

Temples et spiritualité

Wat Chaloemprakiat, Lampang

Des pagodes blanc ivoire perchées sur une série de pics dans les montagnes du nord de Lampang. N'oubliez pas de prendre un appareil photo et de bonnes chaussures de marche. (à 60 km de Lampang ; 200 B ; 8h-16h lun-ven, 6h30-16h sam-dim)

Wat Chedi Luang

Voir p. 133. (Th Phra Pokklao ; adulte/enfant 40/20 B ; 5h-22h30)

Wat Inthakhin Saduemuang

Voir p. 133. (Th Inthawarorot ; don apprécié ; 5h-21h)

Wat Phan Tao

Voir p. 133. (Th Phra Pokklao ; don apprécié ; lever-coucher du soleil)

Wat Phra Singh

Voir p. 133. (Th Singharat ; 5h-20h30)

Wat Phumin

Voir p. 147. (angle Th Suriyaphong et Th Pha Kong, Nan ; don apprécié ; lever-coucher du soleil)

Wat Pong Noi

Voir p. 138. (Moo 6 Suthep, Chiang Mai ; 6h-18h)

Wat Umong Suan Phutthatham

Voir p. 138. (Soi Wat Umong, Th Khlong Chonprathan, Chiang Mai ; 20 B ; lever-coucher du soleil)

SIRICHAI PUANGSUWAN/SHUTTERSTOCK ©

Sticky Waterfall

Culture et histoire

Baan Dam Museum, Chiang Rai

Surnommé la "Maison noire", ce musée local conçu par Thawan Duchani mêle architecture traditionnelle et contemporaine. (☎66 53 776 333 ; thawan-duchanee.com ; 333 Moo 13 Nang-Lae, Muang ; tarif plein/-13 ans 80 B/gratuit ; 9h-17h)

Book Re:public

Voir p. 138. (☎66 85 617 3825 ; bookrepubliconweb.wordpress.com ; 1/15 Projet Four One Park Route, Suthep, Chiang Mai)

Centre culturel et artistique de Chiang Mai

Voir p. 133. (☎053 217793 ; www.cmocity.com ; Th Phra Pokklao ; adulte/enfant 90/40 B, billet combiné adulte/ enfant 180/80 B ; 8h30-17h mar-dim)

Musée des Arts populaires lanna

Voir p. 133. (☎053 217793 ; www.cmocity.com ; Th Phra Pokklao ; adulte/enfant 90/40 B, billet combiné adulte/ enfant 180/80 B ; 8h30-17h mar-dim)

Musée et centre de formation des Ethnies montagnardes

Voir p. 149. (www.pdacr.org ; 3e ét, 620/25 Th Thanalai ; 50 B ; 9h-18h lun-ven, 10h-18h sam-dim)

Musée national de Nan (Nan National Museum)

Voir p. 147. (☎66 54-710 561 ; www.finearts.go.th/nanmuseum ; 42 Suriyapong Road Pha Sing, Nan ; 100 B ; 9h-16h mer-dim)

Merveilles de la nature

Doi Inthanon

Voir p. 156.

Doi Luang Chiang Dao

Voir p. 151. (www.tourismthailand.org/Attraction/doi-luang-chiang-dao ; à 72 km au nord de Chiang Mai par la Rte 107)

Grottes de Chiang Dao (Wat Tham Chiang Dao)

Voir p. 151. (www.chiangdaocave.com ; à 70 km de Chiang Mai ; 40 B ; 7h-17h)

Grottes de Pangmapha (Soppong)

Voir p. 154. (grottes Tham Lot, visite à partir de 150 B ; 8h-17h30) ; grottes funéraires Rte 1095 ; adulte/enfant 20/10 B ; 8h30-17h)

Parc national de Doi Phu Kha

Voir p. 146. (www.thainationalparks.com/doi-phu-kha-national-park ; adulte/enfant 200/100 B, voiture/moto 30/20 B ; fermé 1er juin-30 sept)

Parc national de Tham Pla

Voir p. 155. (Rte 1095 ; adulte/enfant 100/50 B ; 8h-18h)

Circuits organisés

Cave Lodge

Voir plus bas.

Mirror Foundation

(053 737 616 ; www.thailandecotour.org)

PIERRICK LEMARET/ISTOCK ©

Parc national de Doi Inthanon

PDA Tours & Travel

(www.pdacr.org ; 3e ét, 620/25 Th Thanalai ; 8h30-18h lun-ven, 10h-18h sam et dim)

Rai Pian Karuna

(082 195 5645 ; www.facebook.com/raipiankaruna)

Rencontres éthiques avec les éléphants

Anantara Golden Triangle Elephant Camp & Resort

Voir p. 143. (66 53 784 084 ; www.anantara.com/en/golden-triangle-chiang-rai ; 229 Moo 1, Chiang Saen, Chiang Rai ; bungalow à partir de 847 €, jusqu'à 3 pers)

Chai Lai Orchid

Voir p. 143. (66 82 660 2213 ; chailaiorchid.com ; 172 m 5 T. Mae Sapok A, Mae Wang District, Chiang Mai ; bungalow à partir de 2 616 B/nuit jusqu'à 3 pers)

Hébergements au cœur de la nature

Cave Lodge

Voir p. 155. (053 617203 ; www.cavelodge.com ; 15 Moo 1, Tham Lot, Pang Mapha District, Mae Hong Son ; dort/ch et bung 150/400/950-1 200 B)

Cher Cheeva

Voir p. 153. (66 96 698 9061 ; 99 Moo 11 – Ban Mae Mae –, Chiang Dao)

Chiang Dao Nest

Voir p. 152. (66 53 456 612 ; www.chiangdaonest.com ; 144/4 M.5 Ban Tham, Chiang Dao ; d à partir de 595-1395 B/nuit)

Tree House Hideaway

Voir p. 153. (6682-265-6074 ; treehouseinchiangmai.com ; village Mae Mae, Mae Na, Chiang Dao District ; d 3 500 B/pers/nuit dans le cadre d'un circuit, pension complète et excursions)

Glamping en famille

Camp Mai Mee Chue, Chiang Mai

Dominant une vallée de Pong Yaeng, ce camp élève le glamping à des sommets avec ses tentes indépendantes (érigées pour certaines sur une VW Coccinelle !) et du café filtre pour les visiteurs hispters. (☎66 93 172 9888 ; www.facebook.com/campmaimeechue ; 231 Pong Yaeng, Mae Rim)

Camp Ta-Torn-Yorn, Chiang Mai

Ce glamping dont le nom signifie "vie lente" célèbre les produits locaux en cuisine et la vie rurale délicieusement lente, mais avec tout le confort. (☎66 93-1375969 ; www.facebook.com/CAMPTATORNYORNCHIANGMAI ; 88 Ban Sa Ha Khon, Mae On)

Huay Tung Tao, Chiang Mai B

De l'excellente cuisine thaïe est servie dans les huttes en bambou qui flottent sur le réservoir situé au nord de la ville, au pied des montagnes. Bière et baignade sont (presque) obligatoires.

Pang Ung, Mae Hong Son

Les terrains de camping et les logements chez l'habitant de ce village caché très près de la frontière birmane valent les kilomètres en plus à parcourir. Lacs, cygnes, forêts et feux de joie. (à 44 km de Mae Hong Son, 2 heures-2 heures 30 par la route ; camions pour transporter les visiteurs de la ville 50 B/pers aller-retour)

Parcs nationaux du nord de la Thaïlande

Presque tous les parcs nationaux du Nord proposent des installations de camping. Les terrains peuvent être un peu exigus, mais ils sont bien entretenus et on peut y louer tout ce dont on a besoin. (www.thainationalparks.com)

PAT138241/ISTOCK ©

Familles thaïlandaises relâchant des lanternes pendant la fête de Loi Krathong (Yi Peng), Chiang Mai

Circuits culinaires à Chiang Mai

Baan Kang Wat

Voir p. 139. (☎66 80 046 6984 ; www.facebook.com/Baankangwat/ ; 191-197 Soi Wat U Mong, Suthep, Chiang Mai ; ⏲10h-18h mar-dim)

Dinky's BBQ

Voir p. 139. (www.facebook.com/dinkysBBQ ; au Lansieow Freeative Art Space, 175 Moo 5 Suthep, Mueang, Chiang Mai ; ⏲17h-21h mer-ven, 12h-21h sam-dim)

House by Ginger, Chiang Mai BBB

Mélange décontracté entre restaurant et bistro qui associe classiques occidentaux et spécialités du Nord faits maison. Ustensiles de cuisine excentriques et éléments kitsch composent le décor. (☎66 53 287 681 ; www.thehousebygingercm.com ; 199 Moonmuang Rd., T.Sriphum, A.Muang ; ⏲11h21 lun-jeu, 11h-22h ven-dim)

Laab Bunker, Chiang Mai B

Un ancien haut lieu des afters mais aujourd'hui ouvert l'après-midi. Goûtez aux plats populaires du Nord servis dans de petites assiettes pour des prix extrêmement bas. (☎66 86 180 8028 ; 168 Chiang Mai-Lam Phun Rd ; ⏲16h-22h lun-sam)

Lamour Cafe

Voir p. 139. (☎66 91 072 9828 ; www.facebook.com/LamourCafeChiangmai ; 8/8 Moo 5 Rampoeng Rd, Chiang Mai ; ⏲10h30-20h30)

Lansieow Freeative Art Space

Voir p. 139. (☎66 89 759 5151 ; www.facebook.com/Lansieow ; 175 Moo 5 Suthep, Mueang, Chiang Mai ; ⏲10h-19h)

RodYiam Beef Noodles, Chiang Mai B

Une légende à Chiang Mai. Le ragoût de bœuf qui mijote sans fin alimente la carte des soupes de nouilles "à composer soi-même". Un régal ! (☎66 5327 2422 Mun Mueang Rd ; ⏲10h-20h lun-ven, 10h-18h sam-dim)

Sri Payong Seafood

Voir p. 139. (☎66 9 429 1883 ; Soi Ban Ram Poang, Chiang Mai ; ⏲10h-22h)

Sudsanan Bar & Restaurant, Chiang Mai BB

Une autre légende de Chiang Mai, cette fois-ci comme lieu de rencontre des artistes, des politiques libéraux et des hippies décontractés. Cuisine du Nord épicée servie avec une généreuse portion de musique live. (☎66 85 038 0764 ; www.facebook.com/sudsananchiangmai ; 122/103 Chonlaprathan Rd ; ⏲10h-12h et 17h-minuit lundi, 17h-minuit mar-dim)

Tong Tem Toh, Chiang Mai BB

Les longues files d'attente sont de bon augure ; vous ne regretterez pas d'avoir attendu pour avoir une place dans ce restaurant traditionnel du Nord. (www.facebook.com/TongTemToh ; 11 Nimman Haeminda Soi 13 ; ⏲8h-23h tlj)

Wattana Art Gallery

Voir p. 139. (☎66 9 429 1883 ; www.wattana-art.com ; 100/1 Moo10, Soi Wat Umong, Suthep Road, Chiang Mai ; ⏲8h30-16h30 tlj)

Encore du café, s'il vous plaît

Akha Ama

Voir p. 135. (www.akhaama.com ; Hussadhisawee Soi 3, Chang Phueak, Mueang Chiang Mai ; ⏲8h-17h30 tlj)

Baan Na Kang Tong, Nan B

Ce café-B&B est un lieu d'escapade prisé dans les montagnes brumeuses, avec sa rizière et son choix de mélanges de cafés du Nord. (☎66 86 654 4564 ; 444 Chai Sathan Subdistrict, Muang District, Nan)

Black Canyon Coffee

Voir p. 135. (www.blackcanyonthai.com/index.aspx ; plusieurs adresses à Chiang Mai)

Cat' n' a Cup, Chiang Rai BB

Les amoureux des chats peuvent faire le plein de caféine et de câlins dans ce café rempli de boules de poils, juste à côté du bazar nocturne de Chiang Rai. (☎66 88 251 3706 ; www.facebook.com/catnacup ; 596/7 Phaholyothin Rd, Tambon Wiang ; ⏲11h30-20h tlj)

Cotton Tree Roasters

Voir p. 135. (☎66 86 090 9014 ; www.facebook.com/cottontreecnx ; 45/38 M.5 T.Chang Phuak, Chiang Mai ; ⏲8h-16h)

Gallery Drip Coffee

Voir p. 135. (www.facebook.com/GallerydripCMI/ ; Chiang Mai City Art and Cultural Centre,

Café à Chiang Mai

CATHERINE SUTHERLAND/LONELY PLANET ©

Marché de nuit de Pai

Prapokkloa Rd, Si Phum Sub, Chiang Mai ; 9h-17h mer-dim)

Gateway Coffee Roaster

Voir p. 135. (www.facebook.com/gatewaycoffeeroasters ; 2 Chang Moi Rd Soi 2, Chiang Mai ; 8h-17h30 tlj)

Hatake Cafe & Homestay

Voir p. 147. (66 63 639 3928 ; www.facebook.com/hatakecafeandhomestay ; Highway 3007 Chaiyasathan, Nan ; 7h30-20h)

Looper Co

Voir p. 135. (66 87 177 2640 ; www.facebook.com/looperandcompany ; 151 Ratchawong Rd, Tambon Chang Moi, Chiang Mai ; 10h-17 et 18h-23h50 lun-mar et jeu-dim, 10h-17h mer)

MAHAMITr Microroaster Cafe, Lampang B

Petit café artisanal branché qui accueille les habitants de Lampang, paisible localité à quelques heures de Chiang Mai. Idéal pour un petit détour. (66 86 918 4654 , 278 Talad Gao Rd, Suan Dok, Mueang Lampang ; 8h30-18h tlj)

Mars.cnx, Chiang Mai BB

Avec seulement 20 places par soir, ce café-bar chic aux allures de restaurant extraterrestre creusé dans une grotte martienne offre une expérience unique en son genre. (66 91 092 9999 ; www.facebook.com/MARScnx ; 27/12-14 Arak Road Chiang Mai ; 8h30-18h lun-mer et ven, 9h-18h jeu et sam, 8h30-18h30 dim)

Paper Spoon

Voir p. 138. (66 85 041 6844 ; www.facebook.com/Paperspoon/ ; entre Soi Wat Umong et Wat Ram-Poeng, Su Thep, Chiang Mai ; 11h-17h jeu-lun)

ROST8RY LAB

Voir p. 135. (66 855305360 ; store.roast8ry.com/en ; 14 Nimmanhaemin Rd Soi 3, Suthep, Muang, Chiang Mai ; 8h-17h tlj)

Zombie Cafe, Chiang Mai B

Installé dans une forêt verdoyante, ce café (pas du tout sur le thème des zombies) propose une cabane dans les arbres et des chaises dans la rivière où tremper les pieds. (66 89 356 3541 ; www.facebook.com/Zombiecafechiangmai ; 403/3 Moo 1, Mae Rim 9h-18h tlj)

Une tasse de thé

Monsoon Tea

Voir p. 135. (monsoontea.co.th ; 328/3 Thanon Charoenrajd, Tambon Chang Moi, Chiang Mai ; 10h-17h lun-sam)

Tea Leaf Lab

Voir p. 135. (66 64 349 0845 ; www.facebook.com/TealeaflabChiangmai ; Boonreungrit Road, Sri Poom Rd, Chiang Mai ; 10h-18h mar-dim)

NORD-EST DE LA THAÏLANDE

NOURRITURE | CULTURE | PRÉHISTOIRE

Goûtez une originale cuisine isan à **Baan Phue** (p. 181).
À 1 heure d'Udon Thani

Ravivez votre passion de la randonnée à **Phu Kradueng** (p. 175).
À 2 heures de Khon Kaen

Baladez-vous parmi les dinosaures au **parc national de Phu Wiang** (p. 170).
À 1 heure 30 de Khon Kaen

Dansez sur du reggae thaïlandais à l'**E-san Music Festival** (p. 183).
Le lieu change chaque année, mais est généralement près de Khon Kaen

NORD-EST DE LA THAÏLANDE
à la carte

Peu visité, le nord-est de la Thaïlande – communément appelé Isan – est un vaste territoire sauvage de rizières verdoyantes, de jungle éparse et de communautés actives. Sa délicieuse cuisine et le rythme naturel qui accompagne les contacts avec la population en font la région idéale où vivre des aventures hors des sentiers battus.

0
100 km
Golfe du Tonkin
VIETNAM
LAOS
CAMBODGE
Sirotez des cocktails sur les rives du **Mékong** (p. 187).
À 10 minutes de Nong Khai
Testez votre tolérance aux épices à **Sakon Nakhon** (p. 181).
À 3 heures de Khon Kaen
Gagnez **Pakse** pour passer quelques jours au Laos (p. 177).
À 2 heures d'Ubon Ratchathani
Explorez le **Triangle d'émeraude** à Ubon Ratchathani (p. 176).
À 2 heures d'Ubon Ratchathani
Dominez les plaines cambodgiennes depuis le rocher de **Pha Mor E-Daeng** (p. 185).
À 1 heure 30 de Si Sa Ket
Participez à un festival de fusées explosives à **Yasothon** (p. 183).
À 3 heures de Sakon Naskhon
Phon Phisai
Phon Charoen
Nong Khai
Wanon Niwat
Sawang Daen Din
Udon Thani
Phang Khon
Nakhon Phanom
Sakon Nakhon
Kumphawapi
Kut Bak
Non Sa-at
Wang Sam Mo
That Phanom
Kheuan Lam Pao
Somdet
Nong Sung
Mukdahan
Khon Kaen
Kalasin
Phon Thong
Loeng Nok Tha
Mékong
Lam Nam Chi
Mahasarakham
Ban Phai
Borabue
Roi Et
Selaphum
Khemmarat
Yasothon
Amnat Charoen
Suwannaphum
Khuang Nai
Mae Nam Mun
Rasi Salai
Phibun Mangsahan
Satuek
Si Saket
Ubon Ratchathani
Chong Mek
Pakse
Paksong
Buriram
Surin
Det Udom
Kheuan Sirinthon
Buntharik
Prasat
Sangkha
Khukhan
Kantharalak
Nang Rong
Phum Saron
Nohn Sung
Monts Dangkrek (Chuor Phnom Dangkrek)
Mékong

Informations pratiques

ATOMLINEARAN/SHUTTERSTOCK ©

À L'ARRIVÉE

Il n'y a pas de région plus interconnectée que le "bol de riz" de la Thaïlande – de nombreux Isanais vivant et travaillant dans d'autres régions du pays.

Au départ du **terminal Est** de Bangkok, de nombreux bus gagnent d'innombrables villes et villages. Le train-couchettes est un moyen plaisant de voyager si vous avez le temps ; deux lignes se terminent à Ubon Ratchathani vers le sud-est, ou à Nong Khai vers le nord. Les vols sont moins fréquents que dans d'autres régions, mais tout aussi abordables.

BUDGET

Sôm đam Lao
40-60 B

Ombrelle
100 B

Sarong souvenir
200-300 B

QUAND

DÉC-FÉV
Officiellement la saison froide, généralement un peu plus frais que le reste de l'année.

AVR-JUIL
Les 40°C en journée transforment les terres verdoyantes en désert, entraînant souvent des sécheresses sévères.

SEPT-NOV
La saison des pluies hydrate le sol rouge desséché, faisant rapidement naître un paysage luxuriant de rizières sans fin et de bananiers géants.

COMMENT CIRCULER

Voiture De loin le moyen le plus facile d'explorer cette vaste région. Les bus sont fréquents, mais il y a toujours un risque de se retrouver bloqué. Les Isanais vous aideront en cas de besoin, mais une voiture offre plus de liberté. Avec certaines sociétés de location, vous pouvez rendre votre véhicule à votre destination.

Bus, train et songthaew Si vous n'avez pas de véhicule, le bus et le train sont d'excellentes solutions pour de courts trajets en ville. Chaque ville a une gare routière centrale où changer de bus ou bien prendre un *sǒrng-tǎa-ou* (ou *songthaew*, la version locale du *tuk-tuk*) vers une autre partie de la ville.

SE RESTAURER ET PRENDRE UN VERRE

Le **sôm đam** (photo du haut) est une salade de papaye verte épicée, souvent agrémentée de crabe en conserve et de poisson fermenté. Il est originaire de la région, mais est apprécié dans tout le pays. La version locale est très pimentée, même selon les standards thaïlandais.

Le **gài yâhng kôw nĕe-o**, poulet grillé et riz gluant (photo du bas), est l'un des plats les plus populaires de l'Isan. Le *năam neu-ang* est une version locale d'un plat vietnamien de saucisse de porc, d'herbes, d'ail et de sauce pimentée aux cacahuètes enveloppés dans une galette de riz et une feuille de salade fraîche. Banane et mangue vertes lui ajoutent une aigreur thaïlandaise classique.

Saveurs locales authentiques
Samuay & Sons (p. 187)

Meilleure cuisine vietnamienne
VT Naem Nuang (p. 187)

SE CONNECTER

La couverture Wi-Fi et données mobiles est étonnamment bonne en Isan, mais les connexions Internet sont inégales dans les zones reculées. Pour rester connecté, achetez une carte SIM chargée avec des données dans une boutique 7-Eleven. Pour communiquer avec les habitants, qui pour la plupart parlent peu anglais, téléchargez une appli de traduction.

DIALECTES ÉTRANGERS

L'Isan, où nombre d'habitants sont originaires du Laos ou du Cambodge voisins, mêle différents dialectes. Ainsi, on entend un dialecte thaï-cambodgien à Surin et à Buriram, tandis qu'à la frontière laotienne, les habitants ont tendance à parler comme des Laotiens.

OÙ LOGER

L'Isan occupe un vaste pan du pays, à peu près le tiers de la superficie de la France métropolitaine. Il est impossible de tout voir en une seule fois ; choisissez un centre urbain et partez en exploration à partir de là.

Ville/village	Pour/contre
Khon Kaen	La capitale de l'Isan est connue pour sa soie et ses ossements de dinosaures. Excellente base d'exploration de la région.
Ubon Ratchathani	Une ville tranquille, avec beaucoup de choses à voir et à faire alentour et une excellente cuisine vietnamienne.
Nong Khai	Une ville animée à un jet de pierre de Vientiane, au Laos, et magnifiques paysages du Mékong.
Udon Thani	Destination prisée des voyageurs, avec certains des meilleurs bars et restaurants de la région.
Loei	Elle fait techniquement partie de l'Isan, mais demeure plus une ville du Nord du fait de sa proximité avec les montagnes.

ARGENT

Il est très rare en Isan qu'un magasin ou un restaurant accepte les cartes (à l'exception notable des grandes chaînes), aussi ayez toujours suffisamment d'espèces pour couvrir toutes vos dépenses.

Les grands classiques

Pour les infos pratiques de chaque site, reportez-vous au *Carnet d'adresses* p. 184.

Prasat Phanom Rung

Ce temple occupe le sommet d'un volcan éteint et domine les rizières de 200 m. L'ensemble de temples fut construit en l'honneur du dieu hindou Shiva, entre le Xe et le XIIIe siècle. Une promenade y grimpe en passant par des terrasses en terre, un pavillon, une chaussée de procession et des ponts ornés de nagas.

ARAWUTNAM/ISTOCK ©

GEAX2007/ISTOCK ©

Parc national de Khao Yai

Le Khao Yai, inscrit au Patrimoine mondial, comprend l'une des plus vastes forêts de mousson intactes d'Asie. Le parc national abrite de nombreux animaux, dont des éléphants, des muntjacs, des tigres et des gibbons. Il compte également des sentiers de randonnée. Voir aussi p. 97.

NATTAWAT NAT/ISTOCK ©

Wat Phra That Phanom

Au centre de ce temple se dresse un *tâht* (stupa ; 53 m) vénéré des bouddhistes de Thaïlande et du Laos. Surmonté par un parasol en or de 16 kg, il est orné de pierres précieuses. La visite du soir s'accompagne de psalmodies et de coups de gongs sonores.

Parc national de Pha Taem

La longue falaise de pierre appelée Pha Taem constitue le cœur du parc national, qui s'étend le long du Mékong. Un sentier mène à des peintures rupestres. Le parc recèle d'autres œuvres préhistoriques, des cascades et des formations rocheuses aux allures de champignons.

TANES NGAMSOM/ISTOCK ©

AMNAT30/SHUTTERSTOCK ©

Nong Khai

Sur les berges du Mékong, juste en face de Vientiane (Laos), Nong Khai est une destination appréciée depuis longtemps par les voyageurs. Beaucoup s'y attardent, séduits par sa scène culinaire, ses couchers de soleil et son rythme de vie paisible. Non loin de la ville, vous ne manquez pas de visiter l'insolite Sala Kaew Ku (p. 178).

Parc historique de Phimai

Le Prasat Phimai est l'un des plus remarquables vestiges khmers de Thaïlande. À l'origine un temple bouddhique, il recèle des sculptures de divinités hindoues, ainsi que des éléments (dont la tour du sanctuaire principal) reproduits plus tard au fameux Angkor Vat, au Cambodge.

UNDERWORLD111/ISTOCK ©

LAST19/ISTOCK ©

Parc national de Phu Kradueng

Passer la nuit au faîte du sommet du Phu Kradueng tient d'un rite de passage pour de nombreux étudiants de la région. Le parc national s'étend sur un haut plateau sillonné de chemins, et ponctué de falaises et de chutes d'eau. Il reste toujours frais sur les hauteurs, où alternent forêts de pins et savane.

28 KHON KAEN, capitale régionale

SHOPPING | DINOSAURES | NOURRITURE

Khon Kaen est la capitale de facto de l'Isan et sera, prédit-on, la nouvelle capitale du pays quand Bangkok aura sombré dans la mer... Elle est très dynamique par rapport aux autres grandes villes de la région, probablement en raison du mélange de cultures lao, thaïe et vietnamienne, et de l'émergence d'une classe moyenne, moteur d'un développement urbain rapide.

En pratique

Circuler Khon Kaen propose désormais Grab, le moyen le plus pratique de se déplacer. Un réseau de métro a été inauguré en 2022 (le premier en dehors de Bangkok).

Ville responsable Khon Kaen a considérablement amélioré ses infrastructures, notamment en matière de transports, de gestion des déchets, d'énergie verte et d'agriculture durable.

Souvenirs soyeux Khon Kaen se distingue par sa soie de première qualité. Une fête se tient chaque année pour mettre en avant le secteur d'activités.

Les sentiers de la préhistoire

Les dinosaures ont été les premiers habitants de Khon Kaen ; cinq des dix espèces originaires de Thaïlande y ont été mises au jour. Le **parc national de Phu Wiang** (p. 185) est le principal centre de paléontologie du pays, et son **Phu Wiang Dinosaur Museum** (p. 184), un musée très bien entretenu (avec des traductions en anglais), abrite une vaste collection de spécimens, des reproductions et une bibliothèque de recherche.

Sur le même thème, le **Dino Water Park** est un excellent endroit adapté aux familles où se rafraîchir en milieu de journée.

Cultures cosmopolites

Regagnez le XXIe siècle pour goûter au melting-pot culinaire de l'Isan. Prenez un petit-déjeuner vietnamien de *kai kata* (œufs au plat servis dans la poêle), de *kuay jap* (phô épais de style thaï) et de mini *banh mi* à **Aim Oat** (p. 187),

ROBIRD/SHUTTERSTOCK ©

engloutissez autant de raviolis chinois à 10 bahts que vous pouvez pour le déjeuner à **Tien Tien Dim Sum**, avant de vous offrir un dîner classique de *sôm-đam*, de *gài yâhng* et de riz gluant à **Teng Mo Zeb Werr**, restaurant au propriétaire trans, renommé pour son service extravagant et ses saveurs authentiques.

La soirée n'est pas finie : allez ensuite voir la ville s'animer après le coucher du soleil dans la **Khon Kaen Walking Street** (p. 186) et au **marché alimentaire nocturne de Ruen Rom** (p. 186). Terminez la soirée par un cocktail à **Hidden Town** (p. 187) sur fond de jazz et de *mŏr lam* local brillamment mixés par le talentueux groupe résident.

S'imprégner de l'atmosphère

Louez un pédalo pour vous laisser flotter sur le lac de la ville, Bueng Kaen Nakhon (p. 185), de 40 ha, et observer les allées et venues sur les sentiers qui longent ses rives. Lorsque le soleil commence à décliner, regagnez la rive pour faire quelques tours du lac à pied ou à vélo de location avant de reprendre des forces au marché de Rim Bueng (p. 186), où l'on trouve du thé thaïlandais sucré et des brochettes de viande grillée, ainsi que des policiers chantants !

Ci-dessus Bueng Kaen Nakhon avec le Wat Phra Mahathat en arrière-plan

Mŏr lam, le rythme du Nord-Est

L'ESPRIT DE L'ISAN SUR UNE GAMME PENTATONIQUE

Le *mŏr lam* est né dans le nord de la Thaïlande et au Laos comme un genre musical ancien sur lequel étaient racontées des histoires épiques ; une sorte de rap de contes folkloriques. Son rythme mélodique modernisé a pratiquement englouti les traditions ancestrales pour devenir aujourd'hui l'un des symboles culturels les plus contagieux du Nord-Est.

À gauche Un *pin* **Au milieu** Instruments thaïlandais traditionnels **À droite** Spectacle de danse *mŏr lam*

SOMBAT MULMANEE/SHUTTERSTOCK ©

Isanais par excellence

De ses formes anciennes, que l'on peut encore entendre aujourd'hui, à ses versions modernisées, où cloches de vache et orgues peuvent accompagner des chanteurs, des musiciens et des danseurs vêtus de costumes traditionnels thaïlandais, de tenues disco à paillettes ou bien d'une combinaison stylisée des deux, le *mŏr lam* est un genre musical exceptionnellement varié et typiquement isanais.

Origines spirituelles...

À l'origine, les "docteurs du rythme" (traduction littérale de *mŏr lam*) chantaient des histoires de fantômes et accomplissaient des rituels au son d'un seul *khaen* (orgue à bouche en bambou). Mais au début des années 1900, les sujets se sont éloignés de la religion pour se concentrer sur les tensions entre l'Isan rural et le gouvernement de Bangkok. À la fin des années 1950, les GI américains y ont introduit des instruments occidentaux et le son s'est encore *funkifié* avec les rythmes techno des années 1980.

Les principaux instruments du *mŏr lam* ont cependant survécu. "Le mythique *pin*, instrument à trois cordes, n'a pas été remplacé par une guitare", explique Rasmi Wayrana, auteur-compositeur-interprète *mŏr lam* d'Ubon Ratchathani. "Aujourd'hui, on l'entend dans toute la musique thaïlandaise, du pop-rock au reggae."

Et réinterprétations modernes

Aujourd'hui, le *mŏr lam* imprègne la culture pop thaïlandaise. "Le *mŏr lam* est toujours le pilier de la société isanaise, mais il est aussi devenu la musique des hipsters de Bangkok", explique Hatthayathiti Chouynukit, marchand de vinyles

KILLABEE KHAIRUL FADHLI/SHUTTERSTOCK ©

ARTHIT PREMPRAYOT/SHUTTERSTOCK ©

mŏr lam originaire de Chumphon. "Comme peu d'exemplaires ont été gravés à l'époque, les vinyles originaux qui prenaient la poussière se vendent aujourd'hui à prix d'or, et les entreprises se battent pour obtenir les droits de gravure de nouveaux vinyles."

Les chauffeurs de taxi de Bangkok, pour la plupart originaires de l'Isan, écoutent généralement du *mŏr lam reung*, rythme basique construit autour de contes folkloriques, tandis que les centres commerciaux et les restaurants passent plutôt du *mŏr lam ploen*, pop de style isan ancien.

> À la fin des années 1950, les GI américains y ont introduit des instruments occidentaux et le son s'est encore *funkifié* avec les rythmes techno des années 1980.

Lors des fêtes de temples, on peut découvrir le *mŏr lam klon*, battle de poésie comique ou religieuse entre deux chanteurs. Et dans les bars et les clubs des villes de l'Isan, ce sera le *mŏr lam sing* à haut tempo qui dominera les ondes.

"En Occident, samples et morceaux de *mŏr lam* apparaissent partout, ajoute Hatthayathiti. La flexibilité du *mŏr lam* a fait qu'il est aujourd'hui apprécié dans le monde entier".

En Thaïlande, certaines salles ont même fait du *mŏr lam* leur carte de visite, comme **Tawandeng**, qui propose chaque soir un somptueux spectacle de style cabaret avec les sons *mŏr lam*, country folk et pop thaïlandaise les plus populaires du moment et une garde-robe qui n'a rien à envier au carnaval brésilien.

Et dans le monde de la musique, des titres et des artistes oubliés sont ramenés à la vie par des organisations telles que **Hear & Found**, qui s'est donné pour mission de faire connaître la musique thaïlandaise locale, et par des producteurs tels que Maft Sai, fondateur de **ZudRangMa Records**.

À ajouter à votre playlist

Pour vous mettre dans l'ambiance, écoutez les artistes suivants :

Thongmi Malai Chanteur flamboyant et légende du *mŏr lam ploen*.

Daoban Don Un moine novice qui a quitté le *sangha* pour devenir une star du *mŏr lam*.

Ratri Sriwilai La reine du *mŏr lam sing*.

Jintara Pounlarp Connu pour avoir mixé *mŏr lam* à l'ancienne et pop moderne.

Paradise Bangkok Molam International Band Groupe de *mŏr lam* célèbre pour ses classiques remplis de basses.

Khruangbin Le premier groupe de *mŏr lam* composé entièrement d'étrangers en dehors de la Thaïlande.

Rasmi Wayrana Un *mŏr lam* jazzy et expressif, ponctué de paroles en khmer, laotien et anglais.

29 TREK en montagne

RANDONNÉE | CAMPING | PANORAMAS

Si l'offre en matière de trekking laisse parfois à désirer en Thaïlande, Phu Kradueng fait figure d'exception. La randonnée de 9 km sur cette montagne en forme de cœur peut être éprouvante, mais les panoramas, les sentiers sinueux à travers la forêt et le climat alpin frais valent amplement le détour.

SONGDECH KOTHMONGKOL/SHUTTERSTOCK ©

En pratique

Quand La montagne est fermée de juin à septembre pour laisser la forêt se régénérer.

Départ matinal Pour partir tôt le matin, campez au départ du sentier ou, la nuit précédente, descendez dans un hôtel bon marché à proximité.

Double prix Dans les parcs nationaux thaïlandais, le droit d'entrée est presque toujours plus élevé pour les touristes, et marchander ne sert à rien.

PLATOO FOTOGRAPHY/SHUTTERSTOCK ©

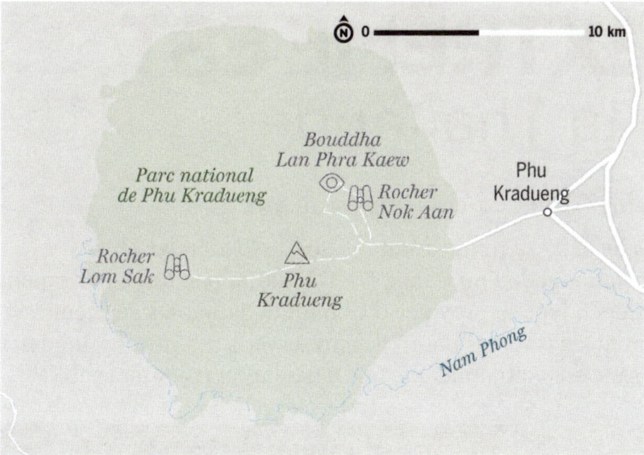

À gauche Parc national de Phu Kradueng **En dessous** Porteur à Phu Kradueng

Phu Kradueng (p. 169 et p. 184) étant une montagne sans pic, l'ascension est axée sur l'arrivée au sommet et le panorama.

La randonnée commence par une ascension de 5 km (1 000 m de dénivelé) et se poursuit sur des sentiers plats de 4 km jusqu'au terrain de camping.

Moyennant 30 B par kilo, un porteur vous permettra de randonner léger et les cinq haltes le long du chemin vous fourniront tout ce dont vous aurez besoin pour continuer : eau, café, œufs grillés et serviettes glacées.

Au sommet, les 20 km de sentiers se parcourent à pied ou à vélo (on peut en louer au camping) sans trop d'effort. Vous traverserez des savanes alpines, vous vous enfoncerez dans des forêts d'érables et passerez dangereusement au bord des à-pics. Chaque itinéraire étant clairement indiqué, un guide n'est pas nécessaire.

La plupart des randonneurs visent à atteindre **Lom Sak** ; si ce n'est pas pour prendre en photo sur le rocher en surplomb, c'est pour admirer le coucher du soleil avant de rentrer au camp à l'occasion d'une randonnée nocturne exaltante. Pour couronner l'expérience, offrez-vous des grillades thaïlandaises épicées à n'importe quel stand.

Le lendemain matin, levez-vous avant l'aube, habillez-vous chaudement et suivez le sentier faiblement éclairé vers l'est en direction du **rocher Nok Aan** pour voir le soleil se lever au-dessus d'une mer de nuages. Avant que le soleil ne vous réchauffe le visage, faites un détour par le **bouddha Lan Phra Kaew** et perdez-vous sur le sentier qui vous ramène au camp à travers une forêt de pins enveloppée d'un épais brouillard.

Une montagne de souvenirs

Phu Kradueng peut être très coloré pendant la saison froide, lorsque le sol se givre et les feuilles d'érable rougissent ; un spectacle rare dans le pays. Enfants, nous avons randonné ici avec nos familles. C'était la première fois que nous faisions l'expérience de la véritable sérénité de la nature et de températures fraîches en Thaïlande. Phu Kradueng a une valeur sentimentale pour nous. C'est pourquoi nous y retournons fréquemment.

Pakawat Thongcharoen et Prichaya Suthivet, *créateurs de voyages, passionnés de randonnée, fondateurs de PakaPrich (pakaprich.com), YouTube PakaPrich*

30 L'EXTRÊME EST de la Thaïlande

VILLES FRONTALIÈRES | MÉDITATION | CUISINE VIETNAMIENNE

Le Triangle d'émeraude, là où se rencontrent le Laos, le Cambodge et la Thaïlande, au cœur du parc national de Phu Chong Na Yoi, est un peu terne par rapport à son homologue du Nord. Cependant, la province d'Ubon Ratchathani, à l'extrême est de la Thaïlande, constitue, avec ses réserves naturelles préservées, ses cultures métissées et son engouement pour la saucisse vietnamienne, une destination incontournable.

TONOGRAPHER/SHUTTERSTOCK ©

En pratique

S'y rendre Ubon, comme on l'appelle localement, est facile d'accès en bus, en train ou en avion depuis Bangkok. Un bus y mène aussi depuis Chiang Mai si vous pouvez supporter le trajet de 21 heures.

Quand Il fait chaud toute l'année, mais la saison des pluies apporte des inondations en septembre et novembre.

Protection solaire L'Isan est indéniablement chaud et l'ombre est rare à Ubon. La crème solaire est donc indispensable, même par temps couvert.

I VIEWFINDER/SHUTTERSTOCK ©

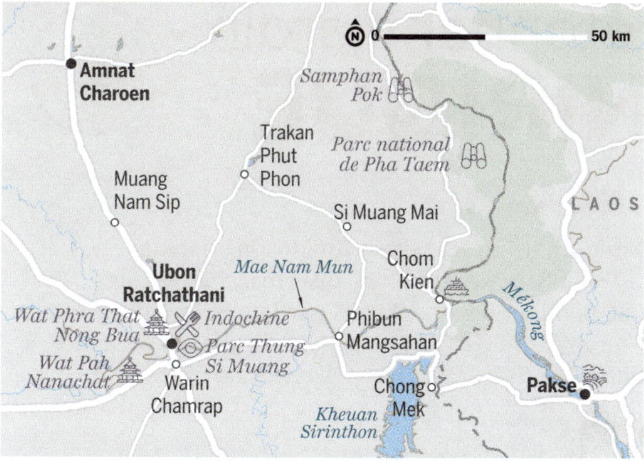

À gauche Statues de Hanuman au Wat Phra That Nong Bua
En dessous Peinture rupestre au parc national de Pha Taem

Point de départ urbain

Toute aventure à Ubon se doit de commencer dans sa capitale homonyme. En son cœur, le **parc Thung Si Muang** accueille la plupart des activités collectives de la ville, notamment cours de danse, séances d'aérobic et festivals culinaires.

Un petit rayon du parc rassemble le **Wat Phra That Nong Bua** (réplique du temple indien Sri Mahabodhi ; p. 184), un imposant couvent catholique et le **Wat Pah Nanachat** (le premier temple forestier de langue anglaise de Thaïlande ; p. 184).

Si la nourriture est votre religion, **Indochine** (p. 187) et **Kuay Jub 99** (p. 187) sont de parfaits exemples de saveurs vietnamiennes rehaussées de piment. Faites des réserves de *moo yor*, saucisses vietnamiennes enveloppées dans des feuilles de bananier. Pour les habitants, ce sont les meilleures de Thaïlande.

Dans la nature

Les lève-tôt peuvent quitter la ville avant l'aube pour assister au lever du soleil depuis les hauteurs du **parc national de Pha Taem** (p. 169 et p. 184), dominant le Laos. On peut aussi y admirer des centaines de peintures rupestres préhistoriques. Si vous préférez les couchers de soleil, gagnez les **dunes de sable de Had Hong**, où seules les bières locales glacées pourront vous rafraîchir.

Les astronautes en herbe apprécieront le paysage extraterrestre de **Samphan Pok**, le plus grand récif rocheux du Mékong, criblé de cratères. Plus loin se trouve **Chom Kien**, où un *long-tail boat* vous conduira là où le Mékong brun boueux et la rivière Mun bleu foncé se rencontrent, mais ne se mélangent pas.

Incursion à Pakse

Si vous avez le visa requis, franchissez la frontière laotienne au-delà du **lac Sirindhorn** pour visiter **Pakse**, dont les agréables rives du Mékong sont colonisées par des bars et des restaurants. Passez-y la nuit pour assister au fabuleux spectacle du soleil projetant de longues ombres matinales sur le plateau des Bolovens, avant de remonter le temps au Vat Phou (p. 184), site du Ve siècle classé par l'Unesco qui rivalise, dit-on, avec l'Angkor Wat cambodgien.

31 Un étonnant jardin ONIRIQUE

PARC DE SCULPTURES | TEMPLES | STUPAS

Si vous passez par Nong Khai, sur les berges du Mékong, ne manquez pas d'aller voir Sala Kaew Ku (ou Sala Keoku), l'une des curiosités les plus insolites de Thaïlande. Édifié pendant plus de 20 ans par Luang Pu Boun Leua Sourirat (Bunleua Sulilat), un mystique décédé en 1996, le jardin est ponctué de singulières statues du Bouddha, Shiva, Vishnu et d'autres divinités.

MATHIAS BERGER/ISTOCK ©

En pratique

S'y rendre Tous les bus en direction de l'est de Nong Khai passent devant l'embranchement menant au Sala Kaew Ku. De la route principale, comptez environ 5 minutes à pied.

Circuler Louer un tuk-tuk depuis Nong Khai (6 km) devrait coûter dans les 250 B (aller-retour avec attente de 1 heure). Vous pouvez aussi faire le trajet à vélo en une trentaine de minutes.

Bon plan La carte de la Mut Mee Guesthouse (voir l'encadré page ci-contre) indique un itinéraire pour visiter le parc de sculptures.

KWHISKY/ISTOCK ©

À gauche, en haut Parc de sculptures de Sala Kaew Ku **En dessous** Détails d'une sculpture du sanctuaire

L'ouvrage d'un mystique

Selon ses dires, Luang Pu dégringola, lorsqu'il était petit, au fond d'un trou, où un ascète nommé Kaewkoo lui fit découvrir les innombrables mystères de l'au-delà et le mit sur la voie qui allait faire de lui un chamane-prêtre-yogi-brahmane. Luang Pu développa sa propre philosophie, mélange d'hindouisme et de bouddhisme, qui fit de nombreux adeptes dans la région, sur les deux rives du Mékong.

Sculptures insolites

Le sanctuaire principal contient des centaines de sculptures, de tous styles et provenances, des photos de Luang Pu à divers stades de sa vie, ainsi que son corps sous un dôme en verre entouré d'ampoules scintillantes.

Évoquant un syncrétisme inspiré par le bouddhisme et l'hindouisme, des bouddhas, des déesses souvent armées, des serpents naga et toutes sortes d'hybrides mi-humain, mi-animal dominent le paysage. Certaines sculptures sont franchement amusantes. Les enfants apprécient particulièrement celle d'un éléphant avançant tranquillement au milieu d'une meute de chiens anthropomorphiques (dont l'enseignement est que nous devons ignorer ragots et médisances).

La plus grande sculpture est un bouddha de 25 m de haut assis sur un naga (serpent mythologique) en spirale doté de 7 têtes. Ne manquez pas non plus la "roue de la vie", dans laquelle on pénètre par une "bouche" géante. Des explications sont inscrites au verso de la carte du parc fournie par la Mut Mee Garden.

Mut Mee Garden Guesthouse

Cette pension (p. 186) de Nong Khai, favorite des petits budgets, a l'attrait d'un jardin au bord du fleuve qui se prête bien au farniente. Le lieu compte un vaste choix de chambres (les moins chères avec salle de bains commune, les plus onéreuses avec balcon), distribuées autour d'un restaurant au toit de chaume. Le propriétaire partage volontiers son savoir en matière de curiosités et de légendes locales.

32 Le palais EN FEU

CUISINE | RESTAURANTS | CULTURE

En Isan, la nourriture pourrait être encore plus brûlante que le soleil. En effet, la cuisine locale est réputée pour sa palette de goûts intenses qui vous feront probablement transpirer à grosses gouttes. Et si elle n'est pas toujours dominée par les piments, elle restera longtemps dans le souvenir de la plupart des palais occidentaux.

AIMPOL BURANET/SHUTTERSTOCK ©

En pratique

Restez sur vos gardes Même si vous demandez quelque chose de non épicé, il y aura certainement du piment quelque part.

Mangez avec les dents Lorsque les habitants goûtent quelque chose d'épicé, ils gardent leurs lèvres loin de la cuillère. Vous comprendrez vite pourquoi.

Ne vous fiez pas aux apparences Les petits piments sont souvent les plus forts, et le rouge n'est pas toujours synonyme de piquant.

SUPERMEE/SHUTTERSTOCK ©

Sel, piment et cætera

Avec l'ouverture des premiers restaurants de cuisine isan à Bangkok, les plats super-épicés ont rapidement contribué au renom de la région. Le stéréotype s'est répandu au point que même les habitants sont persuadés qu'ils ont toujours mangé aussi épicé.

Des fruits qui macèrent dans des sachets de sucre, de sel et de flocons de piment, au *plaa ra* (sauce de poisson fermentée dans le sel dont on badigeonne les salades de papaye), le sel et le piment sont aujourd'hui les saveurs incontournables de la cuisine isan.

À table !

Pour goûter aux saveurs isan peu familières aux palais bangkokiens et étrangers, commencez votre aventure culinaire au restaurant **Phai Lom** (p. 187), à Sakon Nakhon. Les *sôm đam* du **Jay Gai** d'Udon Thani, qui nagent littéralement dans les piments, sont tout indiqués pour une première mise en bouche. Plus raffiné, **Samuay & Sons** (p. 187) mêle harmonieusement ingrédients locaux et techniques de cuisson artisanales.

Si vous passez par les quatre grandes villes de l'Isan, voici des adresses : **Gai Yang Rabeab Khao Suan Kwang** (p. 187) à Khon Kaen, **Aed Kai Yang Mahatthai** (p. 186) à Korat, **Laab Nuad** (p. 187) à Udon Thani et **Jae Kaek Jaew Hon** à Ubon Ratchathani.

Garanti sans piment

Grâce à l'influence vietnamienne, certains plats indochinois ont échappé à la "grande pimentation". Ainsi, les restaurants **VT Naem Nuang** (p. 187) sont appréciés dans tout le pays. L'établissement principal, à Udon Thani, est de loin le plus vaste.

À gauche *Sôm đam*
En dessous Sauce de style isan

Un patrimoine culinaire unique en son genre

Si vous souhaitez goûter une cuisine isan que même les Thaïlandais ne connaissent pas pour la plupart, je vous recommande de vous rendre à **Baan Phue**, village d'Udon Thani dont les techniques de cuisson, les ingrédients et les saveurs sont distinctes du reste de l'Isan.

Vous pourrez par exemple manger un *lâhp* à base de poudre de curry ou une soupe aux œufs de fourmis agrémentée d'herbes sauvages que vous trouverez difficilement ailleurs. **Yoy Pa Roj** est l'un des rares endroits où est encore servie cette cuisine ethnique, qui, selon moi, devrait être protégée.

Weerawat Triyasenawat, alias Chef Num, *copropriétaire de Samuay & Sons, Udon Thani, Facebook Samuay & Sons, Instagram @samuayandsons*

33 Terre de fêtes et de FESTIVALS

MUSIQUE | RELIGION | DIVERTISSEMENTS

La culture de l'Isan, née de l'amour de la musique et de l'art de chanter des contes, est intrinsèquement liée à la fête. Du traditionnel *mŏr lam* au frénétique *luk thung*, des rythmes accompagnent ici tous les événements, des élégantes fêtes religieuses aux concerts de village, en passant par le plus grand festival de reggae de Thaïlande et le lancement de fusées artisanales qui atteignent les limites de l'espace.

ARNON POLIN/SHUTTERSTOCK ©

En pratique

Vérifiez les dates Les dates des fêtes et festivals suivent le calendrier lunaire ou coïncident avec de longs week-ends.

La musique dans la peau En Isan, les gens dansent en toutes occasions, aux mariages, aux funérailles ou sur les marchés, des écouteurs dans les oreilles.

Chaleur sous toile Si les nuits sont fraîches, le soleil du matin transforme n'importe quelle tente en sauna.

FORD CONTRIBUTOR/SHUTTERSTOCK ©

À gauche, en haut Fête de Phi Ta Khon **En dessous** Festival des bougies

Suivez le rythme

L'amour indéfectible de l'Isan pour le *luk thung* définit les scènes musicales du pays depuis des décennies. Lors de la plupart des spectacles, et même sur les marchés, une scène accueille chanteurs et danseurs dans une ambiance de cabaret.

De grands festivals de musique occidentale se tiennent par ailleurs en Isan pendant les mois les plus frais, notamment l'**E-san Music Festival** (p. 187) et **Barbarian Land**, où hippies et joyeux citadins se réunissent au son du reggae et du rock indé thaïlandais.

Danse avec les esprits

D'autres genres de festivals sont organisés autour de la religion, de la superstition ou des deux. Le plus frénétique est le **festival des fusées Bun Bang Fai** de Yasothon, où le son du *luk thung* et l'explosion des fusées se disputent l'attention pendant cinq jours de chaos total. Remplies de poudre à canon, les fusées artisanales, jusqu'à 10 m de haut, sont projetées dans le ciel pour garantir une bonne mousson et une récolte de riz abondante.

Dans le même genre, le **Phi Ta Khon** de Loei, en juin, est l'une des fêtes les plus colorées. Pour vénérer les fantômes et demander de bonnes récoltes, les gens s'habillent de costumes vifs, brandissent des épées-phallus et exécutent des danses de la pluie élaborées. Les costumes sont ensuite exposés toute l'année au **musée folklorique de Dan Sai** (p. 184).

Le **festival des bougies d'Ubon Ratchathani**, en juillet, offre une ambiance plus raffinée. De gigantesques sculptures de cire conçues par des temples, des institutions et des villages locaux défilent à travers la ville devant des foules ébahies.

Songkran en Isan

Songkran, fête qui marque le début du Nouvel An thaïlandais par des batailles d'eau à travers le pays, se tient autour du 13 avril et dure généralement trois jours. Les festivités sont plus nombreuses dans les grandes villes d'Isan comme Khon Kaen et Udon Thani, mais il n'y a pas une ville ou un village qui ne célèbre l'événement d'une manière ou d'une autre.

En Isan, où les étrangers se remarquent plus qu'ailleurs, les participants se feront un plaisir de vous bénir (c'est-à-dire de vous arroser). Se faire inviter par des inconnus à boire, à danser et à faire la fête est très amusant au début, mais peut devenir un peu répétitif à la longue.

Carnet d'adresses

Les grands classiques (p. 168)

Nong Khai

(bureau de l'immigration ; 042 990935 ; Hwy 2 ; 8h30-12h et 13h-16h30 lun-ven)

Parc national de Khao Yai

(www.thainationalparks.com/khao-yai-national-park ; entrée principale Pak Chonk District ; adulte/enfant 200/100 B, voiture/moto 50/30 B ; 6h-18h)

Parc national de Pha Taem

(045 252581 ; www.tourismthailand.org/attraction/pha-taem-national-park ; adulte/enfant 200/100 B ; 6h-18h tlj)

Parc historique de Phimai

(044 471568 ; Th Ananthajinda ; 100 B ; 7h-18h, centre d'accueil des visiteurs 8h30-16h30)

Parc national de Phu Kradueng

(042 810 833 ; www.thainationalparks.com/phu-kradueng-national-park ; entrée du parc adulte/enfant 200/100 B ; centre d'accueil des visiteurs principal 7h-15h, centre d'accueil des visiteurs plus haut 7h-16h ; le parc est fermé du 1er juin au 30 sept)

Prasat Phanom Rung

(66 44 666 251 ; www.facebook.com/prasathinphanomrung ; 7 114 Ta Pek, Chaloem Phra Kiat District, Buri Ram ; 100 B ; 6h-18h)

Cascade, parc national de Phu Kradueng

Wat Phra That Phanom

(Th Chayangkun ; 5h-21h). GRATUIT

Spiritualité

Vat Phou

Voir p. 177. (www.vatphou-champassak.com ; Champassak, Laos ; 50 000 LAK ; 6h-18h)

Wat Pah Nanachat

Voir p. 177. (www.watpahnanachat.org ; Bahn Bung Wai, Warin Chamrab, Ubon Rachathani)

Wat Phra That Nong Bua

Voir p. 177. (Tham Withi Rd, Ubon Ratchathani ; chedi 7h-19h)

Lieux de culture

Chang Arena, stade de football du Buriram United, Buriram

Les Thaïlandais sont fous de football, surtout de la Premier League anglaise. Mais parmi les équipes locales, celle de Buriram est l'une de leurs préférées, acclamée avec ferveur. (Chang Arena, www.buriramunited.com/home)

Musée folklorique de Dan Sai (Phi Ta Khon Museum)

Voir p. 182. (66 81 954 9966 ; à l'intérieur du Wat Phon Sai, Dan Sai, Loei ; 8h-17h). GRATUIT

Phra Maha Chedi Chai Mongkol, Roi Et

Étincelant de blanc et d'or, cet ensemble de temples fortifié aux parterres de fleurs impeccablement entretenus et aux belles pièces d'eau semble sorti d'un conte de fées. (Nong Waeng, Roi Et)

Phu Wiang Dinosaur Museum

Voir p. 170. (66 4343 8204 ; www.dmr.go.th/main.php?filename=Museum3_en ; Tambon Nai Muang, Amphoe Wiang Kao, Khon Kaen ; adulte/enfant 60/30 B : 9h-17h mar-dim)

Rocher de Pha Mor E-Daeng, Si Saket

La vue sublime que le site offre sur les ruines du temple de Preah Vihear, que se disputent la Thaïlande et le Cambodge, à la frontière des deux pays.

Sala Kaew Ku, Nong Khai

Voir p. 178. (parc de sculptures ; Wat Khaek ; 40 B ; 7h-18h)

Sirindhorn Museum, Kalasin

L'une des plus grandes collections d'ossements et de fossiles de dinosaures d'Asie du Sud-Est, aménagée autour d'un squelette de dinosaure fossilisé laissé in situ depuis 1994. (66 4387 1613 ; Tambon Nonburi, Amphoe Sahatsakhan, Kalasin ; adulte/enfant 100/50 B ; 9h-17h mar-dim)

Temple au million de bouteilles (Wat Pa Maha Chedi Kaew), Sisaket

Recycleurs, réjouissez-vous ! Tout dans ce temple est fabriqué à partir de bouteilles de verre recyclées, même les bouddhas, ce qui soulève une question : qui a bu toute la bière ? (Sukhaphiban Rd, Khun Han, Sisaket ; 8h-17h)

Sites naturels

Bueng Kaen Nakhon

Voir p. 171. (www.tourismthailand.org/attraction/bueng-kaen-nakhon ; Khon Kaen)

Grotte d'Erawan (Tham Erawan), Nong Bua Lamphu

À ne pas confondre avec les cascades d'Erawan, dans le centre du pays, cette grotte gigantesque, gardée par un imposant bouddha, est considérée comme l'une des plus belles du Nord-Est. (à environ 3 km par l'autoroute de Nong Bua Lamphu). GRATUIT

Mer de lotus rouges, Udon Thani

Une excursion en bateau hivernale sur lac Nong Han Kumphawapi couvert de lys rose-rouge à perte de vue. (district de Kumphawapi ; location de bateaux 300-500 B, jusqu'à 10 pers ; tôt, les fleurs commencent à se fermer à partir de 10h30, et à midi il n'y a plus rien à voir)

Fresque d'un conte bouddhiste au Wat Pho Chai, Nong Khai

Parc Dong Ling Don Chao Pu, Amnat Charoen

Aussi nommé "forêt de singes de Phana", ce parc naturel promeut la sécurité et le bien-être des espèces de singes thaïlandaises et la recherche forestière. (www.tourismthailand.org/Attraction/dong-ling-don-chao-pu-botanical-park ; Pho Nang Dam Tok, Phana Amnat Charoen ; 8h30-16h30)

Parc national de Phu Laen Kha, Chaiyaphum

De saisissantes formations rocheuses se dressent au-dessus du sol dans ce parc national surnommé le Stonehenge de Thaïlande. (adulte/enfant 100/50 B ; Phu Laen Kha ; 8h-18h)

Parc national de Phu Wiang

Voir p. 170. (thailandtourismdirectory.go.th/en/attraction/111 ; 4h30-12h30)

Wat Phu Tok, Bueng Kan

Cette formation rocheuse proéminente est la principale attraction de la dernière province de l'Isan. Escaliers et ponts de bois branlants relient les visiteurs à des sanctuaires, des statues et des salles d'ordination. (à 35 km de Bueng Kan ; 6h30-17h, fermé entre le 10 et le 16 avril)

Villages typiques et guesthouse

Ban Don Koi, Sakon Nakhon

Initiez-vous à la teinture traditionnelle à l'indigo avec les meilleurs teinturiers de la région. Des vêtements sont également teints sur demande. (coopérative de teinturiers, 58 Moo 2 Ban Don Koi, Sakon Nakhon)

Ban Ta Klang, Surin

Tout ce que fait ce village semble tourner autour des éléphants résidents et de leurs familles de cornacs, dont beaucoup sont soutenus par le gouvernement dans le cadre du Surin Project. (surinproject.org)

Chiang Khan, Loei

Un village pittoresque sur les rives du Mékong, au marché nocturne animé et à l'atmosphère chaleureuse.

Mut Mee Garden Guesthouse

Voir p. 179. (☎042 460717 ; www.mutmee.com ; Soi Mutmee ; d 220-1 200 B)

Sala Keoku, Nong Khai

Un parc de sculptures fantaisistes construit selon les interprétations religieuses et les visions excentriques de son fondateur, Bunleua Sulilat. (☎66 933 14 6102 ; Wat That, Mueang Nong Khai ; 20 B ; 8h-18h)

Marchés nocturnes

Bazar nocturne de Chaiyaphum, Chaiyaphum

Le grand attrait nocturne de Chaiyaphum, avec son ambiance de ville de campagne. Moins cher et plus authentique que bien des marchés thaïlandais. (Yutitham Rd, Nai Mueang, Chaiyaphum ; 4h-23h30)

Indochina Market, Mukdahan

Sur ce marché, qui profite de la nature transitoire de la frontière thaïlando-laotienne, on trouve des contrefaçons bon marché des pays voisins. (Samran Chai Khong Road ; 8h-17h)

Khon Kaen Walking Street (marché nocturne)

Voir p. 171. (Na Soon Rachakarn Road Mueang Khon Kaen ; 17h-22h sam)

Marché alimentaire nocturne de Ruen Rom

Voir p. 171. (Tambon Nai Mueang, Khon Kaen ; 17h-23h)

Marché de Rim Bueng

Voir p. 171. (Th Robbung, Khon Kaen ; 16h-21h)

Marché de Ton Taan, Khon Kaen

Dans le plus petit des trois principaux marchés nocturnes de la ville, on vend de la nourriture, des objets fantaisie et des vêtements bon marché. (1485/1 Mittraphap Rd ; 16h-23h)

Marché nocturne Saveone, Nakhon Ratchasima

Le plus grand marché nocturne de la ville, aussi animé et fréquenté que Chatuchak à Bangkok. (1485/1 Mittraphap Rd ; 16h-22h)

Thung Sri Muang Walking Street, Ubon Ratchathani

L'autre incontournable de Thung Sri Muang, ouvert uniquement le week-end, foisonne d'animation, de musique, de créations et d'en-cas de toutes sortes. (16h30-22h30)

Plaisirs culinaires

Aed Kai Yang Mahatthai

Voir p. 181. (☎66 4424 3782 ; à côté du Chomsurang Hotel, sur Mahatthai Rd, Korat)

AKARAT PHASURA/SHUTTERSTOCK ©

Marché de Ton Taan

Aim Oat

Voir p. 170. (71 22 Glang Muang Rd, Khon Kaen ; ⏲4h-13h)

Gai Yang Rabeab Khao Suan Kwang

Voir p. 181. (391/5 Thepharak Alley, Tambon Nai Mueang, Khon Kaen ; ⏲9h-15h30)

Indochine

Voir p. 177. (☎66 45 254 126 ; www.facebook.com/Indochinubon/ ; 170 Rd Sappasit, Ubon Ratchathani ; ⏲9h-21h tlj)

Kuay Jub 99

Voir p. 177. (97 Phichit Rangsan Road, Nai Mueang, Ubon Ratchathani ; ⏲8h30-14h30 tlj)

Laab Nuad

Voir p. 181. (☎66 4424 3782 ; 35/1 Si Chomchuen Road, Tambon Mak Khaeng, Udon Thani)

Phai Lom

Voir p. 181. (Th Choeng Chum, Sakon Nakhon ; ⏲8h-18h tlj)

Samuay & Sons

Voir p. 181. (☎66 98 891 9249 ; www.facebook.com/SamuayNsons ; 103/8 Srichomchuen Rd, Udon Thani ; ⏲11h-14h30 et 17h-21h mar-dim)

VT Naem Nuang

Voir p. 181. (www.vtnamnueng.net ; 345/1-3 Pho Si Rd. Mak Khaeng, Udon Thani ; ⏲6h-20h30)

Prendre un verre

E-san Music Festival

Voir p. 183. (www.facebook.com/esanmusicfestival)

GranMonte Vineyard & Winery, Nakhon Ratchasima — BBB

Dans la vallée d'Asoke, à Khao Yai, ce domaine de 16 ha de vignes de raisins de cuve et de table propose visites guidées, dégustations et hébergements élégants. (☎66 86-133-6000 ; en anglais) ; www.granmonte.

SUKPAIBOONWAT/SHUTTERSTOCK ©

Fête de Songkran, Nong Khai

com ; 52 MOO 9, Payayen Pansuk-Kudkla Street, Pak Chong District, Nakhon Ratchasima ; visite guidée et dégustation de 4 vins primés accompagnés de fromages : 450 B)

Hidden Town

Voir p. 171. (☎66 99 009 5152 ; 352 Sri Chant Rd, Khon Kaen ; ⏲18h-minuit mer-lun)

Soi Rim Kong, Nong Khai — B

Des dizaines de restaurants, de bars, de karaokés et clubs de musique live jalonnent cette artère de 3 km le long des rives du Mékong. Vue sur le Laos et marché du samedi animé en font un incontournable.

Tawandeng, dans presque toutes les villes — BB

L'expérience de fête thaïlandaise authentique, avec concerts, danseuses de cabaret, bouteilles de whisky et cuisine locale.

U Bar, Ubon Ratchathani, Nakhon Ratchasima et Khon Kaen — BB

Une franchise de clubs isan en plein essor, où se retrouvent autour d'une table les étudiants qui préfèrent encore le son du rock et du hip-hop thaïlandais. (Thepyothi Rd, Ubon Ratchathani ; ⏲20h-2h ; 885/8-9 Changphuak Rd, Tambon Nai, Ratchasima ; ⏲21h30-1h ; h222/2 Pracha Samran Rd, Khon Kaen ; 20h-2h)

KO CHANG ET LA CÔTE EST

NATURE | DÉTENTE | PLAGES

Faites une promenade au **Mangrove Forest Conservation Centre** (p. 207)
À 1 heure 30 de route de Bangkok

Wonderfruit (p. 199) est le plus grand festival de musique électro d'Asie.
À 2 heures de Bangkok

Admirez l'imposant bouddha du **Wat Phra Yai** (p. 201).
À 2 heures de route de Bangkok

Amusez-vous à **Ramayana** (p. 214), le plus grand parc aquatique thaïlandais.
À 2 heures de route de Bangkok

KO CHANG ET LA CÔTE EST
à la carte

Si vous aimez la simplicité et la quiétude, si la jungle à perte de vue, l'absence de Wi-Fi et la vie dans un bungalow sur la plage vous inspirent, la côte est du pays est faite pour vous. La région se développe doucement mais sûrement, et reste un bon choix grâce à son relatif isolement.

Sa Kaew
Watthana Nakhon
Aranya Prathet
0 50 km
Sisophon
CAMBODGE
Baladez-vous dans le **quartier historique de Chanthaburi** (p. 202).
À 3 heures 30 de route de Bangkok
Regardez les pèlerins affluer au temple de **l'empreinte de Bouddha** (p. 197).
À 4 heures de route de Bangkok
Tamun
Khao Soi Dao Nua
Pong Nam Ron
Chanthaburi
Bo Rai
Marchandez au **marché aux pierres précieuses** (p. 205).
À 3 heures 30 de route de Bangkok
Chao Lao
Laem Sing
Khlung
Bang Kradan
Trat
Dansez au **Ting Tong** (p. 199), bar festif de Ko Chang.
+
À 2 heures de route de Bangkok
Ko Chang
Laem Ngop
Tha Sen
Laem Sok
Dégustez des produits de la mer frais sur le quai de **Ban Bang Bao** (p. 207).
+ *À 2 heures de route de Trat*
Ko Khlum
Mai Rut
Ko Kradat
Ko Mak
Khlong Yai
Ko Rang
Ko Kut
Koh Kong
Plongez pour explorer l'épave du **HTMS Chang** (p. 212).
À 30 minutes de route de Ko Chang
Koh Kong

Informations pratiques

NARIN NONTHAMAND/SHUTTERSTOCK ©

À L'ARRIVÉE

Avion Bangkok est le principal point d'accès à la côte est. Les minibus et bus partant de l'aéroport Suvarnabhumi et du terminal des bus est sont les moyens de transport les plus abordables, mais Trat ou Rayong sont aussi accessibles en avion.

Bateau De là, des ferries desservent les îles. Achetez un billet sur l'embarcadère. Des tour-opérateurs locaux offrent la fois le transport terrestre au départ de Bangkok et le ferry à des prix raisonnables.

Taxi Des taxis, en général sans compteur, relient Bangkok à Pattaya et à l'embarcadère Ban Phe de Rayong. Négociez le tarif !

BUDGET

Massage traditionnel 300 B

Noix de coco fraîche 45 B

Une journée de plongée à partir de 3 000 B

QUAND

DÉC-MARS
Températures élevées et grande affluence à Pattaya et Ko Samet.

MAI-OCT
Durant la mousson il y a moins de monde sur les îles, sauf à Ko Samet où il fait plus sec.

NOV ET AVR
C'est la meilleure période : les tarifs baissent sauf lors de la fête de Songkran (réserver reste de mise).

CIRCULER

Moto-taxi et songthaew Ils attendent sur les embarcadères et sont très nombreux dans les lieux animés comme Pattaya, Ko Samet et Ko Chang.

Moto Elle reste le moyen de transport le plus pratique (200 à 300 B/jour), surtout sur les petites îles. Attention aux chemins de gravier sinueux.

À pied et à vélo La découverte de Ko Samet et de Chanthaburi est particulièrement plaisante.

SE RESTAURER ET PRENDRE UN VERRE

La cuisine régionale fait la part belle aux plats légers et aux produits de la mer frais. Les gourmets plébiscitent Chanthaburi, réputée pour ses nouilles et ses fruits. Ceux-ci agrémentent friandises, salades et currys durant les 10 jours de la fête du Fruit, à la saison des récoltes (mai-juin). Les cuisiniers des *resorts* s'efforcent de préparer des plats thaïlandais, mais les saveurs et le décor sont plus authentiques dans les restaurants indépendants. À Pattaya, Ko Chang et Ko Samet, les soirées de fête peuvent être sélectes ou franchement débridées.

Meilleur stand de nouilles
Tom Yum Sen (p. 203)

Dîner incontournable sur la plage
Glass House (p. 208)

OÙ LOGER

Les rives de la côte est déploient des paysages parmi les plus méconnus du pays et procurent une agréable torpeur tropicale, qui tranche avec l'ambiance de sites plus fréquentés tels que Phuket et Ko Samui.

Île/ville	Pour/contre
Ko Chang	Excellentes infrastructures, vie nocturne et principaux sites de plongée. *Resorts* de catégorie moyenne.
Ko Kut	Belles plages et paysages tropicaux, mais activités limitées (snorkeling et kayak).
Ko Mak	Idéale pour ses plages et ses sites de snorkeling. Paisible et peu développée.
Ko Samet	Beaux *resorts* dotés de bons restaurants. Île prisée par les familles et les couples.
Pattaya	Les plages les plus proches de Bangkok. Vie nocturne trépidante et pièges à touristes.

SE CONNECTER ET S'ORIENTER

Wi-Fi Le Wi-Fi est correct dans la plupart des lodges et restaurants, mais mieux vaut acquérir une carte SIM locale. Pour un séjour inférieur à 30 jours, achetez-en une dans un 7-Eleven, sinon choisissez un forfait plus avantageux (avec Internet illimité) chez un opérateur.

Orientation Le réseau Internet et les applications GPS ne sont pas toujours fiables. Si vous êtes à moto, emportez un plan (la plupart des hôtels en offrent).

SAISON HUMIDE

Les tarifs baissent, les averses ne sont pas toujours diluviennes et les cascades sont plus spectaculaires. À Ko Chang et Ko Kut, presque tous les commerces sont ouverts.

ARGENT

La côte est de la Thaïlande privilégie de plus en plus le tourisme de luxe et les baroudeurs aisés. Pour vous détendre au bord de l'eau sans dépenser trop, allez à Bang Saen et Ko Chang.

Les grands classiques

Pour les infos pratiques de chaque site, reportez-vous au *Carnet d'adresses* p. 216.

Ko Kut

Ko Kut (Ko Kood) est souvent qualifiée d'île paradisiaque, et avec raison : son sable est ultradoux, ses eaux sont limpides et l'on y croise plus de cocotiers que d'êtres humains. Longtemps la chasse gardée d'une élite recherchant l'isolement, l'île s'est démocratisée et propose désormais kayak, snorkeling, randonnée et découverte des cascades.

SOR1999/SHUTTERSTOCK ©

Ko Chang

Même si elle est devenue une destination prisée des voyages organisés, Ko Chang ("île éléphant") conserve son caractère sauvage, avec ses sommets escarpés recouverts de jungle. Elle combine nature accessible et vie nocturne animée. De vastes baies ponctuent la côte ouest ; certaines ont des plages de sable fin, d'autres sont composées de galets.

FASTSNAIL/ISROCK ©

Ko Samet

Île touristique la plus proche de Bangkok, Ko Samet est pourtant restée relativement sauvage, avec une jungle intérieure luxuriante s'étendant jusqu'aux hôtels. Ses principaux atouts : plages de sable, criques isolées et eaux turquoise. Les plages du Nord sont festives ; le Sud est plus isolé et tranquille.

BLUEBOSSA/ISTOCK ©

Pattaya

Ultratouristique, la ville offre des adresses avantageuses où loger et se restaurer, ainsi qu'une côte parsemée de complexes hôteliers à l'ambiance (étonnamment) familiale. Certes, des bars à bières, des go-go clubs et des salons de "massage" parsèment la ville, mais Pattaya attire surtout les voyageurs en quête de soleil et d'activités nautiques.

TWILIGHTSHOW/ISTOCK ©

PIERRICK LEMARET/ISTOCK ©

Chanthaburi

Traversée par un fleuve, Chanthaburi est une ville captivante où saphirs, émeraudes et autres pierres précieuses s'échangent chaque week-end sur un marché de rue bouillonnant. Non loin de là, les superbes édifices du quartier historique, au bord de l'eau, témoignent des influences chinoise, française et vietnamienne sur la vie de la petite cité.

JUSTIN FOULKES/LONELY PLANET ©

Trat

Lieu de transit pour Ko Chang et la côte cambodgienne, Trat mérite une halte. Le quartier des pensions, avec ses *soi* (ruelles) tortueux, bordés de *shophouses* en bois, dégage un charme unique. Enfants à vélo, ménagères portant leurs courses, petits bazars et boutiques animent la ville dans le plus pur style thaïlandais.

34 Immersion dans un PARC NATIONAL

PARCS NATIONAUX | FAUNE | CHUTES D'EAU

Cette partie de la Thaïlande compte près de cinq parcs nationaux et deux parcs maritimes qui diffèrent de par leur taille et leurs paysages. Nichés dans les profondeurs de la jungle, ils recèlent une pléiade de trésors : réserves naturelles, sentiers de randonnée, architecture bouddhique, cascades et littoraux insoupçonnés. Les criques et les baies, en particulier, sont particulièrement photogéniques et attirent moins de touristes que celles situées plus au sud.

KWANCHAI/SHUTTERSTOCK ©

En pratique

S'y rendre Prenez un *songthaew* ou un minibus depuis diverses localités.

Quand De janvier à avril. Certains parcs ferment durant la mousson.

Louez les services d'un guide Vous devez être accompagné d'un guide officiel ou d'un garde-forestier pour entrer dans un parc national.

Où loger Réservez un hébergement par le biais du système de réservation du parc (nps.dnp.go.th/reservation.php?option=home).

SUPAKIT KAEWYOO/SHUTTERSTOCK ©

Le pays comprend plus de 100 parcs nationaux. Plus d'une vingtaine ont été créés ou doivent l'être grâce à un projet national en vertu duquel 55% des forêts du pays seront protégées d'ici 2037.

Près de Chanthaburi, le **parc de Khao Khitchakut** (p. 216), l'un des plus petits, est parfait pour qui a envie de se baigner dans des cascades et d'escalader des pics montagneux. Il possède une flore et une faune d'une grande diversité. Des hardes d'éléphants sont parfois visibles et il jouxte une importante réserve dédiée à la préservation des oiseaux et des insectes. Plus au nord, le **parc national de Khao Chamao-Khao Wong** (p. 216), montagneux, jouit d'un climat plus frais. Bordant aussi la réserve, il héberge des bantengs (bœufs sauvages) et des éléphants.

De l'autre côté de Chanthaburi, **Namtok Phlio** (p. 216) et **Namtok Khlong Kaeo**, situé un peu plus loin, sont également appréciés des amateurs d'oiseaux et de cascades. Le premier compte en outre plusieurs temples bouddhiques.

Ko Chang et 46 autres îles font partie du **parc national de Mu Ko Chang** (p. 216), connu pour ses bons sentiers de randonnée, ses nombreux oiseaux, sa faune aquatique et ses récifs coralliens protégés. Quant à Ko Samet et aux neuf autres petites îles s'étirant le long de la côte de Rayong, elles forment le **parc national de Khao Laem Ya/Mu Ko Samet** (p. 216).

À gauche, en haut Le parc national de Khao Chamao-Khao Wong
En dessous Un souimanga siparaja sur une branche de chapeau chinois (*Holmskioldia sanguinea*), à Khao Khitchakut

Les plus beaux sites voisins

Allez voir les tortues du **Centre de protection des tortues de Rayong** (p. 217), sur l'île de Ko Man Nai, site de nidification de tortues marines menacées d'extinction.

Au sommet d'une montagne de Khao Khitchakut, ressentez la spiritualité qui émane du temple de l'**Empreinte de Bouddha** (p. 216), lieu de pèlerinage des bouddhistes thaïlandais. Le coucher de soleil y est splendide.

Explorez les cascades du parc national de Namtok Phlio. Un court sentier de découverte permet d'en voir plusieurs, dont la plus belle : la cascade **Phlio**. La plus grande, **Krathing**, vertigineuse avec ses 13 niveaux, se trouve dans le Khao Khitchakut.

35 Concerts sur LA PLAGE

FÊTES | MUSIQUE | DANSE

Alors que cette partie de la côte est un véritable havre de paix, son isolement en fait aussi un lieu propice aux soirées festives (le vacarme étant étouffé par la jungle dense). De formidables concerts et festivals se déroulent sur son sable blanc, dans les bars de plage ou lors de raves dans des lieux secrets (avec régulièrement des DJ renommés).

FRED MARIE/ART IN ALL OF US/CORBIS VIA GETTY IMAGES ©

En pratique

S'y rendre Ne conduisez jamais après avoir bu. Consultez les pages Facebook des événements pour trouver un transport (ou joignez-vous à d'autres fêtards pour vous organiser).

Quand Les DJ européens affluent en Thaïlande de novembre à mars.

À emporter Lampe de poche, éventail, mouchoirs en papier et lunettes de soleil sont utiles, même si on les oublie souvent.

FRED MARIE/SHUTTERSTOCK ©

À gauche, en haut et en bas Festival Wonderfruit

Le festival Wonderfruit

Apparu en 2014, Wonderfruit est devenu le premier festival asiatique de la région. En décembre, pendant trois jours, 20 000 fans de musique électronique venus de Thaïlande, de Singapour, des Philippines et d'ailleurs se déchaînent au Siam Country Club (p. 217), près de Pattaya, laissant derrière eux paillettes et sol boueux… et emportant des souvenirs inoubliables.

Les billets sont généralement en vente en février, mais sachez que ce festival revient assez cher. La plupart des participants séjournent dans les hôtels proches ou sous des tentes *glamping*. Il est en effet difficile de supporter la chaleur dans une tente ordinaire. Prévoyez des allers-retours en taxi. Vous aurez en outre sûrement envie de goûter sur place les mets des *food trucks* et des stands (certains cuisinés par des chefs étoilés de Bangkok).

L'expérience d'une vie

Mais tout le monde vous dira que c'est une expérience que l'on ne fait qu'une fois dans sa vie. Les meilleurs DJ jouent sur plusieurs scènes, les installations artistiques sont sublimes et les fêtards font de l'événement quelque chose d'exceptionnel.

Le festival privilégie la durabilité et le plastique y est banni. Apportez donc votre propre tasse ou achetez-en une en métal sur place. Prenez aussi une veste légère, car les soirées sont parfois fraîches et venteuses.

Consultez le programme des activités : méditations, yoga, cours de *muay thai* (boxe thaïlandaise) et conférences sur les questions liées au genre, le design et le cannabis, entre autres (sans compter maintes occupations pour les familles).

Autres festivals et clubs avec des DJ

Dansez jusqu'à l'aube sur de la *house* et de l'électro mixés par des DJ étrangers au fameux **Ting Tong Bar** de Ko Chang. Il ne ferme presque jamais (les soirées battent leur plein de minuit au lever du soleil).

Il existe aussi des festivals avec DJ plus sélects, comme **Kolour Beachside** à Pattaya et **Fly To The Moon** (festival annuel du Nouvel An à Ko Mak ; p. 216). Les places étant limitées, l'expérience est intimiste.

Visitez un club de plage chic et branché, comme **Alexa** (p. 219) ou **Fat Coco** (p. 219), à Pattaya, afin d'échapper au côté sordide de la Walking Street.

Savourez un cocktail près de la piscine au **Shambhala** (p. 219), lieu tendance de Ko Chang. Il allie belle vue et danses au son des DJ au crépuscule.

■ **By Dan Buri, DJ et producteur de musique,** *Instagram @danburi, Soundcloud soundcloud.com/dan-buri*

Fêtes au bord de l'eau

LE SABLE ET LA MER POUR PROFITER DES FÊTES TRADITIONNELLES

Rien n'est comparable à la côte est pour assister à une fête traditionnelle thaïlandaise. Songkran (Nouvel An) et Loi Krathong (fête des Lanternes flottantes) revêtent une signification particulière pour les petites communautés du littoral. Vous pourrez participer aux célébrations aux côtés des Thaïlandais.

À gauche Fête de Songkran, Chiang Mai **Au milieu** Festivités de Songkran, Pattaya
À droite Moine, Wat Khlong Phrao

REDHATZ69/SHUTTERSTOCK ©

Les merveilles de Loi Krathong

Le golfe est un endroit formidable pour assister à une autre fête sur l'eau : Loi Krathong (Yi Peng). À cette occasion, les habitants confectionnent (ou achètent) de petits paniers tressés, les ornent de bougies, de bâtonnets d'encens et de fleurs, puis se rendent jusqu'au plan d'eau le plus proche, font des vœux et déposent leurs *krathongs* sur l'eau. Il est aussi courant de lâcher des lanternes célestes (bien que cette tradition soit plutôt originaire du Nord).

Faire flotter un *krathong* constitue un rituel : plus il y en a sur l'eau, plus c'est romantique. C'est une activité appréciée des familles et des couples. Ne soyez pas surpris d'assister à des demandes en mariage (Loi Krathong s'apparente à la Saint-Valentin pour les tourtereaux thaïlandais).

Les festivités de Songkran

Chaque année en avril, Songkran (Nouvel An thaïlandais) est célébrée durant trois jours fériés par des batailles d'eau et des bénédictions rituelles. Les aspersions d'eau sont censées vous laver de vos péchés et vous porter chance.

Pattaya et Bang Saen organisent des fêtes bruyantes avec force scènes géantes, feux d'artifice et concerts. Les plages sont envahies de fêtards armés de radiocassettes et de pistolets à eau géants. Dans les rues, la liesse est générale : les gens sont assis sur le hayon des pick-up et s'aspergent d'eau.

Le talc dont on s'enduit le visage rappelle la craie que les moines utilisent pour la bénédiction : si une personne du sexe opposé vous en étale sur les joues, c'est que vous lui plaisez.

Prisée par les Thaïlandais, Bang Saen allie batailles d'eau et prières bouddhistes. Dans les temples locaux, les moines psalmodient et recueillent des aumônes de riz frais. Les

GURKAN ERGUN/SHUTTERSTOCK ©

U_PHOTO/SHUTTERSTOCK ©

fidèles lavent les statues de Bouddha et les ornent de feuilles d'or. L'événement donne lieu à un grand concours de châteaux de sable au cours duquel des stupas et pagodes sont édifiés.

Manuel de survie pour Songkran

Achetez un sac en plastique spécial pour que votre argent, votre téléphone et vos affaires restent au sec (vous serez mouillé !). Les épiceries et les marchands de rue en vendent.

Réservez ! La côte est une destination de vacances pour les Bangkokiens qui cherchent à échapper à la touffeur et au tohu-bohu de la capitale. Les prix des chambres grimpent.

> Les plages sont envahies de fêtards armés de radiocassettes et de pistolets à eau géants.

La circulation devient chaotique, mieux vaut marcher. Vous serez aspergé, que vous circuliez à moto ou non.

Célébrer la durabilité

Si vous choisissez de participer à Songkran ou Loi Krathong, restez soucieux de l'écologie. Les deux fêtes génèrent de nombreux détritus qu'il est possible d'éviter.

Fêtez Songkran au bord de la mer et **puisez l'eau directement** dans celle-ci (à Bangkok les bouteilles d'eau en plastique s'accumulent dans les rues).

Évitez les lanternes qui s'enflamment et nuisent à la faune et à son écosystème.

Faites flotter un *krathong* en feuilles de bananier et non en polystyrène.

Sur la plage Ao Salak Phet à Ko Chang, une nouvelle tradition est apparue. Elle consiste à utiliser des **krathongs en noix de coco**. Celles-ci jonchent de toute façon le sol de l'île.

Autres cérémonies sur l'eau

À Ko Chang, le **Wat Khlong Phrao**, situé près de Klong Prao Beach, est le principal temple de l'île lors des fêtes.

Wat Phra Sing est prisé par les habitants de Ko Mak lors de Songkran. La fête débute chaque année par une procession qui part du temple. Une représentation sacrée de Bouddha est transportée dans toute la ville et arrosée d'eau.

Participez aux prières au **Wat Phra Yai** (p. 216), qui se dresse au sommet d'une colline à Pattaya. Au crépuscule, les dragons de l'escalier et les bouddhas dorés (y compris le principal de 18 m de haut) donnent à la scène une tout autre dimension.

36 Un creuset CULTUREL

HISTOIRE | ARCHITECTURE | ART

Dans le quartier historique au bord de l'eau de Chanthaburi, les édifices restaurés et les jolis boutiques et restaurants témoignent d'un mélange unique d'influences thaïlandaise, chinoise, française et vietnamienne. Une courte promenade vous fera découvrir son charme surprenant.

SUMETH ANU/SHUT

Sites culturels à ne pas manquer

Admirez l'architecture sino-portugaise en brique (notamment les finitions tarabiscotées).

Le rez-de-chaussée de l'hôtel **Baan Luang Rajamaitri** (p. 216) abrite un musée gratuit présentant photos et archives.

Devant la **cathédrale de l'Immaculée-Conception** (sur la photo ; p. 216) se dresse une statue de la Vierge incrustée de plus de 200 000 saphirs.

Feuille de route

Circuler Le quartier historique se visite facilement à pied. Louez un vélo pour explorer les cascades des parcs nationaux et les villages de plage voisins.

Quand Profitez à la fois de l'ambiance paisible du quartier historique et des spécialités locales durant les 10 jours de la **fête du Fruit** de Chanthaburi (fin mai à début juin).

Où loger Des auberges soigneusement restaurées tels que **Baan Luang Rajamaitri** ou **Tamajun Hotel** disposent de chambres avec parquet et belle vue sur le fleuve.

01 Mangez des nouilles au bord de l'eau dans une vieille *shophouse* au **Tom Yum Sen** (p. 219), dont la soupe de poisson *tom yum* est fameuse. De l'autre côté du pont, **Je Eed** (p. 218) concocte des nouilles aux fruits de mer et **Che Noy** (p. 218) des nouilles au porc.

02 La région est connue pour ses expressos et ses gâteaux maison. Allez dans l'un de ses cafés modernes et climatisés, comme le **Sweet at Moon** (p. 219) ou le **C.A.P.** (p. 219).

03 Le **Wacko Cafe** (p. 219) prépare des burgers, et aussi des tacos, à déguster dans un décor inhabituel avec terrasse rétro et tabourets de bar surplombant le fleuve.

04 Le restaurant du **Tamajun Hotel** (p. 218) sert de la cuisine thaïlandaise sur une terrasse truffée de photos avec déco vintage, au bord du fleuve. Il y a parfois des concerts en soirée.

05 Au dessert, goûtez une glace. **Rocket Ice Cream** vend des sucettes glacées parfumées au thé et au citron vert. Qui aime la glace au durian ?

37 MARCHÉS traditionnels

VILLAGES | SHOPPING | ALIMENTATION

Les marchés sont une composante de la vie quotidienne. Jadis plaque tournante du négoce et du transport avec le Cambodge et d'autres régions du pays, la côte est de la Thaïlande demeure très commerçante. L'ambiance n'est pas celle des marchés tentaculaires de Bangkok, mais plutôt celle, conviviale, du bord de mer avec des marchands accueillants et des prix plus doux.

SARAYUTH3390/SHUTTERSTOCK ©

En pratique

Circuler Les marchés se tiennent en général au centre des villages, hormis ceux de poisson (au bord de l'eau).

Quand Certains sont ouverts seulement la nuit ou le week-end. Renseignez-vous sur place.

Comment marchander
Demandez le prix et proposez moitié moins pour obtenir un tarif intermédiaire. Pas de marchandage pour les produits alimentaires.

Se rendre au Cambodge
Chaque jour des minibus et des *songthaew* relient Chanthaburi à Ban Pakard, à la frontière.

KHWANJAI WANNASOOK/SHUTTERSTOCK ©

À gauche, en haut Bazar de nuit de Pattaya **En dessous** Marché aux pierres précieuses

Bordant le Cambodge à l'ouest, cette partie du golfe de Thaïlande fut autrefois un haut lieu du commerce et des transports, d'où ses nombreux marchés animés qui révèlent son caractère.

Durant des décennies, Chanthaburi fut le cœur historique de l'extraction et du négoce des pierres précieuses en Thaïlande et au Cambodge. Dans les collines alentour, les saphirs et les rubis étaient polis, puis acheminés jusqu'aux palais royaux et au-delà. Aujourd'hui, la ville n'est plus un centre de commerce majeur, mais son **marché aux pierres précieuses** (Gem Market ; p. 218) reste inégalé (bien que les pierres viennent désormais surtout de l'étranger). Géré par des négociants thaïlandais et chinois depuis plusieurs générations, il se tient le week-end.

La plupart des villages de pêcheurs du littoral possèdent aussi leur marché, plus ou moins grand, spécialisé dans le poisson et les fruits de mer, les articles de confection, la cuisine de rue ou tout en même temps. Cependant, pour faire du shopping, il suffit d'aller à Pattaya ou Ko Chang. Pattaya, l'une des destinations thaïlandaises comptant le plus d'expatriés, comprend plusieurs marchés nocturnes, notamment le **bazar de nuit de Pattaya** (p. 218) et le **marché du week-end** (les plus animés), ainsi que de petits marchés de quartiers comme le **Tree Town** (p. 218), **Rompho** et le **marché nocturne de Jomtien**.

À Ko Chang, vous trouverez des marchés comme le **Night Food Market** et le **Street Food Market** le long du littoral ouest.

Shopping à gogo

Les marchés au bord de l'eau, comme le **marché au poisson du canal Nong Bua** à Chanthaburi et le **marché au poisson d'Ang Sila**, offrent une abondante pêche du jour. Il est possible de faire griller vos fruits de mer et crustacés sur place.

Ko Chang, Trat et Pattaya comptent tous de magnifiques marchés de nuit de taille moyenne proposant cuisine de rue, en-cas, vêtements, bibelots et fréquemment des spectacles.

38 Les charmes DE LA CÔTE

PLAGES | VILLAGES DE PÊCHEURS | POISSON

Dans l'est de la Thaïlande, tout le monde peut profiter d'un coin de littoral. Désertes ou animées, s'étirant à perte de vue, les plages, souvent immenses, sont propices aux longues balades au crépuscule ou aux séances de bronzage. Elles sont émaillées de villages de pêcheurs : ne manquez pas d'aller déguster des produits de la mer frais dans un restaurant sur pilotis.

TANAPAT LEK.JIW/SHUTTERSTOCK ©

En pratique

Circuler Les moyens de transport entre les plages et les villages peuvent être rares. Louez un scooter pour avoir plus de liberté.

Quand de novembre à mars.

Au restaurant Les prix des produits de la mer frais vendus en général au kilo varient selon la pêche. Pour éviter les surprises au moment de la note, demandez les tarifs au serveur s'ils ne figurent pas sur la carte.

TANATE PHUEAKKWANNAK/SHUTTERSTOCK ©

Villages de pêcheurs

Au nord de Bang Saen, **Ang Sila** est réputé pour ses ustensiles en granit (mortiers et pilons thaïlandais) et ses fruits de mer – crevettes, crabes des palétuviers et moules.

Parmi les villages restés comme figés dans le temps de Ko Chang, citons **Ban Bang Bao**, très touristique, avec ses nombreux restaurants de poisson, et **Ban Salak Phet**, où il n'y a pas grand-chose à faire sinon flâner sur le quai ou embarquer pour un trek dans la jungle voisine.

Pour vous régaler de produits de la mer, allez à **Ao Yai** sur l'île de Ko Kut. Les restaurants sur pilotis y servent la pêche locale. Si cela vous dit, goûtez du homard à tête plate et des pétoncles.

IAMNOONMAI/SHUTTERSTOCK ©

Des plages de sable blanc

La plage la plus connue de la région est la bien nommée **White Sand Beach (Hat Sai Khao)**

Des expériences uniques

Les familles et les amoureux de la nature passeront une journée au **Mangrove Forest Conservation Centre** d'Ang Sila. Ils pourront explorer la jungle en allant dans une ferme ostréicole, en skiant dans la boue (un sport local), en plantant des palétuviers et en nourrissant des macaques dans une mangrove.

À gauche, en haut Ban Bang Bao
En dessous mortiers et pilons en granit
Ci-dessus Passerelle dans la mangrove

de Ko Chang, bondée et très touristique. Sa partie nord plaira davantage aux baroudeurs.

Avec seulement deux bons *resorts*, **Ao Kao Beach** sur Ko Mak est plus paisible. Quant à **Ao Pra**, elle est peu développée et difficile à atteindre.

Si pour vous la quantité prime, la côte ouest de **Ko Kut** est ourlée de longues étendues de sable ivoire. Un nombre croissant de plages sont payantes sauf pour les clients des *resorts*. **Hat Khlong Chao, Ao Noi, Ao Prao** et **Ao Tapao** comptent parmi les plus belles.

Un dîner sur la plage

À Pattaya, le **Glass House** (p. 219), situé sur la plage de Jomtien, permet de savourer des plats thaïlandais au cours d'un repas romantique aux chandelles.

Plus animé, l'**Oodie's Place** (p. 219) est une institution à Ko Chang. Les *farang* (Occidentaux) aiment sa cuisine thaïlandaise et internationale, et ses musiciens de blues.

Des îles de rêve

Jadis retraite balnéaire royale, **Ko Si Chang** mérite une excursion d'une journée pour son ambiance de village de pêcheurs et ses spécialités culinaires à base de produits de la mer. Outre ses baies avec leurs bateaux de pêche et leurs curieux matériels pour attraper les calamars, elle comprend deux sites intéressants : le **Phra Chudadhut Palace**, ancien palais de style victorien en teck doré, et le **Chao Pho Khao Yai** (p. 216), un temple sino-thaïlandais.

L'île est accessible en ferry depuis **Si Racha**, sur le continent. La sauce piquante Sriracha serait originaire de ce village aujourd'hui plus connu pour ses restaurants de sushis et ses bars à karaoké attirant les Japonais travaillant dans les zones industrielles.

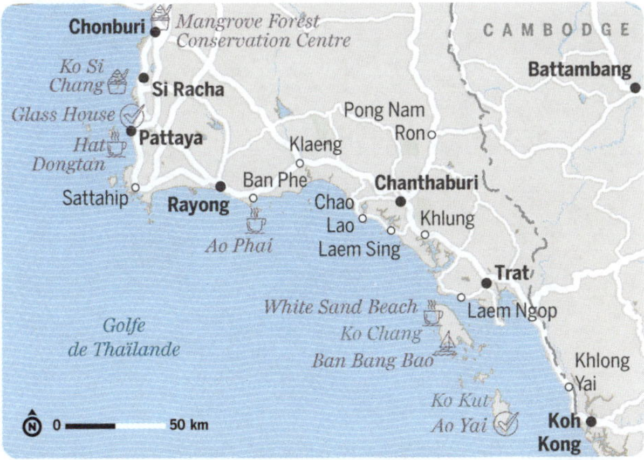

À gauche Île de Ko Kut
Ci-dessous Glass House sur la plage de Jomtien, Pattaya

De nombreux *resorts* de Ko Samet organisent des barbecues sur la plage et des spectacles pyrotechniques. C'est très couleur locale (bien que ce soit un peu touristique). L'ambiance romantique du restaurant **Kitt & Food** (p. 219), baigné par les vagues, est plus agréable.

Des plages aux couleurs arc-en-ciel

L'est de la Thaïlande réserve un bon accueil à la communauté LGBTIQ+ et fait preuve de tolérance. On y trouve quelques plages *gay-friendly*.

À Pattaya, **Hat Dongtan**, partie nord de la plage de Jomtien, est prisée par les touristes gay.

Silver Sand, *resort* apprécié de la communauté gay, se trouve sur **Ao Phai**, plage de sable blanc de taille modeste mais jolie de Ko Samet. Elle possède un formidable bar-restaurant de plein air.

Plages secrètes

La minuscule plage de **Khlong Kloi** sur Ko Chang est animée sans être trop touristique avec ses pensions et son restaurant tout simple perché en haut d'un arbre.

L'île de Ko Samet compte des plages épargnées par la foule : **Ao Thian** où vous boirez de la bière en écoutant de doux accords de guitare, et **Ao Wai**, isolée et délicieusement rustique.

Ko Mak est dans l'ensemble peu connue, mais les personnes en quête de plages totalement désertes partiront de la baie d'Ao Suan Yai, au nord-ouest, et loueront une moto pour découvrir celles de l'est et du nord-est, comme **Ao Nid** et **Ao Tan**.

39 Délicieuses eaux CRISTALLINES

SNORKELING | KAYAK | ÎLES

N'hésitez pas à explorer les criques sinueuses et les baies de l'est du golfe, ainsi que les îles réputées pour leurs eaux cristallines, la diversité de leur vie sous-marine et leurs récifs coralliens. La disponibilité des moniteurs fait des activités aquatiques, notamment du snorkeling et de la plongée, l'un des atouts de la région, qui compte des sites pour les plongeurs confirmés et débutants.

DUDAREV MIKHAIL/SHUTTERSTOCK ©

En pratique

Circuler Les tour-opérateurs assurent le transfert entre l'hôtel et la plupart des sites.

Quand D'octobre à décembre quand la mer est la plus calme. Nombre de boutiques de plongée restent ouvertes durant la mousson (mai à octobre), mais la mer et la visibilité laisseront sans doute à désirer.

Coût Comptez au moins 3 000 B pour une journée de plongée et environ 15 000 B par personne pour un brevet PADI ou d'autres certificats.

BIRDPITS/SHUTTERSTOCK ©

Plongée et snorkeling

Ko Chang offre le plus grand et le meilleur choix de sites de plongée du **parc national maritime de Mu Ko Chang**. Les plus aventureux apprécieront aussi les récifs coralliens proches de Ko Mak et Ko Kut.

Hin Luk Bat et **Hin Rap** sont deux monts sous-marins prisés pour les variétés de poissons et de tortues qu'il est possible d'y voir.

À **Hin Gadeng** et **Hin Kuak Maa** (le récif aux trois doigts), les véritables joyaux sont les récifs coralliens et les formations rocheuses spectaculaires.

Les eaux peu profondes de **Ko Yak**, **Ko Tong Lang** et **Ko Luan** permettent aux débutants d'admirer une myriade de poissons et de coraux.

Ko Wai, au large de Ko Chang, est une petite île propice au snorkeling. Essayez d'y passer une nuit pour voir les coraux avant les excursionnistes venus pour la journée.

MAEMANEE/SHUTTERSTOCK ©

Un coup de pouce pour l'environnement

Trash Hero, organisation bénévole internationale qui nettoie les plages, est très active à Ko Chang. Allez sur sa page Facebook (www.facebook.com/trashherokohchang) pour savoir comment lui prêter main forte et ôter les nombreux détritus échouant sur le rivage.

À gauche, en haut *HTMS Chang* (p. 212)
En dessous Éponge géante, Mu Ko Chang
Ci-dessus Parc national maritime de Mu Ko Chang

Près de Pattaya, **Ko Samae San** est une belle île faisant partie d'un projet royal de préservation de la nature. Le snorkeling y est excellent.

Ko Phe et **Ko Rayang**, au large de Ko Mak, se distinguent par leurs récifs coralliens et leurs impressionnants rochers.

Sensations fortes

Sur la côte est du golfe, **Pattaya** et **Ko Chang** sont idéales pour pratiquer des sports nautiques, notamment le parachute ascensionnel, le scooter des mers et le Jet-Ski.

Le Jet-Ski est très populaire à Pattaya, qui accueille chaque année la Coupe du monde de la discipline.

Activités dans la baie

À Ko Samet, les activités sont concentrées dans les baies et près des promontoires rocheux. Au programme : paddle (SUP),

Trésors sous-marins

Vous ne verrez pas seulement des bancs de poissons : Ko Chang est aussi réputée pour ses épaves. La plus grande de Thaïlande, le **HTMS Chang**, est un bateau thaïlandais de 100 m intentionnellement coulé en 2012 pour créer un récif artificiel. Il abrite à présent une vie sous-marine très diverse.

L'épave du **HTMS Thonburi**, qui a sombré après un combat naval entre la Thaïlande et la France en 1941, est bien connue des plongeurs (mais difficile à voir en raison de la vase).

Une canonnière, également coulée à dessein, gît près de la côte de Hin Rap dans le parc maritime. Elle est facilement visible.

À gauche Parachute ascensionnel, Pattaya **Ci-dessous** Kayak, Ko Lan

planches à voile, pêche aux calamars et à la ligne, ainsi que plongée et snorkeling.

Les petites îles rocheuses proches telles que **Ko Ku Dee** et **Ko Thalu** (aussi incluses dans le parc national de Khao Laem Ya/Mu Ko Samet) sont tout indiquées pour des balades en bateau privé ou des sorties de pêche.

À Pattaya, allez en ferry sur la minuscule île de **Ko Lan** pour un après-midi de banana-boat.

Kayak

Les eaux calmes baignant **Ko Mak**, **Ko Kut** et **Ko Chang** se prêtent à la pratique du kayak. Certains hôtels en mettent à disposition gracieusement.

À Ko Chang, **KayakChang** et **SEA Kayaking** (p. 217) proposent de bons équipements et des excursions de plusieurs jours en kayak. Certains tour-opérateurs de Ko Chang et Ko Mak louent aussi des kayaks à fond transparent.

Salak Khok Kayak Station (p. 217) permet une expérience axée sur l'écologie unique en son genre. À bord de kayaks, vous sillonnerez les mangroves d'**Ao Salak Khok** et verrez des villageois travailler dans leurs maisons ou labourer. Ce projet vise à protéger la nature et le mode de vie traditionnel.

Vous ferez aussi une agréable sortie en louant un kayak à **Hat Tham Phang**, sur Ko Si Chang, pour gagner Ko Khang Khao (45 minutes de kayak).

40 La folie des parcs À THÈME

BAIGNADE | PLEIN AIR | FAMILLE

À seulement deux heures de route de Bangkok, Pattaya possède des parcs aquatiques et des parcs à thème. Toboggans en tout genre, montagnes russes et attractions : les parcs permettent de nombreuses activités quand la mer laisse à désirer. Ils sont surtout destinés aux familles, mais comprennent aussi des piscines et des bars réservés aux adultes.

En pratique

Circuler Louez un taxi à Bangkok avec un forfait (1 500 B depuis le centre, 1 110 B depuis l'aéroport Suvarnabhumi, plus les frais de péage).

Quand Il fait doux et ensoleillé à Pattaya de novembre à février.

À emporter Un parapluie et une veste au cas où, et une serviette (ou louez-en une).

Coût Le billet d'entrée permet seulement d'accéder aux attractions. Réduction pour les étudiants et les seniors sur présentation d'une pièce d'identité.

Parcs aquatiques

Plus les parcs sont grands, plus on s'amuse, c'est la philosophie de Pattaya.

Leurs nombreux toboggans, piscines à vagues et bassins de flowriding permettent de s'amuser dans la journée (et de dormir comme un loir la nuit). **Ramayana** (p.217) est le plus grand parc du pays (et l'un des plus vastes d'Asie) avec ses 18 ha comprenant aussi des aires de jeux ombragées et des sections pour adultes. Grâce à un système de filtration perfectionné, l'eau y est potable – à la différence de l'eau du robinet en Thaïlande.

Columbia Pictures Aquaverse est le premier parc aquatique du studio de cinéma. Les toboggans et parcours évoquent les sujets et les personnages des films de la société de production américaine. **Pattaya Park** et **Dream World** conjuguent avec brio les plaisirs d'un parc aquatique et d'un parc d'attractions avec leurs montagnes russes (le premier a en outre privatisé une partie de la plage de Jomtien).

FOTOGRIN/SHUTTERSTOCK ©

Partant pour une poussée d'adrénaline ?

Sautez de la plus haute tour de Pattaya, ou faites un parcours en tyrolienne ou en téléphérique depuis le 55e étage au **Pattaya Park**. Si c'est au-dessus de vos forces, allez sur la plateforme d'observation ou dînez dans le restaurant tournant.

Méli-mélo géant de virages, le **Slalom** du Pattaya Park est une montagne russe des plus étranges et délirantes. Attention, vous risquez de vous retrouver la tête en bas !

Laissez-vous propulser (si vous osez) ! AquaLoop and Freefall, une des attractions les plus impressionnantes de **Ramayana**, vous expédie à vive allure dans un bassin en passant par un tuyau.

Parcs à thèmes culturels

Vous n'avez pas envie de vous mouiller ? Les parcs à thème tels que **Legend Siam** et **Mini Siam** présentent l'histoire de l'ancien royaume du Siam. Le **Nong Nooch Tropical Garden** regroupe un centre sur la génétique des semences et un jardin de plantes tropicales.

Préparez-vous à passer la journée dehors. De nombreux parcs offrent aussi des spectacles et des démonstrations. Le prix du billet ne couvre pas les repas, mais l'offre culinaire est excellente et peu onéreuse : vous avez souvent le choix entre un buffet thaïlandais ou un *food court* traditionnel avec de nombreux stands.

Ci-dessus Tyrolienne de Pattaya Park

Carnet d'adresses

Les grands classiques (p. 194)

Chanthaburi

(Chanthaboon Waterfront Community ; Th Sukhaphiban)

Ko Chang

(www.koh-chang-guide.com)

Ko Kut

(police touristique ; 1155, 039 525745 ; 24h/24)

Ko Samet

(police touristique ; 1155, 24h/24)

Pattaya

(TAT ; 038 428750 ; www.tourismthailand.org ; 609 Th Phra Tamnak ; 8h30-16h30)

Trat

(police touristique ; 1155 ; 24h/24)

Spiritualité et culture

Baan Luang Rajamaitri

Voir p. 202. (66 88-843-4516 ; www.baanluangrajamaitri.com/en ; 252 Sukhaphiban Road, Watmai, Chanthaburi)

Cathédrale de l'Immaculée-Conception

Voir p. 202. (110 Chanthanimit, Chanthaburi ; 9h-12h et 13h-15h lun-sam, 11h-15h dim)

Chao Pho Khao Yai

Voir p. 208. (thailandtourismdirectory.go.th/en/attraction/3229 ; au sommet de la colline Kayasira, Ko Si Chang ; 4h-16h)

Temple de l'Empreinte de Bouddha (Wat Phra Phutthabatsi)

Voir p. 197. (en retrait de la Hwy 1, Saraburi, près de Lopburi ; lever-coucher du soleil)

Wat Phra Yai

Voir p. 201. (Grand Bouddha, au sommet d'une colline entre Jomtien et Pattaya-Sud)

Parcs nationaux

Parc national de Khao Chamao-Khao Wong

Voir p. 197. (www.thainationalparks.com/khao-chamao-khao-wong-national-park ; adulte/enfant 200/100 B ; 8h30-16h)

Parc national de Khao Khitchakut

Voir p. 197. (66 39 452074 ; www.thainationalparks.com/khao-khitchakut-national-park ; adulte/enfant 200/100 B ; 7h30-16h30)

Parc national de Khao Laem Ya/Mu Ko Samet

Voir p. 197. (66 3865 3034 ; www.tourismthailand.org/ ; adulte/enfant 200/70 B ; 8h-18h)

Parc national de Mu Ko Chang

Voir p. 197. (www.thainationalparks.com/mu-ko-chang-national-park ; adulte/enfant 200/100 B ; 24h/24)

Parc national de Namtok Phlio

Voir p. 197. (66 3943 4528 ; www.tourismthailand.org/ ; adulte/enfant 200/100 B ; 8h30-16h30 lun-ven, 8h-17h sam-dim)

Se divertir

Fly to the Moon

Voir p. 199. (www.flytothemoon.space ; Ko Mak ; fin décembre-2 janv)

LAUNGLENGTH/SHUTTERSTOCK ©

Ploy Talay la nuit

Ramayana Water Park

Voir p. 214. (☎66 3300 5929 ; www.ramayanawaterpark.com ; 9 Moo 7, Ban Yen Rd, Sattahip Chon Buri, adulte/enfant 999/759 B)

Siam Country Club

Voir p. 199. (siamcountryclub.com/ ; 390 Moo 9, Pattaya Sai 2 Road, Nongprue)

Observer les passants à Ko Samet

Audi Bar BB

Ce bar à l'étage est parfait pour observer les passants. Quand les fêtards quittent les pistes de danse de la plage, prenez un digestif et jouez au billard. (☎66 97 217 5816 ; 23/2 Moo 4 Phe, Ko Samet ; 16h-4h)

Naga Bar BB

C'est un bar de plage idéal pour regarder les baroudeurs se divertir durant l'happy hour. Ne soyez pas surpris de finir vous-même, le corps peinturluré, sur une piste de danse. (www.facebook.com/kohamednagabar)

Ploy Talay BB

C'est le restaurant le plus animé de Hat Sai Kaew. Savourez une bière froide servie sur une table basse, assis sur des coussins et en regardant un spectacle pyrotechnique. (☎66 38 644 212 ; 82 Moo 4, hat Sai Kaew, Ko Samet)

Activités sous-marines

BB Divers

Ce prestataire de plongée se trouve derrière le Ko Mak Resort (où la plupart des bateaux accostent). Bonnes sorties de snorkeling et de plongée pour les débutants. (☎66 92 60 222 60 ; www.bbdivers-koh-mak.com/fr ; 63/6 Moo 1, Koh Kood, Ko Mak ; journée de plongée 3 500 B)

Dive Seacret

Prestataire de plongée de Baan Ko Mak offrant des sorties de snorkeling à prix correct (déjeuner et équipement inclus) jusqu'à quatre îles (Ko Yak, Ko Kra, Ko Hin Bai et Ko Rung). (www.baan-koh-mak.com ; 17/1 Moo1, Koh Mak district, Koh Kood ; sortie snorkeling 1 000 B)

Koh Mak Divers

Cette école de plongée de Ko Mak organise des sorties jusqu'à des sites au large de Ko Mak et dans le parc national maritime de Ko Chang. Il prépare aussi au brevet PADI. (☎66 8 329 777 24 ; www.kohmakdivers.com ; 59/4 Wong Si Ri Road, Ko Mak ; journée de plongée 2 700 B)

Joies du kayak à Ko Chang

KayakChang et SEA Kayaking

Voir p. 213. (southeastasiakayaking.com ; 4/5 Moo 4 ; excursion d'une journée 5 000 B)

Salak Khok Kayak Station

Voir p. 213. (☎66 831156566 ; www.thespakohchang.com/kayak-station ; 15/4 Moo 4)

Bénévolat

Animal Voice Koh Chang

Dans ce sanctuaire à but non lucratif créé par un vétérinaire local, les bénévoles peuvent nourrir et promener les chiens errants. (☎66 61 480 1644 ; www.animalvoicekohchang.com ; 33/32 Moo 3 Klong Son, Ko Chang)

Cambodian Kids Care Center

Participez à un stage ou un projet éducatif dans ce centre de Ko Chang qui s'occupe des enfants cambodgiens immigrés. (☎66 85 994 5101 ; www.facebook.com/CambodianKidsCareCenter ; 20/2 Moo 4, Klong Prao Amphoe)

Centre de protection des tortues de Rayong (Sea Turtle Conservation Center)

Voir p. 197. (www.tourismthailand.org/Attraction/ko-man-nai ; île de Ko Man Nai)

Koh Chang Animal Project

Grâce à de menus travaux, aidez ce centre à but non lucratif qui recueille les animaux maltraités, blessés ou abandonnés. Vétérinaires et auxiliaires vétérinaires bienvenus. (☎66 89-042-2347 ; www.kohchanganimalproject.org ; 45/6 Moo 3 Klong Son Village, Koh Chang)

Cours de cuisine

Blue Lagoon

Pilonnez votre propre pâte de curry dans la cuisine en plein air de ce petit *resort* écologique de Ko Chang, puis goûtez les plats dans une maison en bois sur pilotis. (☎66 089 515 4617 ; kohchang-bungalows-bluelagoon.com/fr ; 30/5 Moo 4 Klong Prao, Ko Chang ; cours 2 000 B ; ⏲cours de cuisine 10-14h ou 18h-21h)

Ka-Ti Culinary Cooking School

Cette école de cuisine de Ko Chang fait partie de l'excellent restaurant attenant. Vous pouvez apprendre à faire les recettes des plats qui y sont servis. (☎66 81 903 0408 ; www.facebook.com/Katiculinarykohchang ; 48/7 M.4 Klong Prao, Ko Chang ; cours 1 500 B)

Napalai Thai Cooking School

Apprenez à concocter des soupes, des salades et des currys. Repartez avec de nouvelles techniques et le souvenir de la bonne humeur du chef Bunny. (☎66 87 301 7996 ; www.facebook.com/KohchangNapalaithaicookingschool ; 53/4 M.4 T. Koh Chang, Ko Chang ; cours 1 000-1 200 B)

Fascinants marchés

Bazar de nuit de Pattaya

(☎66 3 842 3345 ; 519/106 Moo 10, Nongprue, Banglamung ; ⏲11h-minuit)

Marché aux pierres précieuses

Voir p. 205. (Th Si Chan et Trok Kachang, Chanthaburi ; ⏲9h-18h ven-dim)

Tree Town

Voir p. 205. (treetown.net ; 502, 19 Soi Buakhao, Pattaya ; ⏲17h30-2h)

Restaurants thaïlandais

Cabbages and Condoms BBB

Dans cette antenne de la fameuse institution de Bangkok à Pattaya, vous trouverez des statues faites avec des préservatifs, une bonne cuisine thaïlandaise et une jolie terrasse en bois. (☎66 86 100-5826 ; www.cabbagesandcondoms.com ; 366/11Moo 12, Soi 4, Phratamnak Rd, Pattaya ; ⏲7h-23h tlj)

Leng Kee BB

Ce restaurant sino-thaïlandais populaire de Pattaya sert du canard laqué et des produits de la mer qui font saliver. Ouvert 24h/24. (☎66 38 426291 ; www.lkpattaya.com/lengkee ; 341/3-6 M.9 Central Pattaya Rd., Pattaya)

Mum Aroi BB

Ce restaurant d'un village de pêcheurs est un must. Regardez les bateaux en dégustant le fameux *plah mèuk nêung ma now* (poulpe cuit à la vapeur avec du jus de citron vert). (☎66 3822-3252 ; Soi Naklua 4, Naklua, Pattaya)

Tamajun Hotel

Voir p. 202. (☎66 98 968 6111 ; www.facebook.com/TamajunHotel/ ; 248 Benchamarachuthis Rd, Talat, Chanthaburi)

Festins de la mer à Ko Kut

Chaiyo Restaurant BB

Ce charmant restaurant tenu par un couple thaïlandais occupe un bungalow. Les crevettes au curry sont un délice. (☎66 91 243 2617 ; www.facebook.com/Chaiyokohkood/ ; ⏲8h-22h)

Chonthicha Seafood BB

Des mets appétissants et une ambiance cosy de village de pêcheurs. Un lieu addictif. (☎66 84 348 4992 ; Ao Yai, Ko Kut ; ⏲9h-21h)

Fisherman Hut BB

Steaks, produits de la mer et burgers avec en sus des concerts sensationnels. (☎66 92 494 3600 ; www.facebook.com/thefishermanhutkohkood/ ; 53/1 Moo 2, Ko Kut ; ⏲9h-22h)

Noochy Seafood BB

Préparez-vous à une avalanche de produits de la mer. La pêche du jour arrive de Ko Kut et les portions sont généreuses. (☎66 86 113 3379 ; 5/1 Moo 3 Ao Yai Pier, Ko Kut ; ⏲9h30-21h30)

Délices de Chanthaburi

Che Noy

Voir p. 203. (Wat Mai, Chanthaburi ; ⏲9h-15h)

Je Eed

Voir p. 203. (☎66 39 314 738 ; 44 Sukhaphiban Rd, Tambon Wat Mai, Chanthaburi ; ⏲9h-16h)

Tom Yum Sen

Voir p. 203. (☎66 97 072 3026 ; 125 Sukhaphiban Road Wat Mai, Chanthaburi)

Repas sur la plage

Glass House

Voir p. 208. (☎66 38 255 922 ; www.glasshouse-pattaya.com ; 5/22 Moo 2, Soi Najomtien 10, plage de Jomtien, Pattaya ; 🕘11h-minuit)

Oodie's Place

Voir p. 208. (7/20 Moo 4 White Sands Beach Amphoe, Ko Chang ; 🕘16h-2h)

The Kitt & Food

Voir p. 209. (☎66 38 644 087 ; plage Sae Keaw, Ko Samet)

Cafés douillets

Backstreet House BB

Les fèves de café proviennent du monde entier et sont torréfiées sur place. La terrasse est ombragée et calme. (☎66 64 636 2365 ; backstreet-house-pattaya.business.site ; 570/265 M.5 Northpattaya2/2, Pattaya ; 🕘10h-18h jeu-mar)

C.A.P.

Voir p. 203. (☎66 85 499 6266 ; 161/2 Sukhaphiban Rd, Tambon Wat Ma, Chanthaburi ; 🕘9h-18h tlj)

Shee Va Café BB

Axé sur la musique, ce café possède une collection de vieux vinyles et un piano. Son expresso et ses en-cas sucrés sont délicieux. (146 167 Sukhumvit-Pattaya 75, Pattaya ; 🕘9h-21h lun-mer, 9h-23h30 jeu-ven, 8h30-23h30 sam-dim)

Sketch Book Art Café BB

Ce café sert de bons cafés et smoothies dans un décor douillet et arboré. Du matériel de peinture est en vente. (☎66 64 082 9594 ; 478 938 Thappraya Rd, Pattaya ; 🕘11h-20h tlj)

Sweet at Moon

Voir p. 203. (☎66 85 088 8919 ; 200 Sukhaphiban Rd, Chanthaburi ; 🕘9h-18h tlj)

Wacko Cafe

Voir p. 203. (☎66 84 564 1125 ; 196 Sukhaphiban Rd, Tambon Wat Mai, Chanthaburi ; 🕘11h-22h tlj)

JUSTIN FOULKES/LONELY PLANET ©

Repas de crustacés, Ao Yai

Bars et clubs avec musique

Alexa

Voir p. 199. (☎66 98-275-6112 ; www.alexabeachclub.com ; 37/15 Moo 2, plage de Jomtien Soi 8, Sukhumvit Road, Sattahip)

Fat Coco

Voir p. 199. (☎réservations 66 38-259-500 ; 499 North Pattaya Beach Road. Pattaya ; 🕘9h-22h)

Filou BB

Situé dans la rue principale de Kaibae à Ko Chang, ce restaurant/bar américain chic est réputé pour ses concerts qui débutent vers 21h. (☎66 915 914 221 ; www.facebook.com/filou.kohchang ; 98/5 Moo 4, Kai Bae, Amphoe Ko Chang ; 🕘17h-0h30 mer-sam et lun, 17h-1h30 dim)

Long Tail Bar B

Un bar de Lonely Beach avec du reggae, des seaux de vodka et peut-être des joints, mais méfiez-vous car fumer du haschich reste illégal en Thaïlande. (Lonely Beach, Ko Chang)

Shambhala

Voir p. 199. (☎66 98 402 9926 ; www.shambhalabeach.com/bar ; 07/14 Moo 3, Klong Son, Ko Chang)

Stone Free B

Cette plaisante institution de Lonely Beach (Ko Chang) fait l'impasse sur les DJ et offre des *jam sessions* de bon vieux rock, de blues, etc. (☎66 84 279 8758 ; Lonely Beach ; 🕘8h-1h)

HUA HIN ET LE NORD DU GOLFE DE THAÏLANDE

PLAGES | NATURE | FESTINS DE LA MER

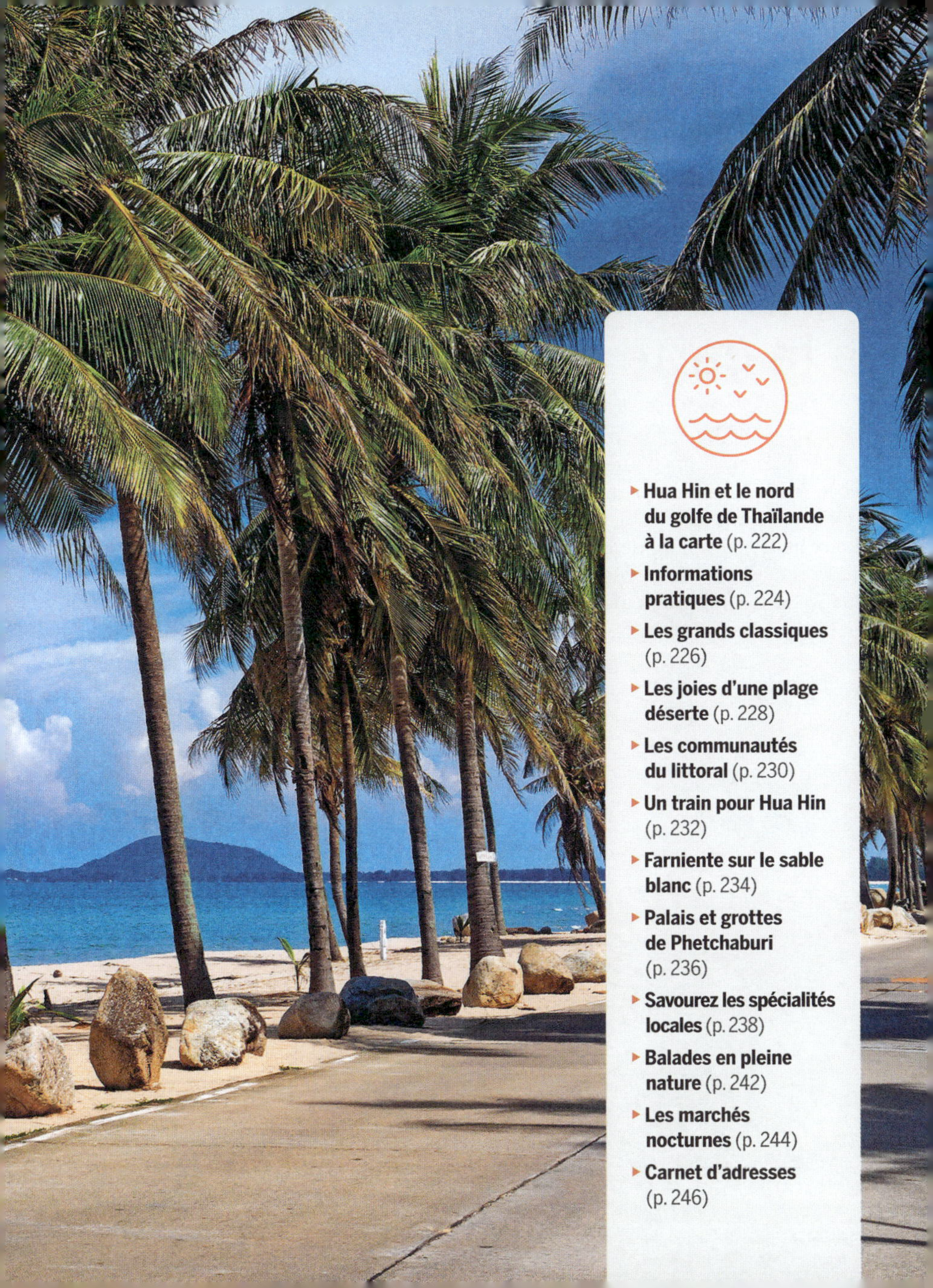

HUA HIN ET LE NORD DU GOLFE DE THAÏLANDE

à la carte

Le soleil, le sable blanc, les fruits de mer, le jus d'une noix de coco fraîche… Les voyageurs pourront découvrir tout cela ici, à seulement deux heures de route de la capitale. Le crabe est tout frais pêché, la bière glacée et les huîtres peuvent avoir la taille de votre main.

Myeik

Regardez les éléphants s'ébattre au **parc national de Kuiburi** (p. 242). *À 1 heure de route de Hua Hin*

Archipel de Myeik

Baignez-vous dans les sources chaudes de **Rakswarin** (p. 243). *À 2 heures de route de Chumphon*

Kawthoung

Ranong

Ko Chang

Ratcha Krut

Ko Phayam

Kapoe

Marchandez sur le **marché de nuit de Phetchaburi** (p. 245).
À 1 heure de Hua Hin
Essayez-vous au **kitesurf** sur la plage de Hua Hin (p. 235).
À 2 minutes du centre de Hua Hin
Mêlez-vous aux habitants à la **gare ferroviaire de Hua Hin** (p. 232).
À 4 heures de Bangkok
Savourez un délicieux crabe au **Sopha Seafood**, à Hua Hin (p. 240).
À 10 minutes du centre de Hua Hin
Lézardez sur une plage déserte à **Ao Manao** (p. 228).
À 2 heures de route de Chumphon
Faites du rafting sur le **Phato** (p. 243).
À 1 heure 30 de route de Chumphon
Ao Krung Thep (baie de Bangkok)
Phetchaburi
Tha Yang
Kheuan Kaeng Krachan
Cha-am
Rayong
Nong Phlap
Hua Hin
Khao Takiab
Khao Tao
Pranburi Dam
Pranburi
Pak Nam Pran
Ban Rai Mai
Bang Pu
Kui Buri
Prachuap Khiri Khan
Dan Singkhon
Ban Nong Hin
MYANMAR (BIRMANIE)
Thap Sakae
Ban Krut
Bang Saphan Yai
Bang Saphan Noi
Lenya
Don Yang
Pathiu
Tha Sae
Chumphon
Kraburi
Pak Nam
Pagyan
Sawi
Isthme de Kra
Thung Tako
Lang Suan
Pha To
Lamae
Tha Chana
Ko Tao
Ko Pha-Ngan
Ko Phaluai
Ko Samui
Golfe de Thaïlande
0
100 km

Informations pratiques

ANTONY MCAULAY/SHUTTERSTOCK ©

À L'ARRIVÉE

Train Les grandes localités sont accessibles en train.

Avion Hua Hin et Pranburi sont à 2 ou 3 heures de route de la capitale, mais il y a aussi des vols pour Ranong et Chumphon.

BUDGET

Bière 90-150 B

Riz gluant à la mangue 120 B

100 ml de crème solaire 290 B

COMMENT CIRCULER

Voiture Il est plus pratique d'en louer une, surtout si vous longez le littoral.

Train Ce mode de transport est plus économique (mais plus lent). Les couchettes de la 3e classe ne sont pas climatisées.

Minibus C'est le mode de transport le plus courant à Hua Hin : économique mais particulièrement bondé.

QUAND

NOV-FÉV
Le nord du golfe est très prisé à la saison froide, il est impératif de réserver.

MARS-MAI
Malgré la chaleur étouffante, la fête de Songkran en avril est toujours amusante.

JUIN-OCT
Les averses sont fréquentes mais courtes : apportez un imperméable léger.

SE RESTAURER ET PRENDRE UN VERRE

Les produits de la mer sont à l'honneur ici, mais Phetchaburi est aussi réputée pour son *kôw gaang* (riz au curry ; photo du haut) ; faites une halte pour le goûter en allant vers le sud.

À Hua Hin, les restaurants servent souvent des desserts au riz gluant et à la noix de coco, mais le *kôw nĕe·o má·môo·ang* (riz gluant à la mangue ; ci-contre) est sans doute le dessert le plus populaire.

Le meilleur curry
Kôw gaang
Jay Muay (p. 248)

Dessert à goûter absolument
Kanom Waan
Pa Prang (p. 249)

EN HAUT : LARISA BLINOVA/SHUTTERSTOCK ©
EN BAS : ALAN SPEDDING/GETTYIMAGES ©

OÙ LOGER

Les hébergements ne manquent pas dans le nord du golfe, mais ce tableau vous indique où trouver les meilleures adresses.

Ville/village	Pour/contre
Hua Hin	La ville, bien desservie, est proche de nombreux sites ; elle est parfois bondée les jours fériés.
Pranburi	Plus calme que sa voisine du nord Hua Hin ; bien située.
Ko Mak	Verte et isolée, mais il n'y a pas d'animation nocturne hormis dans les hôtels ou *resorts*.

RAFRAÎCHISSEMENTS

Dans le nord du golfe de Thaïlande, les jus de fruits et de végétaux sont omniprésents sur de nombreux marchés. Goûtez le *nam grajieb* (jus d'hibiscus), qui est très désaltérant.

EXTARZ/SHUTTERSTOCK ©

SE CONNECTER

La plupart des lieux publics disposent du Wi-Fi, surtout les cafés, mais la connexion est parfois inégale à Chumphon.

ARGENT

Si vous louez les services d'un chauffeur, il est d'usage de prévoir un pourboire de 100 à 500 B par jour, en fonction du nombre d'heures de conduite.

Les grands classiques

Pour les infos pratiques de chaque site, reportez-vous au *Carnet d'adresses* p. 246.

Hua Hin

La plus ancienne station balnéaire de Thaïlande, loin de la carte postale de l'île déserte bordée de palmiers, offre un subtil mélange de ville et de mer, une ambiance cosmopolite, de grandes plages et des infrastructures fonctionnelles.

GETTY IMAGES/HEMERA

Parc national de Kuiburi

À Kuiburi, près du Myanmar, vous êtes presque sûr de voir des pachydermes. On traverse la forêt et les champs où vivent des éléphants, qui, ayant l'habitude de voir des véhicules, ne prêtent plus attention à leur passage. On croise souvent aussi de nombreux gaurs (bovidés sauvages). Un circuit aux allures de safari africain.

SITTITAP/ISTOCK ©

Parc national de Kaeng Krachan

Le plus grand parc national du pays protège une nature sauvage et dense. On y vient principalement pour les papillons et les oiseaux (plus de 400 espèces). Kaeng Krachan occupe un biotope mixte : à la fois méridional et septentrional. Le parc ferme d'août à octobre.

AEE_WERAWAN/ISTOCK ©

Parc national de Khao Sam Roi Yot

De hauts éperons calcaires composent le paysage morcelé et en dents de scie de Khao Sam Roi Yot ("montagne des 300 Pics"). On vient ici pour voir Tham Phraya Nakhon, l'une des grottes les plus impressionnantes de Thaïlande. Cette grotte révérée abrite le pavillon Khuha Kharuehat, une *săh·lah* royale, baignée dans la lumière du matin.

GOODZE/GETTY IMAGES ©

PIERRICK LEMARET/ISTOCK ©

Prachuap Khiri Khan

Depuis quelques années, les visiteurs étrangers découvrent cette ville pleine de charme, aux nombreuses maisons traditionnelles en bois. La large baie d'un bleu turquoise, ponctuée de bateaux de pêche, est surplombée de montagnes calcaires constellées d'anfractuosités, un paysage plus typique du sud de la côte d'Andaman.

ANANDOART/ISTOCK ©

Phetchaburi

Accessible en excursion à la journée depuis Hua Hin, Phetchaburi est un arrêt culturel apprécié pour ses temples, ses anciens palais royaux et ses sanctuaires troglodytiques. Petit bourg provincial peu visité, "Phetburi" constitue en outre une halte pratique sur le chemin de la plage.

41 Les joies d'une PLAGE DÉSERTE

PLAGES | LOCATION DE VOITURE | SOLEIL

Cela peut sembler difficile à croire, mais la Thaïlande possède tant de plages que certaines sont quasiment désertes en semaine quand il fait chaud. Profitez du fait que les Thaïlandais évitent le soleil pour découvrir ces étendues sableuses immaculées, comme si vous étiez seul au monde.

En pratique

Circuler Pour aller d'une plage à l'autre, louez une voiture (rentcarhuahinchaam.com) ou commandez un taxi (huahintaxitravel.com).

Quand Allez-y tôt en semaine pour éviter les UV, mais il n'y a pas grand monde non plus l'après-midi.

Évitez la foule N'y allez pas durant la saison fraîche, si vous préférez les plages désertes.

Protection solaire Apportez un chapeau et de la crème solaire.

Plages méconnues

Juste au sud de la principale rue de Hua Hin, la plage méconnue de **Khao Tao** a tout d'un joyau secret, surtout la nuit quand elle est presque déserte. À l'instar de la plage principale de Hua Hin, elle est recouverte d'un sable blanc et doux paraissant soyeux dans la fraîcheur du soir.

Également délaissée au profit de sa voisine du sud plus glamour, la plage de **Cha-am**, un peu plus au nord, n'est peut-être pas aussi jolie, mais est vraiment moins bondée. Prenez le temps de la découvrir de préférence en semaine (sauf le mercredi) quand il y a moins de monde et que des transats sur le sable sont disponibles.

Plus au sud, **Ao Manao** (Lime Bay, la baie du Citron vert) fait partie d'une base aérienne militaire thaïlandaise. Il n'y règne donc pas la même animation que sur les autres plages. Située comme Ao Manao à Prachuap Khiri Khan, la plage de **Ban Krut** est un croissant de sable doré de 20 km de long peu fréquenté, notamment en semaine.

Lang Suan, ma ville préférée au bord d'une plage déserte

La plage de **Pak Nam Lang Suan** se trouve dans la province de Chumphon, la porte du sud. Éclipsée par des plages plus connues, elle est peu fréquentée malgré ses eaux turquoise.

Pour prendre un café, choisissez l'**Imm. Craft** (p. 248), café qui ne détonnerait pas à Bangkok.

Si vous avez faim, allez tôt au **Mae Cha Liew**, un restaurant de curry. S'il ne reste plus rien à manger, rabattez-vous sur le **Go Liang**, restaurant de poisson réputé pour son bar cuit à la vapeur ou le **Chan's Restaurant** (p. 248), spécialisé dans la cuisine fusion nippo-thaïlandaise.

Par Panisha Chan, *de Bangkok, chef végan de kurrykween.com, Instagram @panisha*

Si vous la longez jusqu'au bout, vous atteindrez **Bang Saphan**, une autre plage paisible bordée de cocotiers et baignée par une mer émeraude.

Enfin, **Ao Noi** (Petite baie), petite plage voisine d'**Ao Prachuab Khiri Khan**, est également digne d'intérêt. Pittoresque et paisible, la baie abrite de nombreux bateaux de pêche. D'ici, les visiteurs peuvent facilement se rendre au **Wat Ao Noi** (p. 246), un temple en teck joliment sculpté, et à **Tham Phra Non** (la grotte du Bouddha couché).

Ci-dessus Plage de Ban Krut

Les communautés du littoral

CE QUE LES CHINOIS DE LA CÔTE ONT APPORTÉ À LA CUISINE THAÏLANDAISE

Les gens voient en général la Thaïlande comme un pays homogène, alors qu'il s'agit en fait d'une mosaïque d'ethnies différentes, chaque communauté étant "thaïe" à sa façon. Le nord du golfe de Thaïlande est la parfaite illustration de cette mixité et sa gastronomie en tire un grand bénéfice.

Page de gauche Chinatown, Bangkok
Au milieu Dim sums
À droite Cuisine de rue, Bangkok

Le nord du golfe de Thaïlande est vraiment un melting-pot — ou un *yum* (salade épicée) si vous le voulez — de communautés arrivées dans le royaume en quête d'une vie meilleure, à la suite de bouleversements dans leur pays. Heureusement pour la cuisine thaïlandaise, un grand nombre de ces arrivants venaient de Chine.

L'arrivée en Thaïlande

Peu de peuples eurent autant d'influence sur la cuisine thaïlandaise que le peuple chinois. Affluant en Thaïlande au milieu du XIXe siècle, les Chinois se disséminèrent dans tout le pays et formèrent des communautés particulièrement actives à Bangkok et le long de la côte, au sud, où les produits de la mer abondaient.

Ils occupèrent les emplois laissés vacants par les Thaïs de souche, ces derniers travaillant majoritairement dans le secteur agricole et la fonction publique. Les Chinois peinèrent dans les mines d'étain et les plantations de caoutchouc au bord du golfe et ouvrirent à Bangkok des restaurants et des stands de cuisine de rue, car leurs logements étaient trop exigus pour cuisiner.

Alors que les Thaïlandais se servaient de marmites en terre cuite, les Chinois utilisaient des woks, ce qui entraîna l'introduction de la friture dans les pratiques culinaires. Ils consommaient non seulement les œufs mais aussi la chair des canards ; ils firent connaître les nouilles ; ils préparaient des soupes avec du bouillon et non des infusions d'herbes. Ils incorporaient les œufs dans des plats salés au lieu de les garder pour les desserts, assaisonnaient les mets avec du vinaigre à la place du jus de citron vert. Ils généralisèrent aussi l'usage des baguettes et du couperet chinois.

PJARUWAN/SHUTTERSTOCK ©

PERCULIAR BOY/SHUTTERSTOCK ©

Mais fait peut-être plus important pour le nord du golfe de Thaïlande, ils faisaient cuire à la vapeur les crabes, les crevettes et les poissons, les accompagnant de sauce soja et de gingembre. Ils confectionnaient des sautés de crabes au curry et aux œufs, ainsi que du riz frit avec du crabe, des crevettes, du poisson salé ou d'autres produits de la mer en vente sur les marchés. C'est une Sino-Thaïlandaise de la côte qui inventa la concoction à base d'ail mariné, de piments et de vinaigre, qui prit plus tard le nom de sauce Sriracha. Ces apports culinaires donnèrent naissance à la "cuisine sino-thaïlandaise de la mer" que des restaurants réputés, comme le Somboon Seafood de Bangkok, proposent, mais que les Thaïlandais considèrent simplement comme la cuisine de la mer.

> Les Chinois… formèrent des communautés particulièrement actives à Bangkok et le long de la côte, au sud, où les produits de la mer abondaient.

Des pâtes "thaïes"

Au XXe siècle, le pays connut une vague de nationalisme qui entraîna l'adoption de lois à l'encontre des Chinois. Les enseignes en chinois furent interdites et les Chinois n'eurent plus le droit de commercer près des écoles. Un concours se tint dans la capitale afin de "thaïlandiser" les nouilles chinoises. Dans le plus pur style thaïlandais, c'est l'épouse d'un ministre du gouvernement qui le remporta en préparant des nouilles sautées au tamarin, au jus de citron vert et au sucre de palme. C'est ainsi que naquit le *pàt thaï* (pad thai), le plat thaïlandais le plus connu – mais qui sans la communauté chinoise n'aurait jamais vu le jour.

Les marchands au bord des routes

En prenant la route qui part de Bangkok en direction du sud, on voit fréquemment des vendeurs sur les bas-côtés. Certains vous font signe de venir voir leurs articles, d'autres fixent l'écran de leur portable. Si vous daignez vous arrêter plusieurs fois, vous constaterez que les articles changent en cours de route, en fonction des communautés qui les confectionnent. Parmi les surprises qui vous attendent, citons le sel de mer récolté par évaporation de l'eau selon une méthode ancestrale, les œufs salés, les bouchées chinoises à la vapeur et les *roti* (crêpes) à la barbe à papa.

42 Un train pour HUA HIN

TRANSPORT | AVENTURE | HISTOIRE

Si vous en avez le temps et l'envie, prenez le train : les quatre heures de trajet de Bangkok jusqu'au nord du golfe sont une excellente occasion de passer un peu de temps avec la population. La convivialité, les arrêts et, bien sûr, les repas, font de ce voyage un moment chaleureux qu'il serait difficile de vivre dans l'ambiance aseptisée d'un aéroport moderne.

FIAT NATTARAT/SHUTTERSTOCK ©

En pratique

S'y rendre Le train part maintenant de la gare Bang Sue, accessible via le MRT (métro).

Quand Hua Hin est plus appréciée durant la saison fraîche, mais sa plage est bien moins fréquentée durant la saison des pluies. Évitez les jours fériés, car elle sera envahie.

Tarif De 44 à 1 000 B, selon la classe.

Plus d'informations Consultez le site thailandtrains.com.

Mode d'emploi

Le royaume dispose d'un chemin de fer depuis la fin du XIXe siècle. Quelques voyageurs se targuent d'avoir traversé en train le pays dans toute sa longueur. Le voyage de Bangkok à Hua Hin n'est pas une aventure aussi éprouvante. Le train du sud ne part plus de la gare Hua Lamphong comme jadis, mais de la gare de Bang Sue, au nord de la capitale. Le trajet, qui dure environ 4 heures, vous fait traverser la région située à l'ouest de Bangkok jusqu'à ce que le train bifurque vers le sud et la Malaisie. Si vous voyagez

Ci-dessus Gare de Hua Lamphong **À droite, en haut** Gare de Hua Hin **En dessous** Café et *patongko*

CASPER1774 STUDIO/SHUTTERSTOCK ©

SOMSIT/SHUTTERSTOCK ©

Nos conseils

Par mesure de précaution, mieux vaut acheter en personne son billet quelques jours à l'avance, car les sites Internet ne sont pas toujours à jour.

Par Minh Lowe, *professeur de yoga de Bangkok, yogatiquebangkok.com, Instagram @minh.lowe*

de nuit, l'employé chargé de votre wagon transformera votre siège de première ou de seconde classe en couchette dans l'après-midi.

Avant le Covid-19, le voyage était plus mouvementé. Les trains ralentissaient dans certaines gares pour laisser monter les vendeurs d'en-cas. Aujourd'hui, ce n'est plus autorisé. Les passagers des trains de nuit ont droit à des repas basiques et, au réveil, à la version thaïlandaise du petit-déjeuner continental : un *patongko* (beignet) et du café. Bien sûr, comme toujours en Thaïlande, la plupart des voyageurs emportent des sacs garnis de victuailles qu'ils sont en général heureux de partager. À la différence de l'avion, le train permet d'entrer en contact avec les gens, de voir le paysage changer et de profiter du cachet particulier d'un voyage lent.

43 Farniente sur le SABLE BLANC

PLAGES | SPORTS | EAU

De toutes les plages du nord du golfe, celle de Hua Hin, avec son sable immaculé, est l'une des plus prisées par les Thaïlandais. Malgré les très nombreux visiteurs, elle a en grande partie échappé aux ravages subis par d'autres plages. Elle se prête à de nombreuses activités, et pas seulement aquatiques.

HINNAMSAISUY/SHUTTERSTOCK ©

Mon activité préférée sur la plage

J'adore me promener sur la plage dès l'aube quand il y a encore peu de monde. On peut voir des moines marcher pieds nus sur le sable, et des Thaïlandais leur offrir de la nourriture afin de recevoir leur bénédiction de bon matin.

Recommandé par Panarat Bunnag, *comédienne résidant depuis plusieurs années à Hua Hin.*

Feuille de route

S'y rendre Le train est le moyen le plus pittoresque pour y aller, mais il y a des bus (busonlineticket.co.th) et des minibus (12go.asia/en/operator/nor-neane-transport). Vous pouvez également louer un taxi privé (privatetaxithailand.com).

Quand Hua Hin est surtout envahie les jours fériés. Attention aux tarifs exorbitants des hôtels et aux embouteillages lors du Nouvel An et de la fête de Songkran.

Dangers Prenez garde aux méduses durant la saison des pluies.

01

02

03

04

01 Kitesurf
Les jours de vent, le golfe attire les **kitesurfeurs** (et leurs moniteurs) qui négocient avec plus ou moins de talent les vagues.

02 Banana boat
Les cris de terreur que vous entendrez seront sûrement émis par les personnes qui se cramponnent à un **banana boat** sur une mer agitée.

03 Chevaux
Considérés comme un symbole de Hua Hin, les **chevaux** (et leurs propriétaires) arpentent la plage en quête de cavaliers (500 B pour 30 minutes).

04 Vendeurs de roti
En Thaïlande, on ne peut pas se passer longtemps d'un en-cas. Il est facile de trouver des **vendeurs de *roti***, ces crêpes plates saupoudrées de sucre.

44 Palais et grottes de PHETCHABURI

PARC HISTORIQUE | TEMPLES | GROTTES

Facile d'accès depuis Bangkok, Phetchaburi témoigne des royaumes qui se sont succédé en Asie du Sud-Est. Au XVIIe siècle, elle était un florissant comptoir de commerce entre le Myanmar (Birmanie) et Ayutthaya. Phetburi, comme on l'appelle communément, abrite de superbes temples, palais et sanctuaires troglodytiques et, atout non négligeable, demeure une ville de province plaisante, avec ses marchés au bord de la rivière éponyme et ses *shophouses* en teck.

En pratique

S'y rendre Des bus climatisés relient Hua Hin à Phetchaburi (1 heure 30, départs fréquents) ; l'arrêt se situe à la sortie de la ville, près de la supérette Big C. On peut louer un *sŏrng·tăa·ou* (500 B) ou une moto (200-300 B) pour faire le tour des sites.

Conseil Un simple "Hello" aux écoliers en visite dans les sites de Phetchaburi vous vaudra rires et allégresse en retour.

Bon à savoir Garder son sac près de soi et ne pas entrer en contact avec les singes.

Parc historique de Phra Nakhon Khiri

Ce palais (p. 247) repose sur la colline de Khao Wang, qui domine la ville. C'est en 1859 que Rama IV (roi Mongkut) le fit construire, mélange d'influences chinoises et européennes. Des chemins pavés mènent du palais jusqu'à trois sommets, tous surmontés d'un *chedi* (stupa). La flèche blanche du Phra That Chom Phet s'élance à 40 m depuis le sommet central. L'entrée principale au parc implique d'emprunter un chemin escarpé ; l'entrée secondaire, à l'arrière, est équipée d'un funiculaire.

À droite, en haut Grotte de Khao Luang
En dessous Temple Wat Khoy, au pied de la colline de Khao Wang

Tham Khao Luang

Au nord de la ville se trouve la grotte de Khao Luang (p. 246), riche de stalactites. C'est l'un des principaux sanctuaires troglodytiques du pays. Au centre, la statue de Bouddha est éclairée par le puits de lumière en forme de cœur. Au fond de la grotte se trouve une série de bouddhas assis. L'accès se fait par un escalier pentu.

NUTTANART KHAMLAKSANA/SHUTTERSTOCK ©

Phra Ram Ratchaniwet

Impressionnant édifice de style Art nouveau, cet élégant palais d'été (p. 247) dont la construction a débuté en 1910 à la demande de Rama V (disparu peu après) est l'œuvre d'architectes allemands, qui virent là l'occasion de présenter les dernières innovations architecturales : pièces baignées de lumière et décorées de faïence, vitraux, parquets massifs et ornements en fer forgé.

Tham Khao Bandai-It

Ce réseau de grottes (p. 246), à 2 km à l'ouest de la ville, comprend plusieurs grandes cavernes transformées en sanctuaires et salles de méditation. Les visites sont menées par des guides anglophones (100 B) qui, en même temps, éloignent les singes. L'une des grottes abrite des chauves-souris.

SOUTHTOWNBOY/ISTOCK ©

45 Savourez les spécialités LOCALES

ALIMENTATION | NATURE | PLAGES

Les Thaïlandais ne vont pas à la plage avec une serviette, de la crème solaire et un roman dans l'idée de lézarder sur le sable. Ils y vont pour manger ! Et qui dit plage dit crabes cuits à la vapeur à déguster avec une sauce thaïlandaise aux piments et au citron vert.

ROLF_52/ALAMY ©

En pratique

S'y rendre La voiture est pratique si vous partez de Bangkok, mais si vous êtes plus de quatre, il est aussi possible de prendre un minibus confortable (bangkokvantravel.com).

Quand À n'importe quel moment de l'année, surtout si vous supportez la chaleur.

Allergique aux produits de la mer ? Pas d'inquiétude, des sautés de poulet et de porc figurent sur la plupart des menus.

Circuits culinaires à Hua Hin Consultez le site feastthailand.com.

Parcours gourmand

Beaucoup de Thaïlandais se rendent sur la côte dans le seul but de festoyer dans le premier bon restaurant de poisson qu'ils aperçoivent. En général, les restaurants de plage offrent une jolie vue sur les flots et transforment la pêche du jour en véritable régal, ce qui, pour beaucoup d'habitants, constitue le but essentiel d'une escapade sur une plage thaïlandaise.

Dans les environs

Contrairement à nombre de ses pairs, le restaurant **Maew** de Samut Songkhram, près de Mae Klong, ne jouit pas d'une vue exceptionnelle et son chef n'est pas particulièrement empressé. Il faut téléphoner sinon vous risquez de trouver porte close,

HYS_NP/SHUTTERSTOCK ©

À gauche, en haut Paillote sur la plage, Bang Pu
En dessous Crabe à la vapeur accompagné d'une sauce épicée

ou, pis encore, d'être refoulé en raison de l'affluence. Les chanceux auront le privilège de goûter une délicieuse soupe à la citronnelle où nagent de gros morceaux de poisson, ou une superbe assiette de riz frit au crabe.

Si vous ne trouvez pas de place au Maew, ne vous inquiétez pas, le **Chaophraya Kitchen** (p. 247) et le **Krua Wasana** (p. 248), un peu plus loin sur la route et à un jet de pierre l'un de l'autre, vous attendent. Plus réputé, le premier offre une vue splendide sur la mer qui miroite au soleil, mais le second a l'avantage de se trouver dans une forêt de mangrove et propose un ragoût de crabe frais au lait de coco.

En ville

Peut-être préférerez-vous attendre d'être dans une grande ville afin de disposer d'un choix plus large ? Dans ce cas, Hua Hin vous plaira. Plusieurs restaurants ont leurs fans, mais le **Sopha Seafood** (p. 249) est le plus

Les délices de la mer

La Thaïlande dispose d'excellents produits en provenance du golfe de Thaïlande et de la mer d'Andaman. Elle sait aussi les accommoder de maintes façons. Cela va des plats d'influence chinoise (comme la grande castagnole — poisson — en fondue ou cuite à la vapeur avec une sauce soja), aux spécialités thaïlandaises les plus diverses, telles que le *pad phet* de crevettes (sauté épicé de crevettes) ou le crabe des palétuviers piquant au poivre vert. Il existe une myriade de plats de la mer très épicés et aussi d'autres, plus rafraîchissants, tous exquis. Enfin, nulle part ailleurs les sauces pour les accompagner ne sont aussi délicieuses !

Par Mark Wiens, *critique gastronomique à Bangkok, eatingthaifood.com, Instagram @migrationology*

Poissons-chats et crustacés

À Phetchaburi, le **Raan Puang Petch** sert du *pad cha* au poisson-chat (sauté avec une pâte de piment vert et des feuilles de combava).

L'accueillant **Pa Aung Pa Aing** (p. 248), situé à Prachuab Khiri Khan, propose quant à lui des squilles (crustacés ressemblant à des langoustines) et des cigales de mer.

THITAP'A/SHUTTERSTOCK ©

apprécié des gourmets pour son *gaang sôm* (curry aigre) au basilic sacré et au *prik nok*, piment local plus piquant que le piment de Cayenne. Le **Nong May** (p. 248), qui se distingue pour son sauté de pétoncles épicé, est plus proche du centre-ville. Quant au **Fah Muey** (p. 248), il est installé en plein centre de Hua Hin, mais offre tout de même une vue sur la mer.

À une distance correcte

Si vous n'êtes pas pressé, la ville de Prachuab Khiri Khan abrite le **Rub Lom** (p. 249), un restaurant de crabe qui donne sur Ao Prachuab Khiri Khan. Enfin, face à l'entrée du **parc national de Khao Sam Roi Yot**, vous pourrez déguster un délicieux repas thaïlandais au **Yok Sod** (p. 249), après avoir effectué une petite randonnée jusqu'à la grotte révérée de **Phraya Nakhon** (p. 246).

MANANYA SOIRAYA/SHUTTERSTOCK ©

NUCHUN/SHUTTERSTOCK ©

À gauche *Gaang sôm*
À droite, en haut Stand de poisson et fruits de mer, Hua Hin
En bas *Pad cha* de poisson-chat

46 Balades en pleine NATURE

AVENTURE | RANDONNÉE | PARCS NATIONAUX

Le nord du golfe de Thaïlande ne se résume pas à ses plages. Ses cascades, ses forêts de mangrove, ses montagnes et même ses marais se prêtent à une kyrielle d'activités, peu importe que vous soyez aventurier ou non. Des montagnes de Phetchaburi aux sources chaudes de la région de Chumphon, voici quelques idées de promenades.

En pratique

Circuler Si Hua Hin est votre point de départ, vous pouvez louer une voiture avec ou sans chauffeur (huahin-cars.com) ou choisir une agence disposant de filiales (nationalcar.com).

Quand Les sites sont ouverts toute l'année, mais l'affluence est plus grande pendant la saison froide.

Préparatifs Certaines activités sont aquatiques. Une serviette sera pratique pour revenir en voiture.

Dans les environs de Bangkok

Depuis la route, **Khao Wang** (p. 247), dans la province de Phetchaburi, ressemble à une colline surmontée de flèches blanches. Un trolleybus conduit à la résidence royale bâtie par Rama IV.

Près de Hua Hin

Plus au sud, nombre de sites sont concentrés près de la ville de Hua Hin. À environ une heure de route au sud, le **parc national de Kuiburi** (p. 246) est un paradis pour les amoureux des animaux, qui auront toutes les chances d'y voir des éléphants.

Plus proche de la ville, le **Mangrove Forest Walk** de Pranburi permet d'explorer (gratuitement) une mangrove à seulement 25 km au sud de Hua Hin. Des visites en bateau sont possibles à marée haute.

Si vous souhaitez une randonnée plus soutenue, allez jusqu'à la fameuse grotte de **Phraya Nakhon** dans le **parc national de Khao Sam Roi Yot** ("montagne des 300 Pics"). Cette grotte calcaire renferme un

NATE SAMUI/SHUTTERSTOCK ©

impressionnant pavillon royal baigné par les rayons du soleil qui filtrent à travers ce qui peut s'apparenter à un puits de lumière naturel.

Plus au sud

Considérée comme la porte du Sud, la région de Chumphon est sillonnée par un entrelacs de fleuves qui combleront les passionnés de rafting. Si vous en êtes un, allez à **Phato** où vous trouverez des tour-opérateurs. Si vous préférez les bains, essayez les sources chaudes de **Rakswarin** (p. 247), situées plus loin dans la péninsule de Ranong. Les visiteurs s'y trempent volontiers car l'eau est censée avoir des vertus curatives.

Toilettes à la turque

Des toilettes à la turque sont présentes dans la plupart des lieux publics. Voici quelques conseils pour les utiliser :

- Le rouleau de papier proche du lavabo est destiné à être utilisé dans les toilettes, car il n'y en a généralement pas dans ces dernières.
- Vous trouverez un récipient rempli d'eau près des toilettes, avec un bol en plastique flottant à la surface. Ce dernier fait office de chasse d'eau, pour que vous puissiez nettoyer après votre passage.
- Si vous portez un long pantalon, retroussez le bas. Si vous avez des chaussettes, bonne chance !

Ci-dessus Éléphants, parc national de Kuiburi

47 Les marchés NOCTURNES

SHOPPING | ALIMENTATION | VIE NOCTURNE

Les mordus du shopping trouveront des âmes sœurs en Thaïlande, où les emplettes sont une priorité à toute heure de la journée. Les marchés ouvrent dès l'aube pour le petit-déjeuner et ne ferment pas à midi, loin de là. Cependant, les marchés nocturnes sont plus cotés… et ils sont légion.

En pratique

Circuler Louer une voiture est le meilleur moyen de faire le tour des marchés nocturnes de la région.

Quand Comme il règne une chaleur étouffante durant la saison chaude et qu'il pleut durant la mousson… la saison fraîche semble la plus appropriée.

Conseil pour marchander L'astuce consiste à proposer au marchand la moitié du prix que vous êtes prêt à payer.

Le **Cicada Market** (p. 247) de Hua Hin, qui est peut-être le marché le plus célèbre en dehors de Bangkok, attire des artistes de la région qui y vendent leurs créations. Attendez-vous à des tableaux, des articles de décoration, des musiciens et, bien sûr, de la nourriture.

La ville de Cha-am abrite un **marché nocturne du mercredi** (p. 248), point de rencontre des habitants. On y trouve les habituels en-cas et babioles, ainsi qu'un Farang Husband Minding Centre (centre destiné aux époux *farang*) où les femmes peuvent laisser leur mari

À droite, en haut Peintre à l'œuvre, Cicada Market **En dessous** Stand de crêpes, marché de nuit de Prachuab Khiri Khan

BANJONGSEAL956/SHUTTERSTOCK ©

BUBBERS BB/SHUTTERSTOCK ©

Cicada, un marché bohème

Le Cicada est mon marché préféré bien qu'un grand nombre de vendeurs aient disparu. Il est connu pour ses articles de créateurs, ses divertissements et son choix de produits alimentaires.

■ **Par Nong Tumsutipong**, *designer de Bangkok*, *Instagram @seenyc*

d'origine étrangère pour qu'ils patientent pendant qu'elles font leurs courses.

Prachuab Khiri Khan est fière de ses nombreux marchés de nuit, dont le **Sam Ao Walking Street** sur le front de mer, haut lieu de la vie sociale le samedi et le dimanche. En semaine, le **marché nocturne de Prachuab Khiri Khan** (p. 248) ouvre le soir après 17h sur la route menant à la gare.

Moins fréquenté que ses voisins de Hua Hin ou de Cha-am, le **marché de nuit de Phetchaburi** (p. 247) offre la même gamme de produits et d'articles, mais à des prix moins élevés. Les touristes qui sont en Thaïlande entre février et avril apprécieront le samedi soir les étals hauts en couleur du **marché de rue nocturne de Ranong** (p. 248), plus au sud – un pôle d'attractivité supplémentaire le week-end.

Carnet d'adresses

Les grands classiques (p. 226)

Hua Hin

(office du tourisme municipal ; 032 511047 ; angle Th Phetkasem et Damnoen Kasem ; 8h30-16h30 lun-ven)

Parc national de Kaeng Krachan

(032 772311 ; www.thainationalparks.com/kaeng-krachan-national-park ; adulte/enfant 300/150 B ; entrée principale (Sam Yot) 5h-17h, visiteurs autorisés jusqu'à 19h ; parc fermé 1er août-31 oct)

Parc national de Khao Sam Roi Yot

(032 821568 ; www.thainationalparks.com/khao-sam-roi-yotnational-park ; Rte 4020, Bang Pu ; 200 B, droit de camping 30 B/nuit, tente 2 pers 150 B, sac de couchage 30 B ; 8h-16h30)

Parc national de Kuiburi

(081 776 2410 ; rte 4024 ; adulte/enfant 200/100 B, circuit observation de la faune 850 B/véhicule ; circuit 14h-18h)

Parc national de Kuiburi

(www.thainationalparks.com/kui-buri-national-park ; adulte/enfant 200/100 B ; zone d'observation des animaux 14h-16h, parc fermé 1er sept-31 oct.)

Phetchaburi

(gare ferroviaire ; 032 425211 ; Th Rot Fai)

Prachuap Khiri Khan

(office du tourisme (032 604143 ; Th Chai Taley ; 8h30-12h et 13h-16h30)

Prière et méditation

Tham Khao Bandai-It

Voir p. 237. (don apprécié ; 9h-16h)

Tham Khao Luang

Voir p. 236. (Thongchai, Phetchaburi ; 8h-16h lun-ven, jusqu'à 17h sam-dim)

Wat Ao Noi et Tham Phra Non (la grotte du Bouddha couché)

Voir p. 229. (Ao Noi, à 8 km de Prachuap Khiri Khan, le temple est au pied de la colline, il faut grimper de nombreuses marches pour accéder à la grotte ; temple 8h-17h)

Wat Huay Mongkol

Visible depuis la route, ce temple est connu pour son énorme statue de Luang Phor Thuad, un moine révéré, et pour son arbre (teck) qui gît sur le sol et est censé exaucer vos vœux. (Tambon Thap Tai ; heures du jour)

Wat Kaew Prasert (ou Wat Tha Ath)

Ce temple de Chumphon jouit d'une magnifique vue sur la mer et abrite une statue de naga à neuf têtes. Ne ratez pas les statues illustrant les affres de l'enfer. (à 74 km au nord de la localité de Chumphon par la Route 3180 puis 3201 ; 8h-16h30)

Wat Khao Takiap

Cet autre temple surmontant une colline et offrant une belle vue sur Hua Hin se dresse au bout de la plage de Hua Hin. Méfiez-vous des singes agressifs, en quête de nourriture.

Bouddhas assis, grotte de Khao Luang

Exploration au naturel

Grotte Phraya Nakhon

Voir p. 241. (www.thainationalparks.com/khao-sam-roi-yot-national-park ; dans le parc national de Khao Sam Roi Yot ; entrée du parc adulte/enfant 200/100 B)

Khao Wang

Voir p. 242. (dans le parc historique de Phra Nakho de la province de Phetchaburi ; 200 B ; 8h30-16h)

Mansoon Valley Vineyard

Attelez-vous à un nouveau type d'exploration dans ce vignoble, où les visiteurs peuvent goûter des vins locaux, peindre l'étiquette d'une bouteille ou emprunter la piste cyclable de 3 km. (www.monsoonvalley.com/en ; 1 Moo 9 Hua Hin ; visite guidée du vignoble avec un verre de vin 100 B, circuit à VTT 30 mn/1 heure 100/150 B ; visite guidée 9h30, 10h45, 13h et 16h tlj)

Parc national de Khao Nang Phanthurat

Ce parc proche de Cha-am comprend des grottes où vivent cinq espèces de chauves-souris différentes, et un lézard endémique. (à environ 9 km de Cha-am ; gratuit ; la principale grotte est fermée au public ; entrée 8h-17h)

Parc historique de Phra Nakhon Khiri

Voir p. 236. (032 401006 ; 150 B ; funiculaire adulte/ enfant 50/15 B aller-retour ; parc et funiculaire 8h30-16h30)

Phra Ram Ratchaniwet

Voir p. 237. (032 428083 ; Ban Peun Palace ; 50 B ; 8h30-16h30 lun-ven),

Sources chaudes de Rakswarin

Voir p. 243. (à 1 km de Ranong ; bassins publics gratuits, bassin du Tinidee Hotel 40 B)

Activités pour les enfants

Black Mountain Waterpark

Proche de la plage, ce parc aquatique offre suffisamment d'attractions pour divertir les enfants pendant des jours : toboggans, rivière artificielle et immense bassin à vagues. (www.blackmountainwaterpark.com ; à 15 km de Hua Hin, sortir de Hua Hin par le nord via Soi 58 puis suivre les panneaux ; adulte/enfant 450/225 B ; 11h-16h jeu-mar)

MERCEDESS/SHUTTERSTOCK ©

Léopards, parc national de Kaeng Krachan

Malai Farm at Cha-am

Si vous voyagez avec des enfants qui raffolent des animaux, cette ferme leur donnera l'occasion de s'approcher de toutes sortes de créatures adorables. (66 89 893 4307 ; www.facebook.com/MalaifarmChaam ; 100 B ; 8h-17h lun-ven, jusqu'à 18h sam-dim)

Wildlife Friends Foundation of Thailand

Ce centre de sauvetage de Phetchaburi recueille les animaux maltraités et confisqués. C'est votre meilleure chance de voir des éléphants en dehors du parc de Kuiburi. Il est possible d'y passer la nuit. (66 822458598 ; www.wfft.org ; 108 Moo 6, Tha Mai Ruak, Phetchaburi ; entrée journée buffet déj compris adulte/enfant 1 600/1 100 B, demi-journée 1 100/700 B , à réserver bien à l'avance)

Marchés nocturnes

Cicada Market

Voir p. 244. (www.cicadamarket.com ; Khao-Takiab, Hua Hin ; 16h-23h ven-dim)

Marché de nuit de Phetchaburi

Voir p. 245. (Khlong Kra Saeng, Phetchaburi ; 17h-22h)

Marché nocturne de Prachuab Khiri Khan

Voir p. 245. (Kong Kiat Road entre Sala Cheep Rd et Pitak Chart Rd.)

Marché de rue nocturne de Ranong

Voir p. 245. (près du pont de Klong Hat Sompaen, Ranong ; 14h-19h)

Marché nocturne du mercredi de Cha-am

Voir p. 244. (Narathip Road, Cha-am ; 17h30-22h mer)

Des saveurs de la mer, mais pas que...

Chan's Restaurant

Voir p. 229. (314-6 Lang Suan ; 12h-20h)

Chaophraya Kitchen

Voir p. 240. (66 94 340 3355 ; 102 Ban Bo, Samut Sakhon ; 10h-22h)

Fah Muey

Voir p. 241. (315 Soi Huan Hin, Hua Hin ; 10h-21h)

Imm.Craft

Voir p. 229. (www.facebook.com/imm.craft/?ref=page_internal ; Lang Suan ; 10h-20 mar-dim)

Kôw gaang Jay Muay — B

Ce modeste restaurant donnant sur la rue prépare du *kôw gaang* (riz au curry), une spécialité de Phetchaburi. Vous pouvez goûter trois curries servis sur la même assiette.

Krua Kannikar — B

Dans ce restaurant sans prétention proche de la gare et établi depuis longtemps à Hua Hin, le poulet est à l'honneur. Goûtez le poulet au curry vert ou les ailes de poulet farcies. (66 96 372 9165 ; www.facebook.com/KannikarHuahin/?ti=as%E2%80%8B ; 190/7 Soi Chuphong, Petchkasem Rd, Hua Hin ; 10h30-16h)

Krua Wasana

Voir p. 240. (Bang Krachao, Samut Sakhon ; 10h-21h)

Nai Pew duck noodles — B

Ce vendeur de nouilles au canard est incontournable pour les habitants de Hua Hin souhaitant déjeuner rapidement. Les plats sont faits avec des morceaux de cuisse ou de poitrine. (66 325 11377 ; 8/83 Near Talad Chatchai, Phetkasem Rd, Hua Hin ; 8h-15h30)

Nong May

Voir p. 241. (66 32 515 525 ; www.facebook.com/NongMayRestaurantHuaHin/ ; 1/25 Soi Hua Hin, Hua Hin; 11h30-21h lun-ven, 11h30-15h et 17h-21h sam-dim)

Pa Aung Pa Aing

Voir p. 241. (66 87 167 0401 ; Sam Roi Yot, Prachuab Khiri Khan ; 9h-19h)

Pae Yuan — BB

Si vous avez le temps de ne prendre qu'un seul repas à Phetchaburi, ce restaurant à l'écart est spécialisé dans l'*aharn pa* (cuisine de la jungle). Attention : les plats sont très épicés ! (21 66 Moo 6 Petchkasem Road, Phetchaburi ; 10h30-22h)

Rabiang Rimnam — BB

Pour déguster des mets du centre de la Thaïlande dans un cadre traditionnel, les gourmets iront dans cette maison en teck de Phetchaburi, au bord du fleuve. Parmi les spécialités, citons le curry de fruits de palmiers. (près du Chom Klao Bridge, Phetchaburi)

GREGD/SHUTTERSTOCK ©

Marchand de durians, marché de Huana, Hua Hin

Rub Lom

Voir p. 241. (☎66 32 601 677 ; 7 PTT Gas Station, Chom Thai Praphat Rd, Prachuap Khiri Khan ; ⏲10h-21h)

Sopha Seafood

Voir p. 240. (☎66 81 880 7112 ; Soi Ao Takiab 6, Nong Kae, Hua Hin ; ⏲10h-22h)

Tanya's Homemade Eatery BBB

Installé juste au bord de l'eau, le Tanya's est très apprécié des gourmets du monde entier pour ses plats classiques, comme son crabe *lon* (sauce au piment et au lait de coco). (☎66 63 5494623 ; www.facebook.com/Tanyashomemade/ ; 49/2 Hua-Hin 101, Nong Kae, Hua Hin ; ⏲12h-14h et 17h30-19h30 lun, jeu et sam, jusqu'à 12h-14h et 17h30-22h ven)

Yok Sod

Voir p. 241. (☎66 86 883 2356 ; 64 Moo 7 Sam Roi Yot, Pran Buri, Khiri Khan)

Cuisines occidentales

1d+ Day Artist cafe BB

Attendez-vous à tout ce qu'on trouve dans un café classique – café, smoothies, friandises, pâtes –, mais avec un plus : sa situation sur la plage de Pranburi. (☎66 94 985 1010 ; www.facebook.com/1dDayArtist/ ; Phetkasem Road Khao Tao, Pak Nam Pran, Pran Buri ; ⏲10h-20h)

Brasserie de Paris BBB

Ce charmant restaurant de plage de Hua Hin offre une cuisine de bistrot française. Au menu, chateaubriand, bouillabaisse et escargots. Réservez-vous pour les desserts, qui changent tous les jours. (☎66 990027235 ; www.brasseriedeparis.net ; 3 Naresdamri Road, Hua Hin ; ⏲10h30-22h)

Mirabelle BB

Cette épicerie fine/boulangerie de Hua Hin peut être difficile à trouver, mais ses croissants moelleux, ses fromages crémeux et ses crêpes de sarrasin méritent le détour. (☎66 32 82 61 50 ; www.huahin.fr/company/mirabelle ; Soi 94, Hua Hin ; ⏲8h-18h lun-sam)

Ogen BB

Cet excellent restaurant israélien a su se faire une place à Hua Hin. Il sert de délicieux plats végétariens, comme des falafels, du poulet farci au riz et différents mezzes. (☎66 92 260 0376 ; ogen.pagez.co.il ; Soi 94 Khri Khan, Hua Hin ; ⏲11h-22h)

Trattoria by Andreas BBB

Proche du Cicada, ce restaurant, l'un des plus prisés de Hua Hin, ne désemplit pas jour et nuit. Les pizzas au feu de bois, les pâtes au homard et les risottos sont recommandés. (☎réservation 66 96 995 0242 ; www.trattoria-huahin.com ; 4/91 Soi Mooban Nongkae Tambon Nong Kae, Hua Hin ; ⏲12h-15h et 17h-22h tlj)

Volcano Restaurant & Bar BB

Ce restaurant charmant est l'une des rares bonnes pizzerias de Chumphon, offrant en outre une belle vue sur la mer. Il y a aussi quelques plats thaïlandais pour ceux qui n'aiment pas les pizzas et les pâtes. (☎66 81 263 0449 ; www.facebook.com/volcanochumphon/ ; 4/7 Moo 8, Thung Wualaen Beach Saphli, Chumphon ; ⏲16h30-21h mer-lun)

Desserts thaïlandais

Kanom Waan Pa Prang B

À midi, il n'y a déjà plus rien chez le vendeur de desserts thaïlandais le plus réputé de Hua Hin. Nous recommandons le *khao fang* (millet couleur jade au lait de coco) difficile à trouver. (25 Hua Hin Soi 55, Chomsin Rd., Hua Hin)

Mae Lamiad B

On y sert un dessert très prisé à Phetchaburi, le *kà·nŏm môr gaang* (crème au sucre de palme et au lait de coco saupoudrée d'échalotes frites). (269 Moo 8 Phet Kasem Rd., Tha Yang, Phetchaburi)

Pa Jua B

Les amateurs de riz gluant n'ont pas besoin d'aller ailleurs à Hua Hin : ce vendeur en propose également au durian. Essayez d'y aller avant midi. (118, 1-3 Naresdamri Rd,Hua Hin)

PHUKET ET LA CÔTE D'ANDAMAN

CULTURE | NATURE | PLEIN AIR

PHUKET ET LA CÔTE D'ANDAMAN

à la carte

Leurs plages immaculées et leurs époustouflants paysages les ont rendus célèbres dans le monde entier, mais l'île de Phuket et la côte d'Andaman se distinguent aussi par leur culture singulière. Sortez des sentiers battus pour découvrir le charme de la région, sa savoureuse cuisine et ses joyaux cachés.

Baladez-vous dans la **vieille ville de Phuket** et admirez l'architecture sino-portugaise et les demeures anciennes (p. 272).
À 1 heure de route de l'aéroport international de Phuket

Prenez une salade birmane de feuilles de thé au **Mingalar Coffee Shop** (p. 262).
À 5 minutes à pied du vieux Phuket

Créez un chef-d'œuvre original au **Phuket Art Village** (p. 258).
À 35 minutes de route de Phuket-ville

Observez les oiseaux de **Coral Island** (p. 266).
À 15 minutes de speedboat de la plage de Rawai

DANS LE SENS DES AIGUILLES D'UNE MONTRE EN PARTANT DE LA GAUCHE : DARI POOMIPAT/SHUTTERSTOCK ©, JO PANUWAT D/SHUTTERSTOCK ©, GUITAR PHOTOGRAPHER/SHUTTERSTOCK ©, PAGES PRÉCÉDENTES : BALATE DORIN/SHUTTERSTOCK ©

Visitez Ko Panyi, un village de pêcheurs musulmans sur pilotis (p. 269).
À 88 km de la côte de Phuket en ferry
0
50 km
Wiang Sa
Plaiphaya
Thap Put
Takua Thung
Phang-Nga
Ao Luk
Koh Panyee
Laem Sak
Empruntez le sentier menant au Samet Nangshe Viewpoint et admirez la baie de Phang-Nga (p. 269).
À 30 minutes de route de Phuket
Ko Yao Noi
Ban Tha Khao
Nua Khlong
Prenez un cours d'escalade à Hat Railay (p. 270 et p. 275).
À 30 minutes de long-tail boat de la ville de Krabi
Bang Rong
Ao Nang
Krabi
Ko Yao Yai
Railay
Mer de Phuket
Klong Thom
Ko Si Boya
Ban Lam Kruat
Ko Jum (Ko Pu)
Ko Mai Thon
Ko Phi Phi Don
Ban Khru Toei
Ban Hua Hin
Ko Phi Phi Leh
Ko Lanta Noi
Découvrez la beauté saisissante des îles Phi Phi (p. 270).
À 1 heure 30 de ferry de Phuket
Ko Lanta Yai
Sikao
Ko Lanta
Pak Meng
Ban Hua Thanon
Îles de Trang

Informations pratiques

IAMDOCTOREGG/SHUTTERSTOCK ©

À L'ARRIVÉE

Aéroport international de Phuket Desservi par des vols domestiques et internationaux, il se trouve dans la partie nord de l'île, à 32 km du centre de Phuket-ville.

BUDGET

Bière 80 B

Café 60 B

Taxi (aéroport-centre-ville) 700 B

QUAND

NOV-AVR
Temps idéal pour les activités sur la plage, le snorkeling, la baignade et le bateau.

OCT-MAI
C'est la mousson : la mer est agitée, il fait plus frais et les hébergements sont meilleur marché.

AVR
C'est le mois le plus chaud de l'année en Thaïlande, mais aussi celui où l'on fête Songkran, le Nouvel An thaïlandais.

COMMENT CIRCULER

Voiture C'est le meilleur moyen pour voir des sites hors des sentiers battus à Phuket.

Taxi Des taxis officiels sont disponibles 24h/24 à Phuket.

Bus Toute la journée, le Phuket Smart Bus part de l'aéroport international de Phuket et longe la côte ouest jusqu'à l'embarcadère de Rawai au sud de l'île. Des *songthaew* relient Phuket-ville à chaque plage et *resort* de Phuket.

Bateau Les excursions sur des bateaux privés, des *speedboats* et des *long-tail boats* sont parfaites pour aller d'île en île et découvrir la côte d'Andaman.

SE RESTAURER ET PRENDRE UN VERRE

Un **kôw gaang** est un minuscule restaurant où les plats déjà prêts sont présentés dans des bacs métalliques ou des marmites. Indiquez-les du doigt pour les choisir. Ils sont servis avec ou sans riz. Manger ici constitue une expérience amusante et une bonne introduction à la cuisine locale. À partir de 50 B le plat : un prix très abordable.

À Phuket la culture du café est en plein essor : *kopitiams* à l'ancienne, torréfacteurs et cafés instagrammables sont présents à chaque coin de rue. Le **Hock Hoe Lee** (p. 281), torréfacteur à Phuket depuis 1958, a une boutique rue Ranong à Phuket-ville et un café rue Viset à Rawai.

Spécialités de Phuket Cham-Cha Local Food Court (p. 281)

EN HAUT : KATESUN/SHUTTERSTOCK ©
EN BAS : KEVIN HELLON/SHUTTERSTOCK ©

OÙ LOGER

Les plages de Phuket sont différentes les unes des autres. Choisissez celles qui répondent le mieux à vos goûts.

Ville/village	Pour/contre
Bang Tao	Proche de l'aéroport. Grand choix de restaurants et d'hôtels, mais ces derniers peuvent être onéreux. Parfait si vous souhaitez une formule tout compris.
Kata/Karon	Stations balnéaires à une courte distance à pied des restaurants, hôtels et activités, mais éloignées de la ville de Phuket. Plutôt pour les adeptes du bronzage et les amoureux de la nature.
Vieille ville de Phuket	Centre-ville avec beaucoup de restaurants et sites historiques et un accès facile aux transports en commun. La vieille ville est un bon point de départ pour explorer l'île.
Rawai	Charmant village de pêcheurs avec restaurants et plusieurs activités, mais peu d'hébergements. Rawai n'est pas très animé le soir.

RENSEIGNEMENTS

Un centre d'information pour touristes se trouve dans la Thalang Rd du vieux Phuket.

KEVIN HELLON/SHUTTERSTOCK ©

ARGENT

Il y a des bureaux de change à Phuket, et les cartes bancaires internationales les plus courantes sont généralement acceptées partout.

Les grands classiques

Pour les infos pratiques de chaque site, reportez-vous au *Carnet d'adresses* p. 278.

Îles de Trang

Tapissées de jungle et ourlées de plages de sable blanc, les îles de Trang sont moins développées que les autres îles de la mer d'Andaman. Le parc national de Hat Chao Mai couvre une grande partie du littoral, dont deux des îles de Trang, Ko Muk et Ko Kradan. On peut y observer des dugongs, des jabirus, des muntjacs et des loutres de mer.

JATURUNP/GETTY IMAGES ©

Ko Lipe

L'île n'est plus le refuge isolé qu'elle était, mais elle est irrésistible avec ses superbes plages, ses sites de plongée exceptionnels, sa jungle luxuriante, son ambiance conviviale et ses habitants désireux de réduire leur impact sur l'environnement.

NOPPASIN WONGCHUM/SHUTTERSTOCK ©

Phuket

Des vagues aux tons jade, où s'ébattent des poissons multicolores, lèchent des plages de sable immaculé au riche passé : la plus grande île de Thaïlande est un aimant touristique. La plongée est l'activité phare de Phuket, mais on peut aussi y pratiquer snorkeling, kitesurf, kayak de mer, navigation de plaisance, balade à cheval, surf et divers sports extrêmes.

LUXIZENG /ISTOCK ©

JOHN HARPER/GETTY IMAGES ©

Ko Phi Phi

Plages blanches en arc de cercle et jungle en arrière-plan : Phi Phi Don et Phi Phi Leh – désignées comme Ko Phi Phi – sont les coqueluches de la côte d'Andaman. Depuis le film *La Plage*, adaptation du roman culte d'Alex Garland, Ko Phi Phi Leh (et la plage d'Ao Maya sur la côte occidentale) est devenue un lieu de pèlerinage.

Railay

Railay est une destination incontournable pour les passionnés d'escalade. C'est ici en effet que les reliefs karstiques de Krabi sont les plus féeriques. Sur ces immenses rochers escarpés, les singes s'ébattent autour des grimpeurs, tandis qu'en contrebas, une véritable jungle borde de magnifiques plages.

LECHATNOIR/ISTOCK ©

Parc national de Khao Sok

Cette jungle parsemée de cascades et de grottes est l'une des forêts tropicales les plus anciennes au monde. Sa vaste superficie permet aux grands mammifères d'y trouver un habitat. Le parc abrite 300 espèces d'oiseaux, 38 variétés de chauves-souris et la rare *Rafflesia kerrii*, une fleur géante.

TEMPURA /ISTOCK ©

Ko Lanta

Jadis domaine des nomades de la mer, Lanta attire les voyageurs par ses longues plages paradisiaques et ses excellents sites de plongée. Il y est interdit de pratiquer des sports nautiques motorisés. Ban Si Raya, la "vieille ville de Lanta", conserve ses anciennes maisons et boutiques en bois sur pilotis.

PSZABO /ISTOCK ©

48 Art et CULTURE

ART | CULTURE | GALERIES

Découvrez la scène artistique phuketoise dans toute sa diversité en visitant les nombreuses galeries, en participant à des ateliers en ligne ou en réalisant une céramique dans un atelier de poterie. Laissez l'artiste qui sommeille en vous donner libre cours à sa créativité grâce à la kyrielle de cours proposés.

En pratique

Circuler Les bus locaux ou *songthaew* circulent tous les jours de 6h à 18h. Ils partent de Phuket-ville toutes les 30 minutes et desservent les grandes localités de l'île.

Recommandation Flânez dans les rues Phang-Nga, Thalang, Krabi et Dibuk du vieux Phuket à la découverte du street art.

À voir Rendez-vous à **I Mon Art Gallery** (p. 278), dans la Phang-Nga Rd du vieux Phuket, pour observer un maître graveur thaïlandais à l'œuvre.

Bien que Phuket soit principalement connue pour sa vie nocturne, ses plages paradisiaques et sa délicieuse cuisine de rue, ne passez pas à côté de sa scène artistique en plein essor. Témoignant d'une grande créativité et d'un style unique, celle-ci continue à se développer rapidement. Que vous soyez un fin connaisseur d'art, recherchiez des tableaux originaux ou souhaitiez simplement suivre un cours, Phuket est une étape idéale.

Si vous souhaitez mieux connaître les artistes thaïlandais ou réaliser un objet d'art en leur compagnie, rendez-vous dans le sud de Phuket. Rawai abrite le **Phuket Art Village** (p. 278), un centre éclectique dédié à l'art contemporain et à la culture qui regroupe plusieurs galeries et ateliers. Passionnés et sympathiques, les artistes aiment échanger et organisent

CHEN JIABAO/XINHUA VIA GETTY) (XINHUA/CHEN JIABAO VIA GETTY IMAGES ©

Living Art Gallery

Située dans le quartier cosmopolite de Cherngtalay, la Living Art Gallery (p. 278), galerie du Blue Tree Phuket consacrée à l'art de vivre, est un centre qui promeut les artistes thaïlandais émergents. L'unique galerie est ouverte tous les jours au public et expose des tableaux, des céramiques, des articles de décoration et des vêtements créés par de jeunes artistes. Elle offre aussi des ateliers d'art en ligne et aide les artistes à exposer et vendre leurs œuvres sur Internet. La Living Art Gallery chapeaute le **Thailand Art Festival** annuel qui réunit art, cuisine, concerts, forums de discussions et masterclass.

■ **Par Sornchat Aom Krainara**, *propriétaire de la Living Art Gallery et curateur du Thailand Art Festival, Instagram @thelivingartthailand*

une grande variété d'ateliers et de cours privés. La plupart des œuvres exposées au Phuket Art Village sont en vente, mais tout le monde est bienvenu et vous pouvez passer la journée dans le centre sans être obligé d'acheter un article.

À l'entrée du village, un café tenant de la cabane dans les arbres sert des boissons à base de café et du thé.

Il est parfait pour observer les artistes à l'œuvre à tout moment de la journée.

Les céramistes en herbe peuvent tester leurs talents à l'**Art Studio Green Grey** (p. 278) ou visiter le **Rawai Ceramic Café** (p. 278) pour apprendre à modeler l'argile et à peindre la céramique tout en dégustant un café et un gâteau maison.

Ci-dessus Living Art Festival, Phuket

La magie de Phuket

UNE AUTRE FACETTE DE PHUKET

Pendant des décennies, Phuket a été sous les feux des projecteurs pour ses excès. Souvent taxée de piège à touristes foisonnant de noceurs venus pour bambocher, l'île a longtemps joui d'une triste réputation. Il reste toujours quelque chose de ce passé peu reluisant ; cependant, la perle de la mer d'Andaman cache mille et un trésors.

À gauche Temple chinois, Phuket
Au milieu Marché aux fruits, vieux Phuket
À droite Lever du soleil, Phuket

PIYAWAT NANDEENOPPARIT/SHUTTERSTOCK ©

L'âme de Phuket

Phuket est connue dans le monde entier. L'île a fait la une des journaux pour plusieurs raisons : plages paradisiaques envahies par les touristes, soirées débridées, sorties décoiffantes en Jet-Ski et luxe tapageur. Mais depuis plusieurs années, elle a aussi la réputation d'être un terrain de jeu hédoniste. La légendaire Th Bangla est ainsi un haut lieu de la vie nocturne : tout y est tape-à-l'œil, bon marché et, pour être honnête, un tantinet sordide. Ces dernières années, l'île a cependant commencé à changer.

Connaître la véritable Phuket, c'est l'aimer. Phuket n'est pas Patong – elle n'est pas agressive ou désagréable. En fait, la vraie Phuket possède un charme suranné, des habitants accueillants, des joyaux cachés et des villages hors des sentiers battus. Son âme se cache dans les ruelles de la vieille ville, dans les immenses plantations d'ananas de sa partie nord et dans les communautés de pêcheurs sans prétention qui s'égrènent le long de sa côte est, où l'on vous salue en faisant un signe de la main ou en vous gratifiant d'un sourire, tout simplement.

Une beauté naturelle

Quittez les lieux touristiques pour découvrir les merveilles de l'île, c'est-à-dire ses endroits secrets qui ont gardé leur charme d'autrefois. Il reste encore des lieux pittoresques non dénaturés par le tourisme de masse et où la nature est prolifique. Ils dévoilent une autre facette de Phuket.

Ces endroits peu connus se caractérisent par leur beauté naturelle et leurs villages centenaires. La

CHRISPICTURES/SHUTTERSTOCK ©

NADYA CHETAH/SHUTTERSTOCK ©

tradition, la culture et la religion s'y fondent de manière harmonieuse. L'un des aspects les plus intéressants de Phuket réside dans sa diversité. Il suffit de déambuler dans n'importe quelle rue de Phuket-ville pour admirer un temple chinois, une mosquée et une église à quelques pas les uns des autres. Phuket est depuis longtemps un creuset de cultures – depuis l'exploitation des mines d'étain – et sa multiculturalité est présente partout dans l'île.

Phuket possède un charme suranné, des habitants accueillants, des joyaux cachés et des villages hors des sentiers battus.

Le charme local

Pour ressentir la magie de Phuket, prenez le temps de parler avec ses habitants. Faites-leur un signe de tête amical et dites-leur bonjour, car malgré la barrière linguistique, ils vous salueront et feront de leur mieux pour communiquer avec vous. Promenez-vous dans les rues, faites vos achats sur les marchés, visitez un temple perché sur une colline ou explorez une des plages secrètes et reculées de l'île. Empruntez ses chemins sans avoir peur de vous perdre, car c'est sur ces routes moins connues que vous découvrirez un aspect plus paisible, plus agréable de Phuket.

Une fois que vous connaîtrez l'authentique Phuket, il ne vous restera plus qu'à l'aimer. La perle de la mer d'Andaman est naturellement splendide. Elle possède une culture unique, une histoire d'une grande richesse et beaucoup de charme.

Les trésors de Phuket

Malgré le tohu-bohu caractérisant Th Bangla et Hat Patong, Phuket a une âme. Celle-ci transparaît dans son histoire, son patrimoine culturel et son mélange éclectique de gens du cru et d'expatriés qui considèrent Phuket comme leur port d'attache. S'il est vrai que l'île ne plaît pas à tout le monde, il n'existe pas de meilleur endroit dans le sud de la Thaïlande pour profiter d'un incomparable séjour balnéaire, mais aussi d'une vie culturelle animée et de sites chargés d'histoire.

49 La cuisine de rue à PHUKET

RESTAURANTS | MARCHÉS | PRODUITS ALIMENTAIRES

Phuket ne se résume pas à ses plages. Ces dernières années, l'île est devenue un haut lieu de la gastronomie pour les amateurs de cuisine créative. Que vous cherchiez à savourer une bonne cuisine de rue, à goûter les spécialités épicées du Sud, à grignoter un *roti* (crêpe fourrée) ou à engloutir un bol de soupe de nouilles d'inspiration hokkienne, Phuket offre un festival de saveurs.

DENIS COSTILLE/SHUTTERSTOCK ©

En pratique

Circuler Le vieux Phuket se visite mieux à pied. Commencez par le marché de produits frais de la rue Ranong, puis gagnez les rues Phang-Nga, Thalang, Krabi et Dibuk pour une excellente cuisine de rue.

Recommandation Visitez **Lock Thien** (p. 281), un *food court* situé au n°173 de Th Yaowarat, pour goûter des spécialités, tels les *po pia sot* (rouleaux de printemps).

À voir Installé dans Soi Talat Sot, au sud du marché de Th Ranong, le **Mingalar Coffee Shop** (p. 281) est une maison de thé birmane servant du café sucré, du thé et des en-cas.

MOSAYMAY/SHUTTERSTOCK ©

Visites gourmandes

Labellisée "ville créative de la gastronomie" par l'Unesco en 2015, Phuket est fière de sa cuisine, fruit d'influences thaïes, chinoises, malaises, birmanes et de recettes familiales passées de génération en génération et adaptées au fil des ans. Si vous ajoutez à cela du lait de coco et une cuillerée de curry épicé du Sud, vous obtiendrez une myriade de saveurs qui plairont à tous les palais.

Un circuit gastronomique constitue l'une des meilleures façons d'appréhender la diversité de cette cuisine. Vous pourrez ainsi goûter les mets les plus succulents de Phuket et découvrir les restaurants locaux et les petits établissements peu connus des touristes, où la cuisine est authentique et aussi riche en saveurs que celle d'un restaurant étoilé.

Le circuit de Chef's Tour (p. 281) permet d'apprécier la scène culinaire éclectique de l'île en compagnie d'un initié, qui vous entraînera dans les rues du vieux Phuket et dans le plus grand marché alimentaire de la ville. Vous y découvrirez des ingrédients locaux, humerez l'arôme épicé de la pâte de curry qui vient d'être préparée et goûterez des épices fraîches. Puis vous irez déguster de délicieux currys et un *naan* cuit au feu de bois dans une maison de thé birmane, savourer un *satay* (brochette de viande) à la sauce aux cacahuètes, plonger vos baguettes dans des bols de soupes aux nouilles chinoises et dévorer un assortiment de desserts thaïlandais gluants et colorés.

La cuisine locale

Au cours de votre promenade gourmande, ne manquez pas de goûter les spécialités locales, comme le *mi hokkien* (grosses nouilles aux œufs accompagnées de porc mariné, de calamars, de légumes et d'une sauce brune), le *kà·nŏm jin* (nouilles de riz avec un curry de votre choix et des condiments tels que légumes marinés, liserons et feuilles de bananier finement tranchées) et les *por pia* (rouleaux de printemps frais au porc mariné, aux crevettes, au porc croustillant, à la salade et aux navets nappés d'une sauce brune sucrée). Goûtez aussi le *o taw* (huîtres frites avec de la farine, avec du porc croustillant et du taro), le fameux *gaeng massaman* (curry de bœuf aux cacahuètes, pommes de terre et oignons hachés, agrémenté d'une sauce à la crème de coco) et, pour finir, dégustez un *a-pong* (crêpe préparée avec de la farine de riz, du lait de coco, de l'eau et du sucre). Cet en-cas traditionnel de Phuket, croustillant à l'extérieur et moelleux au centre, se mange à toute heure.

À gauche, en haut *Food court* de Lock Tien
En dessous *A-pong*, crêpe thaïlandaise

Adresses pour les gourmets

Voici les établissements et les plats recommandés par un gourmet de Phuket.

Go Benz (p. 281) Ne ratez pas sa spécialité : le riz frit au porc. Vous ne regretterez pas d'avoir fait la queue !

Hong Khao Tom Pla (p. 281) Le chef de ce restaurant est réputé pour son riz au poisson et sa cuisine sino-thaïlandaise.

Go Song Khon Boran (p. 281) Choisissez votre plat grâce aux photos sur le mur et observez le couple de cuisiniers le concocter. Essayez le porc émincé frit au poisson salé.

Cham-Cha Local Food Court (p. 281) On y trouve les meilleurs rouleaux de printemps de la ville, ainsi que de la soupe de nouilles aux côtes de porc et de l'*o-aew* (glace au sirop).

Roti Taew Nam (p. 281) Les *roti* sont cuites au charbon de bois. Demandez un bol de curry de bœuf tendre pour les plonger dedans !

■ **Par Warin Mueanklew,** *connu sous le nom de Toon Kouran, spécialiste et guide de Phuket, Instagram @toonkouran*

La cuisine SUD-THAÏLANDAISE

01

02

03

04

01 Kôw mòk gài
Riz au poulet, aux épices et au curcuma. Servi avec coriandre, concombre, échalotes frites et sauce sucrée.

02 Môo hong
Poitrine de porc braisée dans une pâte sucrée faite avec du poivre noir, de l'ail et de la coriandre, puis cuite à l'étouffée avec de l'anis étoilé, de la sauce d'huître et de la sauce soja.

03 Khua Kling
Curry très épicé avec piments, citronnelle, curcuma, ail, galanga et pâte de crevettes. La viande est rôtie avec des feuilles de combava.

04 Gaang sôm pla
Curry très épicé fait de poisson aigre-doux avec sel, échalotes, curcuma, pâte de crevettes, piments séchés et pousses de bambou.

05 Kôw yam
Salade de riz aromatique aux couleurs de l'arc-en-ciel confectionnée avec des herbes, des légumes, de la crevette séchée et de la noix de coco grillée et mélangée à de la citronnelle, des feuilles de combava, du curcuma, le tout nappé de sauce *nam badu*.

06 Gaang sataw
Haricots amers sautés avec du bœuf, du porc,

05

06

07

08

09

10

du poulet ou des fruits de mer, de la pâte de crevettes et du curry.

07 Moo tod kratiem
Porc frit avec de l'ail et du poivre noir servi avec de la coriandre et une sauce au piment doux, généralement en accompagnement.

08 Gaang tai pla
Curry salé avec galanga, piments, combava, curcuma, pâte de crevettes fermentées, pousses de bambou et poisson grillé.

09 Nám prík gûng sèe·ap
Sauce épicée à base de crevettes séchées, de pâte de crevettes fermentées, de piments, d'ail, de jus de citron vert, de sauce de poisson et de sucre pilés dans un mortier. On y trempe généralement des légumes crus.

10 Kà·nŏm jin
Vermicelles de riz au curry de votre choix, habituellement de poisson ou de crabe. On les mange souvent avec des légumes marinés au petit-déjeuner. Elles sont délicieusement épicées.

50 LES ÎLES du Sud

ÎLES | NATURE | ACTIVITÉS DE PLEIN AIR

On trouve un grand nombre d'îles au large de la côte sud de la Thaïlande. Phuket est la plus vaste, mais d'autres, moins connues et proches du littoral sud-ouest, méritent d'être explorées. Que vous recherchiez une plage idyllique pour lézarder, un site de snorkeling ou une promenade en bateau sur la mer d'Andaman, elles sont idéales pour une escapade d'une journée.

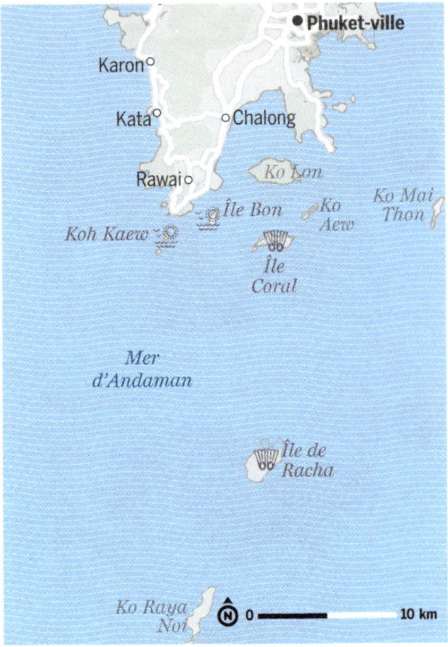

En pratique

Circuler Les îles Bon, Coral et Racha sont facilement accessibles en *speedboat* depuis l'embarcadère de Chalong ou en *long-tail boat* depuis Hat Rawai. Louer un *long-tail boat* pour la journée coûte au moins 1 500 B. Les prix des *speedboats* varient. Demandez aux agences de l'embarcadère de Chalong.

À voir Ne manquez pas d'observer les calaos bicornes (oiseaux) de Coral Island en fin d'après-midi.

Un voyage à Phuket est à combiner avec au moins une des nombreuses activités de plein air. Rien de mieux qu'une excursion sur les îles au large de la côte sud-ouest pour échapper à la foule, se reconnecter à la nature, faire une sortie en snorkeling et profiter des plages plus secrètes qui font la renommée de Phuket.

Ko Bon est à 2 minutes en *long-tail boat* de Hat Rawai, le point le plus méridional de Phuket. Outre sa jungle, l'île possède deux belles plages idéales pour paresser ou se baigner. Mangez au **Bon Restaurant**, aux *salas* en bois et au toit de chaume, qui sert des produits de la mer et des plats thaïlandais (riz frit à l'ananas et aux crevettes, etc.).

L'**île Coral** est réputée pour ses sublimes eaux turquoise et ses sites de snorkeling peu profonds. Elle est digne d'une carte postale avec ses palmiers se balançant au gré du vent et sa végétation luxuriante. Long Beach et Banana Beach sont ses deux principales plages. La première, parsemée de

H-AB PHOTOGRAPHY/SHUTTERSTOCK ©

bungalows à louer, est prisée pour ses activités nautiques. Banana Beach est très touristique avec ses transats, ses restaurants et son club de plage. Vous y trouverez de nombreuses activités toute la journée. Pour en profiter, réservez une excursion dans une agence ou à votre hôtel.

Mieux vaut gagner en *speedboat* l'**île de Racha**, à 12 km au large de la côte sud-ouest de Phuket. Se prêtant idéalement à la plongée en raison de ses eaux claires et sa visibilité hors pair, elle abrite trois *resorts* de luxe et deux plages magnifiques. Ne manquez pas la baie rocheuse de Ter Bay, orientée à l'est, pour siroter un cocktail et profiter du sable blanc et de la mer limpide de Patok Beach.

Ko Kaew la magique

À Koh Kaew, des moines bouddhistes mènent une vie modeste et protègent une empreinte du Bouddha, ainsi qu'une statue dorée de ce dernier. Faites une randonnée dans la jungle pour découvrir un chedi et de nombreux sanctuaires. Située à 4 km de Hat Rawai, **Ko Kaew**, souvent appelée l'**île du Bouddha**, comprend une petite plage de sable blanc et une splendide statue du Bouddha ornée de nagas (serpents) s'enroulant autour de son socle à l'extrémité nord de l'île. Koh Kaew constitue une halte parfaite lors d'une excursion sur les îles.

Ci-dessus Patok beach, île de Racha

51 Au fil de la côte D'ANDAMAN

PLAGES | NATURE | PLEIN AIR

La côte d'Andaman offre un paysage de carte postale avec ses palmiers, ses plages de sable blanc, sa jungle luxuriante et ses immenses falaises karstiques. Ce décor spectaculaire sert de toile de fond à des activités de plein air, des loisirs à faire en famille ou en solo et des vacances relaxantes dans un cadre tropical. Pour en profiter, voici quelques endroits à voir absolument.

BANANA REPUBLIC IMAGES/SHUTTERSTOCK ©

En pratique

S'y rendre La côte d'Andaman est facilement accessible en avion, en bateau, en bus et en minibus. Durant la saison humide (mai à novembre), les bateaux sont moins nombreux car la mer peut être agitée. Il est possible de réserver des excursions d'une journée dans la baie de Phang-Nga et Ko Phi Phi auprès de tous les tour-opérateurs.

Circuler La côte d'Andaman se visite aisément à pied, mais l'aéroport international de Krabi et la principale gare routière sont éloignés du centre-ville. Les taxis, moto-taxis et *songthaew* relient la principale gare routière au centre et il est facile de les héler.

LUCY BROWN/SHUTTERSTOCK ©

Ao Phang-Nga

Avec ses eaux émeraude et ses formations karstiques, la pittoresque baie de Phang-Nga est tout indiquée pour une balade en bateau et en kayak. L'île de James Bond et Ko Panyi sont ses deux sites les plus connus.

Rendue célèbre par le *James Bond* de 1974, *L'Homme au pistolet d'or*, l'île de **James Bond** (Ko Tapu, en thaï) est un piton rocheux jouxtant Ko Ping Ghan. Cette dernière comporte une plage peu étendue et plusieurs petites grottes à explorer.

Ko Panyi est remarquable avec son village de pêcheurs musulmans sur pilotis entourant d'imposantes formations karstiques. Il abrite plusieurs magasins de souvenirs et restaurants, une mosquée, un centre médical et un terrain de football. La plupart des insulaires travaillent pour l'industrie du tourisme ou sont pêcheurs.

Krabi

Véritable joyau de la côte d'Andaman, Krabi se distingue par son paysage époustouflant, ses falaises karstiques

La jungle vue d'en haut

Au sommet d'une colline recouverte d'une forêt tropicale humide, le **Samet Nangshe Viewpoint** (p. 279) impressionne par sa vue panoramique à 180 degrés sur la baie de Phang-Nga, ses îles minuscules et ses vertigineuses formations karstiques. Le point de vue est accessible en 20 minutes par un sentier raide.

À gauche, en haut Île de James Bond (Ko Tapu)
Ci-dessus *Long-tail boats*, Ko Panyi

déchiquetées, ses plages de sable blanc, sa jungle épaisse, ses cascades, ses grottes, sa faune exotique et ses îles (plus de 100). Moins développée et plus paisible que Ko Phi Phi ou Phuket, l'île dégage une ambiance décontractée et permet une myriade d'activités quel que soit votre âge.

Abritant un large éventail d'hôtels et de restaurants, le centre-ville animé d'**Ao Nang** se trouve à une courte distance à pied de **Hat Noppharat Thara**. Plus éloignées, **Railay** (ou Rai Leh) et les plages de **Ton Sai** sont accessibles en *long-tail boat*. Elles sont appréciées pour leur calme, leur jungle et leurs parcours d'escalade convenant aux débutants et aux familles. **Tex Rock Climbing** (p. 280) est l'un des centres d'escalade les plus renommés de Hat Railay. Il propose plusieurs cours, d'une demi-journée à trois jours. Voir aussi p. 275.

Plage de sable blanc isolée baignée par une eau peu profonde, **Tubkaek Beach** offre une vue imprenable sur les îles de la mer

Stars de cinéma

Le film hollywoodien *La Plage* a rendu célèbre les îles de **Ko Phi Phi**, au nombre de six – **Phi Phi Don** et **Phi Phi Leh** étant les plus connues. Elles conjuguent plages de sable blanc, imposantes formations rocheuses, eaux turquoise et riche vie sous-marine. Sensationnelles pour pratiquer le snorkeling et la plongée, ces îles paradisiaques sont accessibles en seulement 90 minutes de ferry depuis Phuket ou Krabi.

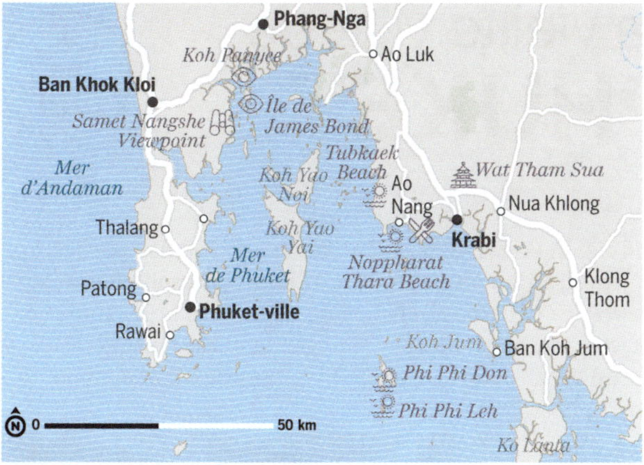

À gauche Ao Maya, Phi Phi Leh

d'Andaman. Elle permet d'accéder facilement au sentier **Dragon Crest Mountain**. Aussi connu sous le nom de **Khao Ngon Nak** ou **Hang Nak**, ce dernier serpente à travers une forêt luxuriante. La vue sur Krabi y est exceptionnelle. Les randonneurs confirmés parcourront ses 8 km, tandis que les débutants effectueront une balade de 4 km depuis le point de départ jusqu'au point de vue. Il est possible d'emprunter le sentier sans guide, mais plusieurs tour-opérateurs sur la principale route du bord de plage à Ao Nang proposent des forfaits avec guide.

Visitez la **ville de Krabi**, à l'atmosphère détendue, pour avoir un aperçu de la vie quotidienne. Avec son marché animé au centre, et sa rivière où voguent de nombreux bateaux de pêche, Krabi a du charme à revendre. Ouvert le vendredi, le samedi et le dimanche, son **marché nocturne** mérite le détour pour ses stands de cuisine de rue et ses petits souvenirs. Au **Wat Tham Sua** (temple de la Grotte du tigre ; p. 278), on jouit d'une vue panoramique sur la ville et la mer d'Andaman.

Il existe une myriade d'îles à explorer au large de Krabi, comme Ko Poda, Ko Kai (Chicken Island), Tup Island) et Hat Tham Phra Nang. Néanmoins, la plupart des touristes se rendent à **Ko Lanta** (p. 278) et **Ko Jum** (p. 279), plus au sud.

Avec sa longue côte et ses multiples plages, **Ko Lanta** est la préférée d'un bon nombre de visiteurs. Disposant d'hébergements pour tous les budgets, elle doit son renom à ses sites de plongée et de snorkeling, ses balades en *long-tail boat* et ses nombreux repaires hippies faisant office de bars reggae. N'oubliez pas de visiter la **vieille ville de Lanta**, aussi appelée **Sri Raya**. Cet ancien port de négoce accueillait jadis les navires marchands arabes et chinois qui naviguaient entre Phuket, Penang et Singapour. Aujourd'hui, la vieille ville est un village somnolent au charme rustique.

Ko Jum (p.278) est une petite île composée de neuf plages. Celles situées au sud se rejoignent facilement à scooter. Les plages du nord sont moins accessibles. Les atteindre en passant par des routes de gravier relève donc un peu de l'aventure. Ko Jum, généralement épargnée par la foule, jouit d'une certaine douceur de vivre. Elle est donc parfaite pour qui souhaite un séjour au calme. L'île comprend aussi de beaux sites de snorkeling. Gagnez **Ban Koh Jum**, le plus grand village, pour acheter des souvenirs ou vous rendre dans une agence afin d'organiser la suite de votre circuit.

52 La vieille ville de PHUKET

ARCHITECTURE | CULTURE | HISTOIRE

Cœur historique de l'île, la vieille ville de Phuket est constituée par les rues Thalang, Phang-Nga, Krabi, Dibuk et Yaowarat. Alliant l'ensemble des cultures de l'île, ses *shophouses* (anciennes maisons de négoce en bois) sino-portugaises aux couleurs vives, son animation et son cachet suranné sont sans pareil. Le quartier est un régal pour les sens : il y a tant de choses à voir, toucher, goûter ou découvrir à chaque coin de rue.

DENIS COSTILLE/SHUTTERSTOCK ©

En pratique

Circuler Mieux vaut visiter la vieille ville à pied. Proches les unes des autres, les rues Phang-Nga, Krabi, Thalang, Yaowarat et Dibuk en constituent le centre.

Conseil Allez au **Bookhemian** (p. 281), café *arty* situé au 61 Th Thalang, pour prendre une boisson rafraîchissante ou grignoter.

À voir Ne ratez pas le **marché du dimanche**, appelé Lard Yai (p. 280), qui se tient chaque dimanche à partir de 16h dans la Th Thalang.

TAYAWEE SUPAN/SHUTTERSTOCK ©

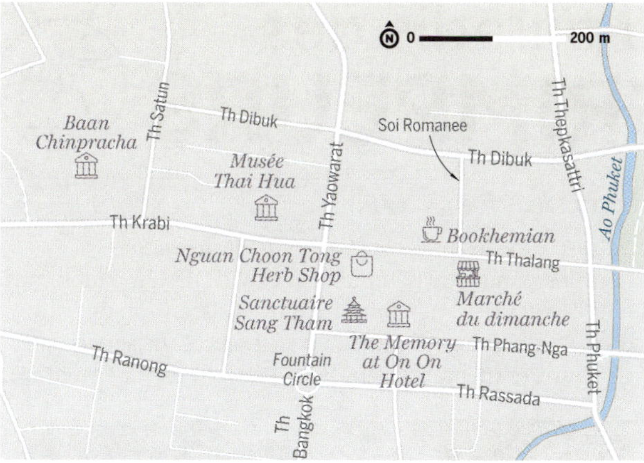

À gauche Soi Rommanee
En dessous Sang Tham Shrine

Rien ne vaut une promenade à pied pour découvrir le centre historique de la vieille ville. Partez de la Phang-Nga Rd et visitez d'abord le **sanctuaire Sang Tham (shrine)** (ou sanctuaire de la Lumière sereine ; p. 278). Construit en 1889 par une famille chinoise appartenant au peuple hokkien, le temple possède des murs ornés de fresques évoquant d'anciennes légendes. Un peu plus bas dans la rue, arrêtez-vous pour admirer l'architecture sino-portugaise du **The Memory at On On Hotel** (p. 278).

Dans la Thalang Rd, vous verrez des boutiques vendant tout et n'importe quoi, des batiks aux balais en bambou. Faites une halte à la **Nguan Choon Tong Herb Shop** (p. 278), la plus ancienne herboristerie chinoise de Phuket. Achetez des remèdes ou intéressez-vous aux grosses boîtes en bois contenant des fruits, de l'écorce et des racines aux propriétés purifiantes.

Ne manquez pas la charmante Soi Romanee. Jadis rue des prostituées fréquentée par les Chinois qui travaillaient dans les mines d'étain, elle est aujourd'hui jalonnée de *shophouses* sino-portugaises colorées et abrite l'un des meilleurs torréfacteurs de café de Phuket : **DouBrew Coffee** (p. 281).

Pour en savoir plus sur la culture et l'histoire du vieux Phuket, faites un saut au **musée Thai Hua** (p. 278), qui se trouve sur Krabi Rd. Bâtie en 1917, cette demeure sino-portugaise de style colonial fut la première école de langue chinoise de Phuket. Elle retrace l'histoire du négoce de l'étain et évoque les figures majeures des familles chinoises ayant contribué à faire de Phuket une destination multiculturelle.

Influences européennes et chinoises

Dans la Krabi Rd, visitez **Baan Chinpracha** (p. 278), somptueux manoir chinois de style colonial encore habité par la famille Tandavanitj. Il donne un formidable aperçu de la vie des familles aisées du Phuket d'autrefois. La majeure partie du manoir est ouverte au public. Elle est ornée d'objets de la famille, de mobilier d'époque importé de Chine et d'Europe et de carrelages italiens anciens. Le patio est magnifique. Dans la demeure vous verrez de vieux clichés de la famille, des chaudrons en terre cuite, de vieilles lampes à pétrole et d'autres vestiges du passé.

53 Au paradis des GRIMPEURS

ESCALADE | ROCHERS ESCARPÉS | RELIEFS CALCAIRES

Railay est l'un des sites d'escalade les plus cotés de toute l'Asie du Sud. Quelque 700 voies équipées pour les grimpeurs débutants et expérimentés, panoramas inégalés... on pourrait pratiquer l'escalade ici pendant des mois. L'ascension de corniches en solo au-dessus d'eaux profondes rencontre un réel succès. Le seul risque étant de finir trempé en cas de chute, et même les débutants peuvent tenter l'aventure.

MACIEJ BLEDOWSKI/SHUTTERSTOCK ©

En pratique

S'y rendre Des *long-tail boats* rejoignent Railay depuis Tha Khong Kha à Krabi et depuis le front de mer d'Ao Nang et Ao Nam Mao. Les *long-tail boats* pour Krabi partent de Hat Railay Est. Les bateaux pour Hat Railay Ouest partent de l'extrémité sud-est d'Ao Nang.

Conseil La magnésie s'avère indispensable pour éviter la transpiration au niveau des paumes sous ces latitudes tropicales.

Débutant Si vous êtes débutant, tenez bon jusqu'au sommet, vous ne le regretterez pas.

TRAVEL_MOTION/ISTOCK ©

À gauche, en haut Grimpeurs et touristes sur la plage de Railay
En dessous Escalade sportive, Railay

Voies d'escalade

La plupart des grimpeurs commencent par **Muay Thai Wall** puis **One**, **Two**, **Three Wall**, à la pointe sud de Hat Railay Est, où l'on trouve au moins 40 itinéraires de 4b à 8b (cotation française). L'imposant **Thaiwand Wall**, situé à l'extrême sud de Hat Railay Ouest, est une falaise calcaire présentant des voies particulièrement ardues, cotées de 6a à 7c+.

Citons également **Hidden World** et ses voies classiques de difficulté moyenne ; **Wee's Present Wall**, voie méconnue et pourtant exceptionnelle (7c+) ; **Diamond Cave**, très fréquentée par les grimpeurs débutants et intermédiaires ; enfin, **Ao Nang Tower**, un mur de 3 longueurs accessible uniquement par bateau.

Vous trouverez des renseignements très utiles pour l'escalade sur le site www.railay.com.

Cours et matériel

Les débutants pourront commencer par un cours à la journée ou à la demi-journée. Des cours privés sont également proposés. Les cours sur 3 jours sont plus techniques car il faut pouvoir grimper en tête et s'assurer aux chevilles d'ancrage. Les grimpeurs expérimentés pourront louer du matériel dans les écoles d'escalade (environ 1 200 B la demi-journée ; 2 000 B la journée ; 3 jours 6 500 B) ; l'équipement standard comprend une corde de 60 m, 2 baudriers et des chaussons d'escalade. Si vous souhaitez grimper seul, mieux vaut arriver avec votre matériel, bicoins et autres coinceurs de secours, pour les voies faiblement protégées. Certaines écoles d'escalade proposent à la vente une petite sélection de matériel importé. Voir aussi le prestataire Tex Rock Climbing, p. 270.

Écoles d'escalade et équipementiers

Parmi les prestataires opérant à Railay (voir le *Carnet d'adresses* p. 279), nous vous recommandons :

Highland Rock Climbing Cette école d'escalade est proche des meilleures voies de l'île.

Hot Rock Tenu par l'un des pionniers de l'escalade à Railay, Hot Rock jouit d'une solide réputation.

King Climbers L'une des plus grandes, des plus anciennes et des plus fiables écoles de Railay.

Real Rocks Cette école d'escalade américano-thaïlandaise, gérée avec efficacité, est appréciée de ses élèves.

54 Plongée à KO PHI PHI

DEUX ÎLES | BONS SPOTS | RÉCIFS CORALLIENS

Phi Phi Don et Phi Phi Leh – appelées collectivement Ko Phi Phi – sont des îles rêvées pour la plongée. La première est un paradis hédoniste où les voyageurs barbotent dans l'eau azur et font la fête toute la nuit sur le sable fin. La seconde est une petite île dénuée d'hôtel et bordée de hautes falaises dentelées. Dans les eaux cristallines et les récifs coralliens des deux îles, on croise des requins-léopards et des tortues.

BALATE DORIN/ISTOCK ©

En pratique

S'y rendre Ko Phi Phi Don est accessible depuis Ao Nang, Krabi, Phuket, Railay et Ko Lanta. La plupart des bateaux accostent à Tha Ao Ton Sai. Des ferries circulent toute l'année.

Snorkeling Ko Mai Phai est un spot très apprécié, car on peut y voir s'ébattre de petits requins.

Une petite faim Le déjeuner est en principe compris lors des excursions à la journée.

Bon à savoir C'est entre novembre et février que l'on profitera de la meilleure visibilité.

FILIPPOBACCI/ISTOCK ©

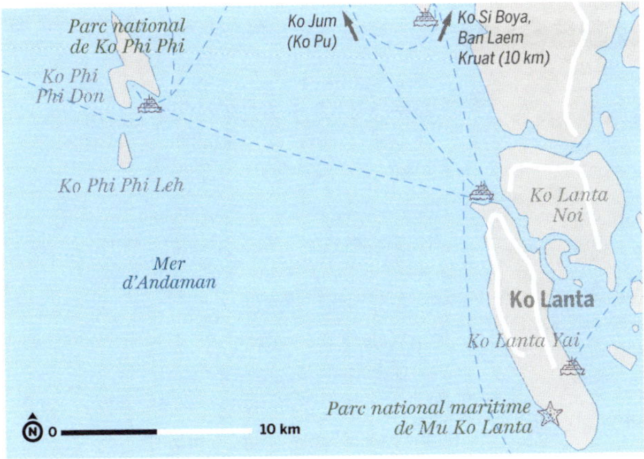

À gauche, en haut Maya Bay, Ko Phi Phi
En dessous Activités nautiques à Ko Phi Phi

Sites de plongée

Il existe de nombreux spots très appréciés, notamment **Anemone Reef** (récif corallien d'une profondeur de 17 à 26 m, où vivent de nombreuses anémones de mer et des poissons-clowns), **Hin Bida Phi Phi** (pic sous-marin abritant coraux, tortues, requins-léopards et quelques raies mantas et requins-baleines ; de 5 à 30 m) ou **King Cruiser Wreck** (navire coulé en 1997 ; guettez vivaneaux, requins-léopards, poissons-scorpions, barracudas, poissons-lions et tortues). **Kledkaeo Wreck**, navire thaïlandais désaffecté coulé volontairement en 2014 pour créer un site artificiel de plongée. On y rencontre poissons-lions, vivaneaux, mérous et barracudas. **Ko Bida Nok** est un massif karstique peuplé de gorgones, requins-léopards, barracudas et parfois des requins-baleines et des raies mantas (de 18 à 22 m). **Phi Phi Leh** est bordé de coraux ; ses passages sont traversés par des murènes, pieuvres et hippocampes.

Sites de snorkeling

Ko Mai Phai, à 6 km au nord de Phi Phi Don, est un spot peu profond où l'on peut apercevoir de petits requins. La pratique est très plaisante sur la côte orientale de **Ko Nok**, celle de **Ko Nai**, et au large de **Hat Yao**. On peut louer le matériel dans la plupart des complexes hôteliers. Une sortie de snorkeling revient de 700 à 2 500 B, selon l'embarcation (*long-tail boat* ou bateau à moteur). Vous pouvez aussi accompagner les groupes de plongée ; de nombreux centres proposent également des sorties spéciales snorkeling. Celles organisées par The Adventure Club ont bonne réputation.

Centres de plongée

Les tarifs pratiqués sur toute l'île de Phi Phi sont fixes. La certification PADI Open Water revient à 13 800 B ; les sorties standards 2 plongées à 2 500-3 500 B ; les sorties baptême de plongée à 3 400 B.

Parmi les centres de plongée recommandés (voir p. 280), citons :

Princess Divers

The Adventure Club

Blue View Divers

Sea Frog Diving

Carnet d'adresses

Les grands classiques (p. 256)

Îles de Trang

(parc national de Hat Chao Mai ; 075 203308 ; www.dnp.go.th ; adulte/enfant ; 200/100 B ; 9h-16h)

Ko Lanta

(centre d'information des visiteurs du parc national de Mu Ko Lanta ; 081 090 1466, 082 816 6885 ; Laem Tanod ; 8h-18h)

Parc national de Khao Sok

(077 395 154 ; www.khaosok.com ; Khao Sok ; adulte/enfant 300/150 B ; 6h-18h)

Phuket

(TAT ; 076 211036 ; www.tourismthailand.org/Phuket ; 191 Th Thalang ; 8h30-16h30) ; Tourist Information Centre ; Th Thalang ; 9h-22h)

Railay

(www.railay.com)

Art, culture et spiritualité

Art Studio Green Grey

Voir p. 259. (66 87 954 5134 ; 4030 Tambon Rawai, Phuket ; 10h-17h)

Baan Chinpracha (Chinpracha House)

Voir p. 273. (66 6 211 281 ; 98 Krabi Rd, Phuket ; 150 B ; 9h-16h30)

I Mon Art Gallery

Voir p. 258. (66 8 6961-8968 ; 29/2 Phang-Nga Rd, Talat Yai, Phuket ; 9h-20h30)

Living Art Gallery

Voir p. 259. (66 65 926 9455 ; bluetree.fun/the-living-art ; 4/2 Srisoonthorn, Srisoonthorn Rd, T.Cherngtalay, A. Thalang, Phuket ; 10h30-18h30 lun-ven, jusqu'à 20h sam)

Musée Thai Hua

Voir p. 273. (Phuket Thai Hua Museum ; 66 76 211 224 ; 28 Krabi Rd, Phuket ; 200 B ; 9h-17h)

Nguan Choon Tong Herb Shop

Voir p. 273. (16 Thalang Rd, Tambon Talat Yai, Phuket ; 8h-11h dim)

Phuket Art Village

Voir p. 258. (66 64 875 5879 ; www.facebook.com/Phuket-Art-Village-320158668080202/ ; 28/68 Soi Naya 2, Rawai, Phuket ; 10h-19h)

Rawai Ceramic Café

Voir p. 259. (66 65 926 1495 ; sur la Hwy 4030, Rawai, Phuket ; 9h-17h lun-ven, 9h-18h sam-dim)

Sanctuaire Sang Tham (shrine)

Voir p. 273. (72/1 Yaowarat Rd, Talat Yai, Phuket ; 8h30-17h30)

The Memory at On On Hotel

Voir p. 273. (66 76 363 711 ; www.thememoryhotel.com ; 19 Phang-Nga Rd, Talad Yai, Phuket)

Wat Tham Sua (temple de la Grotte du tigre)

Voir p. 271. (à environ 3 km de Krabi par la Highway 4037)

Profiter de la nature

Ko Jum

Voir p. 271. (de nov-mai, le bateau qui relie Krabi et Ko Lanta s'arrête à Ko Jum (450 B, 1 heure). En haute saison, un bateau va de Ko Jum à Ko Phi Phi

DENIS COSTILLE/SHUTTERSTOCK ©

Monkey Trail

Long-tail boat et rochers, Krabi

(600 B, 1 heure 30). Toute l'année, des *long-tail boats* desservent Ko Jum au départ de Ban Laem Kruat.

Samet Nangshe Viewpoint

Voir p. 269. (Khlong Khian, Takua Thung District, Phang-Nga ; 50 B ; 4h-minuit)

Vue au crépuscule

Khao Rang

Surplombant les toits de Phuket-ville, la colline Rang est appréciée des habitants pour son cadre naturel, ses restaurants, son petit temple et ses singes sauvages. Vue sublime.

Laem Promthep

Ce cap est un des points les plus photographiés de Phuket. Situé au sud de l'île, il offre une vue sur la mer d'Andaman et est idéal pour admirer le coucher de soleil.

Monkey Trail

Situé dans la province de Krabi, entre Ao Nang Beach et Pai Plong Beach, ce sentier serpente à travers la jungle – vous admirerez par des trouées Ao Nang Tower (tour karstique). Vous verrez des macaques sur ce sentier. Ne les nourrissez pas et faites attention à vos effets !

Écoles d'escalade

Highland Rock Climbing

Voir p. 275. (084 443 9539 ; www.highlandrockclimbingthailand.weebly.com ; promontoire de Railay ; 8h-22h)

Hot Rock

Voir p. 275. (085 641 9842 ; www.railayadventure.com ; Hat Railay Est ; 9h-20h)

King Climbers

Voir p. 275. (081 797 8923 ; www.railay.com ; Walking St ; 8h30-21h lun-ven, 8h30-18h sam-dim)

FINN STOCK/SHUTTERSTOCK ©

Marché nocturne de Krabi

Real Rocks

Voir p. 275. (080 718 1351 ; www.realrocksclimbing.com ; Hat Railay Est ; 8h-22h)

Tex Rock Climbing

Voir p. 270. (66 82 496 9305 ; 145 Ao Nang, Mueang Krabi ; 8h-22h)

Centres de plongée

Blue View Divers

Voir p. 277. (094 592 0184 ; www.blueviewdivers.com ; Phi Phi Viewpoint Resort, Ao Lo Dalam, Ko Phi Phi Don ; 10h-20h)

Princess Divers

Voir p. 277. (075 812 296 ; www.princessdivers.com ; Ton Sai Village, Ko Phi Phi Don ; 9h30-22h)

Sea Frog Diving Center

Voir p. 277. (087 920 0680, 075 601073 ; www.ppseafrog.com ; Ton Sai Village ; 7h-22h)

The Adventure Club

Voir p. 277. (081 895 1334 ; www.adventureclubthailand.com ; Ton Sai Village ; 8h-22h)

Les plus beaux marchés

Lard Yai

Voir p. 272. (Th Thalang, Phuket ; à partir de 16h dim)

Marché nocturne de Krabi

Ce marché de rue au centre de Krabi se tient du vendredi au dimanche. Vaste choix de produits, notamment les créations d'artistes locaux et, bien sûr, des stands de cuisine de rue. (Soi Maharaj 8, Krabi ; 16h-22h ven-dim)

Naka Market

Il s'agit du marché du week-end de Phuket. On y trouve toutes sortes de souvenirs, des articles artisanaux originaux, des vêtements, des articles pour la maison et une délicieuse cuisine de rue. Le grand bazar de nuit, près de Phuket-ville, ouvre tous les soirs. (Thalang Rd, Tambon Talat Yai, Phuket ; 16h-21h sam-dim)

Phuket Indy Market

Attirant une clientèle jeune, l'Indy Market est prisé pour la diversité de ses étals de nourriture, ses musiciens et ses kiosques de souvenirs artisanaux. (Dibuk Rd, Talat Yai, Phuket ; 16h-22h30 mer-ven)

Restaurants

Kin-Kub-Ei BB

Dans ce restaurant, vous vous retrouvez face à face avec tante Tubtim, qui porte souvent un sarong en batik pour préparer d'exquises spécialités du Sud selon d'anciennes recettes familiales. (66 95 428 7195 ; 81/9 Mu 7, Si Sunthon Rd, Si Sunthon, Phuket ; 11h-18h ven-dim)

Krua Thara BB

Ce restaurant de Hat Nopparat Thara, à Krabi, sert une authentique cuisine thaïlandaise, des produits de la mer avec des épices et des plats basiques, comme du riz frit et des liserons d'eau sautés. Recommandé par les gens du cru. (66 75-637-361 ; www.facebook.com/kruatharaseafood ; 82 Moo 5, Noppharat Thara Road, Ao Nang, Krabi ; 11h-22h)

Tu Kab Khao BB

Occupant un édifice sino-portugais restauré, l'élégant restaurant Tu Kab Khao concocte la meilleure cuisine de Phuket et des spécialités sud-thaïlandaises. Le lieu est abordable et le menu propose une centaine de plats. (☎66 76 608 888 ; www.facebook.com/tukabkhao ; 8 Phang-Nga Road, Talat Nuea Phuket ; 11h-21h)

Plaisirs de gourmets à Phuket

Cham-Cha Local Food Court

Voir p. 263. (Tambon Talat Nuea, Phuket ; 6h-16h30)

Chef's Tour

Voir p. 263. (achefstour.com ; circuit Phuket Food Tour 2 136 B ; 8h30-14h)

Go Benz

Voir p. 263. (163 Patiphat-Krabi Road Phuket ; 17h30-0h30 mar-dim)

Go Song Khon Boran

Voir p. 263. (111/9 Bangkok Soi 4, Ranong Rd, Talat Nuea, Phuket ; 8h30-16h30)

Hong Khao Tom Pla

Voir p. 263. (5 Kra Road, Talat Yai, Phuket ; 17h30-22h)

Lock Thien

Voir p. 262. (173 Yaowarad Rd, Tambon Talat Nuea, Phuket ; 9h-17h)

Roti Taew Nam

Voir p. 263. (6 Thep Krasatti Road, Talad Yai, Phuket ; 6h-12h)

Pauses café

Bookhemian

Voir p. 272. (☎66 98 090 0657 ; www.facebook.com/bookhemian ; 61 Thalang Road, Talad Yai, Phuket ; 8h-19h lun, 9h-19h mar-ven, 9h-20h sam-dim)

DouBrew Coffee

Voir p. 273. (dou-brew-coffee-craft.business.site ; 15 Soi Rommani, Phuket ; 8h-18h)

Hock Hoe Lee

Voir p. 265. (www.hockhoelee.com ; 183 Ranong Rd, Taradnuea, Phuket ; 8h-16h30 lun-sam et 8h-11h

Marché de rue de Ko Lanta

dim ; 28/9 Moo 5, Viset Rd, Rawai, Phuket ; 8h-17h30 lun-sam, 8h-17h dim)

Mingalar Coffee Shop

Voir p. 262. (Soi Talat Sot, Phuket ; 8h30-14h)

Vie nocturne

KUDO Beach Club

Club de plage de Hat Patong avec bar flottant, coin salon et restaurant italien. Attendez-vous à de la bonne musique mixée, des soirées à thème, une délicieuse cuisine et d'excellents cocktails. (www.kudophuket.com ; 33/1 Taweewong Rd, Hat Patong, Phuket ; 11h-minuit)

Tew Lay Bar

Situé sur la Hat Railay Est, ce charmant petit bar de plage, fait de bambou et de chaume, est un lieu merveilleux pour écouter du reggae et admirer une mangrove. (plage de Railay Est, Krabi ; 11h-minuit)

Zimplex

Le propriétaire, connu sous le nom de Tom Funk, concocte d'extravagants cocktails et shots dans ce bar branché de Phuket-ville. (www.facebook.com/Z1MPLEX/ ; 156/48 Phang-Nga Rd, Talad-Yai, Phuket ; 19h-23h)

KO SAMUI ET LE SUD DU GOLFE DE THAÏLANDE

PLAGES | NATURE | DÉTENTE

Parc national maritime d'Ang Thong

Faites une croisière pour voir les 42 îles du **parc national maritime d'Ang Thong** (p. 296).
À 1 heure de l'embarcadère de Lomprayah

Ko Phaluai

KO SAMUI ET LE SUD DU GOLFE DE THAÏLANDE
à la carte

Une mer saphir, du sable fin et une jungle luxuriante… telle est la superbe toile de fond de Ko Samui et du sud du golfe de Thaïlande. La seconde île la plus vaste du pays jouxte Ko Tao la hippie et Ko Phangan la branchée. Son ambiance détendue, ses eaux limpides et le côté bohème de sa vie nocturne séduisent touristes et fêtards.

Pratiquez le kayak en famille autour de l'île ensoleillée de **Ko Taen** (p. 297).
\+
À 20 minutes de Hat Lamai

Prenez l'apéritif sur un des poufs du **Coco Tam's** (p. 295), face à un splendide coucher du soleil.

À 12 minutes de route du Grand Bouddha

Dînez au **Long Dtai**, restaurant sélect situé dans le seul hôtel privé de l'île (p. 302).

\+ *À 20 minutes de Fisherman's Village*

Silver Beach séduit par son sable fin immaculé et son eau cristalline (p. 295).

\+ *À 20 minutes de Chaweng*

Ressourcez-vous au **Kamalaya Ko Samui**, *resort* luxueux et isolé (p. 291).

À 40 minutes de l'aéroport de Samui

Informations pratiques

SUPAKIT_N/SHUTTERSTOCK ©

À L'ARRIVÉE

Aéroport international de Ko Samui Géré par Bangkok Airways, cet aéroport est l'un des meilleurs du pays avec ses boutiques installées sous d'élégants auvents en chaume. Il accueille surtout les vols intérieurs de Bangkok Airways, mais des avions en provenance de Singapour et de Hong-Kong y atterrissent aussi.

Aéroport international de Surat Desservi par la plupart des compagnies à bas coûts, il permet de voyager à petit prix, mais un trajet en voiture, puis en ferry sera nécessaire pour rallier Ko Samui.

BUDGET

Massage des pieds
350 B

Bière Singha
30 B

Crème solaire
500 B

Tyrolienne
2 000 B

QUAND

JAN-MARS
Haute saison : temps sec, soleil et mer calme. C'est le meilleur moment, malgré l'affluence.

AVR-JUIN
Période la plus chaude de l'année ; au moment de Songkran.

JUIL-SEPT
Le temps est agréable, mais imprévisible avec de légères averses dès septembre.

OCT-DÉC
Le plus fort de la mousson. Temps pluvieux et forte houle. La visibilité dans l'eau diminue sensiblement.

COMMENT CIRCULER

Taxi Il n'y a qu'une seule compagnie de taxis à Samui. Jaunes et bordeaux, ils sont faciles à repérer. La course coûte de 400 à 800 B. Il n'y a pas de Uber et Grab n'est pas fiable, mieux vaut éviter ses VTC.

Location de voiture Facile et abordable. Faites-le à l'aéroport ou en ligne avant d'arriver. Comptez au moins 700 B/jour.

Location de scooter et de moto Il est possible d'en louer presque partout. Soyez prudent : les accidents sont fréquents. Comptez au moins 160 B/jour.

Songthaew Bon marché et amusants, ils empruntent la route circulaire. Il est possible d'en louer le soir pour un déplacement privé.

SE RESTAURER ET PRENDRE UN VERRE

Les produits de la mer et les épices prédominent dans la cuisine du Sud. Goûtez le *gaeng som* (soupe de poisson aigre au tamarin et curcuma ; ci-contre, en haut) proposé dans la plupart des restaurants. Ne ratez pas le curry à la musulmane accompagné de *roti* que les *shophouses* et les marchands ambulants servent. Vous trouverez des *roti* à la banane et au lait condensé (ci-contre, en bas) au marché de rue de Fisherman's Village.

Meilleur goong sataw
Krua Nai Nang (p. 303)

Meilleures glaces
Rossini's Ice Cream (p. 313)

CRÈME SOLAIRE

La crème solaire peut coûter très cher en Thaïlande, jusqu'à 20 € le tube. Emportez-en en quantité suffisante.

ARGENT

Il y a des DAB dans les rues principales, en face des 7-Elevens ou dans les centres commerciaux. Mieux vaut avoir des espèces pour un taxi ou de la cuisine de rue.

SE CONNECTER ET S'ORIENTER

Wi-Fi La plupart des restaurants, cafés et salons de massage ont une connexion.

Plans Prenez-en à l'aéroport après avoir récupéré vos bagages.

OÙ LOGER

Un peu plus d'une heure suffit à explorer Samui, une île presque ronde. Elle est émaillée d'hébergements très confortables convenant à tous les budgets.

Ville/village	Pour/contre
Bo Phut	Lieu à la mode : on s'y balade dans le Fisherman's Village. Côté plage, il est bordé de restaurants, de bars et de toutes sortes de boutiques.
Lipa Noi	Plage à l'écart située à environ 40 minutes du centre, truffée de villas privées et d'une poignée de restaurants.
Bangrak	Central, proche du Grand Bouddha et de Hat Chawaeng. Logements abordables, supermarchés internationaux, bonnes boulangeries. À proximité de l'embarcadère.
Lamai	Localité appréciée des expats. Bon choix de restaurants, plages propres et hébergements abordables. Abrite une importante communauté française.
Choeng Mon	Non loin de l'aéroport. La région est émaillée d'hôtels de luxe et de villas privées. Lieu parfait pour les couples qui veulent paresser toute la journée.
Mae Nam	Lieu plus calme, plus authentique et idéal pour les familles. Petites vagues et diverses activités : tyrolienne, kitesurf et visite du marché de rue.

Les grands classiques

Pour les infos pratiques de chaque site, reportez-vous au *Carnet d'adresses* p. 308.

Ko Samui

Cité balnéaire, parée de plages de sable blanc mais aussi des commodités modernes, Ko Samui compte des liaisons aériennes rapides avec Bangkok. On y trouve des hôtels et spas haut de gamme, mais aussi des villages tranquilles et des plages isolées. Samui peut être l'île paradisiaque de tous, à condition de savoir où chercher.

OZEROV ALEXANDER/SHUTTERSTOCK © CREDIT ©

Ko Tao

Avec ses eaux claires et peu profondes, ses récifs chatoyants et une température agréable, Ko Tao est le lieu rêvé pour un baptême de plongée en Thaïlande. Parmi ses atouts : la facilité d'accès à différents sites de plongée (et de snorkeling) à proximité des côtes. Mais l'île est victime de son succès et vous ne serez pas seul.

SIRACHAI ARUNRUGSTICHAI/GETTY IMAGES ©

BELENTINE/ISTOCK ©

Songkhla/Singha Nakhon

Songkhla abrite de superbes édifices historiques chinois et sino-portugais restaurés. Non loin, les ruines de l'ancien sultanat de Singha Nakhon (XVIIe siècle) se cachent dans la jungle. Les voyageurs pourront découvrir le tombeau du sultan Sulaiman Shah, ainsi que les remparts de la ville et plus d'une dizaine de forts.

EMARIYA/GETTY IMAGES ©

Ko Phangan

Cette belle île du golfe a bien plus à offrir que les fêtes de la pleine lune (*Full Moon Parties*) qui l'ont rendue célèbre. Si vous choisissez d'autres dates du calendrier, vous jouirez aisément de calme et de solitude. Des reliefs tapissés de forêt vierge et des cascades, ainsi qu'un parc national et des plages secrètes font partie de son charme.

JARUNG H/SHUTTERSTOCK ©

Parc national maritime d'Ang Thong

Recouvertes par la jungle, les quelque 42 îles du parc national maritime d'Ang Thong forment un collier d'émeraudes éparpillées sur la mer céruléenne. C'est dans le cadre d'un circuit guidé depuis Ko Samui que ce territoire sauvage est le plus facilement accessible. Ces îles sont visitées essentiellement à la journée.

55 SAMUI à son meilleur

MÉDITATION | YOGA | DÉTOXIFICATION

Samui ne se résume pas à de beaux couchers de soleil et à des fêtes. L'île compte aussi de nombreux centres de bien-être et de yoga. Il y en a pour tous les goûts et budgets. Ateliers de méditation, cours de yoga et, pour les plus déterminés, retraite silencieuse auprès de moines... Les personnes souhaitant se reconnecter avec leur moi intérieur n'auront que l'embarras du choix.

PAULA BRONSTEIN/GETTY IMAGES ©

En pratique

Circuler Les taxis locaux et les services de minibus des hôtels restent le meilleur moyen de circuler à Samui. Il n'y a pas de Uber et les VTC de Grab sont rares.

Quand Ko Samui peut se visiter toute l'année. Mais si vous recherchez le calme, il y a moins de monde et plus de calme d'avril à août.

Prix Les tarifs des séjours de méditation varient. Certains sont dispensés en échange de tâches quotidiennes, d'autres coûtent jusqu'à 250 €/nuit dans les hôtels de luxe.

Conseil La plupart des *resorts* offrent des pass à la journée pour se détendre, déjeuner sur place et profiter de prestations luxueuses.

ISLAMIC FOOTAGE/SHUTTERSTOCK ©

À gauche, en haut Kamalaya Koh Samui
En dessous Absolute Sanctuary

Silence à Samui

Le **Dipabhavan Meditation Center** (p. 308), lieu de retraite consacré à la pratique du *Dhamma* – c'est-à-dire de la vérité enseignée par Bouddha –, se dresse sur une colline dans la jungle. Le séjour inclut des cours prodigués par des moines et portant sur les techniques de pleine conscience, de concentration et de méditation *vipassana*. On vous incite à observer le silence. Le cours de 3 jours est gratuit.

Spiritualité à Samui

Si vous souhaitez concilier retraite spirituelle et hébergement élégant, le **Kamalaya Koh Samui** (p. 308) est fait pour vous. Ce temple du bien-être est situé sur la côte sud dans un écrin luxuriant, au milieu de villas et d'allées paisibles qui permettent d'échapper au tohu-bohu. Le bien-être est le mot d'ordre du *resort*, qui propose des programmes sur mesure : détoxification, perte de poids, gestion du stress et acceptation du changement. Des plats sains et nourrissants sont proposés toute la journée.

Sérénité à Samui

Les amateurs de yoga peuvent se rendre au **Vikasa** (p. 309), une retraite qui se distingue par ses cours de yoga offerts dans un cadre serein, parfait pour les personnes aspirant à une transformation personnelle. L'approche holistique transparaît aussi bien dans les cours que dans la cuisine bio. Des stages de formation sont aussi proposés à ceux qui voudraient enseigner le yoga dans leur pays. Des pass pour la journée donnent accès à la piscine à débordement, au café, aux jardins et à la plage.

Bien-être et méditation

Absolute Sanctuary (p. 308) Ce luxueux centre de bien-être au décor d'inspiration marocaine est situé dans un coin retiré de Choeng Mon. Programmes détox, remise en forme et restaurant servant des plats équilibrés.

Surya Muni Spiritual Healing Center (p. 308) Ce centre de Lipa Noi est géré par un septuagénaire qui pratique et enseigne la guérison spirituelle afin de vous aider à vous reconnecter avec vous-même. Séances d'une journée aux personnes disposant de peu de temps.

Samui International Meditation Center (p. 308) Passez trois jours harmonieux à apprendre l'art de la méditation auprès d'un moine. Ce dernier vous guidera dans votre apprentissage des fondements spirituels du bouddhisme. Repas et hébergement inclus.

56 Sites de PLONGÉE

DÉCOUVERTE | PLONGÉE | BIODIVERSITÉ

La limpidité, la faune et les superbes coraux des eaux azur et tempérées des îles du golfe de Thaïlande comblent les amateurs de plongée du monde entier. Considérés par les professionnels comme l'une des meilleures destinations, Ko Tao et ses environs recèlent des sites magiques avec des pitons géants en granit, des bancs de poissons multicolores et même des épaves de la Seconde Guerre mondiale. On y trouve plus de 70 écoles de plongée pour tous les niveaux à des tarifs abordables.

VLADGI/SHUTTERSTOCK ©

En pratique

S'y rendre Prenez le catamaran rapide de Lomprayah (lomprayah.com) à Ko Samui ou un *speedboat* privé lorsque vous réserverez une sortie avec une école de plongée.

Quand Les eaux calmes de Ko Tao sont idéales toute l'année, mais mieux vaut y aller de mai à septembre (l'eau est très claire d'avril à mai).

Budget Comptez au moins 90 € pour une plongée, 375 € pour un brevet PADI et 880 € pour des cours niveau moniteur pendant un mois.

Apéritif Allez au **Whitening** pour boire un verre et admirez les derniers rayons du soleil.

ISRA HONG/SHUTTERSTOCK ©

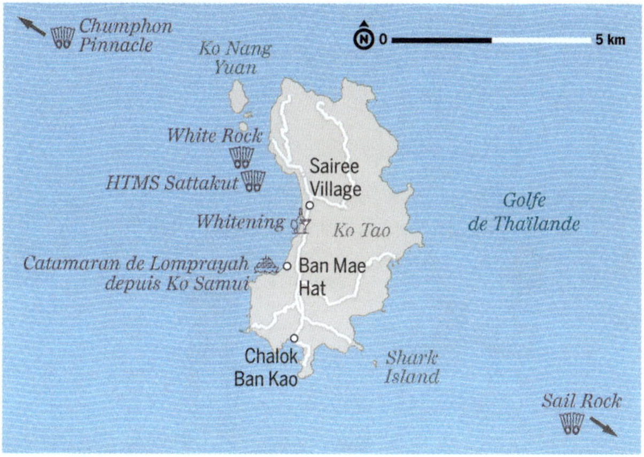

Plongée près de Ko Tao

White Rock, l'un des sites les fréquentés de la région, se trouve à quelques minutes de l'embarcadère de Ko Tao. Convenant à tous les niveaux, il abrite une faune abondante, y compris des tortues. Il est possible de plonger la nuit pour voir des barracudas à chevrons.

Sail Rock, accessible en un peu moins de 2 heures en bateau, n'est pas à proprement parler à Ko Tao. C'est l'un des sites les plus prisés du golfe de Thaïlande, et il est incomparable. Vous saurez que vous l'avez atteint en voyant émerger son pic granitique. Dans l'eau, une grotte verticale, la Cheminée, est dotée d'une ouverture à 18 m de profondeur. Vous y trouverez une vie sous-marine spectaculaire, faite de bancs de poissons chauves-souris, de sandres, de vivaneaux et plusieurs autres créatures plus petites.

À l'ouest de la plage de Sairee sur Ko Tao, l'épave de l'**HTMS Sattakut**, reposant à 18 m sous la surface, constitue un site de plongée artificiel apprécié des plongeurs expérimentés venus se perfectionner. Elle attire des poissons de récif, comme les barracudas jaunes, les mérous malabars et, si c'est votre jour de chance, des requins-baleines.

À gauche, en haut Anémone et poisson-clown, Ko Tao
En dessous *HTMS Sattakut*

Les meilleurs sites de plongée

Sail Rock Formidable site de plongée, où l'on voit des carangues à grosse tête et des mérous.

Chumphon Pinnacle Ce site à environ 45 minutes de Ko Tao est l'un de mes préférés. Avec un peu de chance, vous apercevrez des requins-baleines.

De manière générale, **Ko Tao** a pour atout sa proximité avec la plupart des sites de plongée. C'est donc un lieu idéal pour les débutants qui veulent obtenir leur brevet sans passer la journée en mer.

Par Darren Gaspari, *directeur des cours de certification PADI, propriétaire et directeur général d'Aussie Divers (aussiediversphuket.com)*

57

Des îles et des PLAGES

PLAGES | EXCURSIONS | COUCHERS DE SOLEIL

Si Samui doit sa renommée à l'ambiance décontractée de Kao Tao et aux folles soirées de Ko Phangan, l'archipel a cependant bien plus à offrir. Outre la myriade de plages immaculées de l'île de Samui elle-même, il abrite en effet plus de 60 îles. Où que vous alliez, vous verrez de superbes étendues de sable blanc bordées de palmiers. Le rêve !

PE3K/SHUTTERSTOCK ©

En pratique

Circuler Le bateau rapide de Lomprayah (600 B aller, 1 heure 30) partant de l'embarcadère de Bangrak est le meilleur moyen de se rendre à Ko Tao et Ko Phangan.

Quand La période de janvier à mars est la plus propice au snorkeling, à la plongée, et à la bronzette. L'affluence est moindre de juillet à septembre.

Conseils La mer peut être houleuse, prévoyez des cachets contre le mal de mer pour les trajets en bateau.

Visites À Ko Samui, les rochers Hin Ta et Hin Yai (grand-père et grand-mère) évoquent les organes génitaux masculins et féminins. Ils sont très populaires.

Ko Samui

Lézardez dans des lieux aussi ravissants que **Silver Beach** (p. 310), à un jet de pierre de **Chawaeng**, qui est parfois bondée. De gros rocs émergent de l'eau cristalline et des petits poissons nagent près de vos pieds. Un peu plus loin, la plage de **Choeng Mon** est parfaite pour les familles avec enfants : sable doux, mer calme et restaurants sur 1 km. Si vous aimez les beaux couchers de soleil, gagnez **Lipa Noi**, une plage paisible où la vue est splendide et l'eau peu profonde, ou encore la plage, animée, de **Bo Phut**, pour voir des raies et prendre l'apéritif au **Coco Tam's**.

Ko Phangan (Ko Pha Ngan)

Bien qu'elle soit réputée pour ses nuits endiablées, l'île est aussi un havre de paix

ILPO MUSTO/ALAMY ©

À gauche, en haut Plage de Lipa Noi
En dessous Coco Tam's, Bo Phut

avec des plages secrètes et des refuges verdoyants. Au lieu de **Hat Rin**, choisissez sa voisine, **Leela Beach**, avec ses balançoires photogéniques et son eau limpide. À environ 3 km plus au nord, **Hat Yuan** est plus difficile à atteindre, mais ses rochers, ses sentiers de randonnée et ses points de vue éblouissants méritent quelques efforts. Les randonneurs aimant les défis iront à **Bottle Beach**, la plage la plus au nord, où ils seront récompensés par les vagues déferlant sur le rivage isolé. Les amateurs de snorkeling mettront le cap sur **Ko Raham**, où des centaines de petits poissons évoluent entre de gros rochers juste à côté du bar de la plage.

Ko Tao

La petite île à l'ambiance décontractée de Ko Tao présente un décor idyllique, notamment celui de sa plage principale, **Sairi**. Très animée

Le parc national maritime d'Ang Thong

Ce parc se compose de 42 îles et aucun voyage dans le Sud ne serait complet sans l'avoir visité. Accessible uniquement par le biais d'un voyage organisé, ce lieu sublime s'apparente à une étendue saphir émaillée de formations rocheuses et d'imposantes falaises calcaires surmontant des grottes secrètes. Ang Thong a inspiré à Alex Garland son roman *La Plage*. Il est décrit dans ce dernier, mais n'apparaît pas dans le film qui en a été tiré. Faites une halte à **Ko Mae Ko**, dont le lac salé émeraude est encadré par des falaises. Une randonnée de 20 minutes permet d'y accéder. Le village de **Ko Wua Ta Lap**, principal carrefour du parc maritime, est le seul endroit où vous pourrez louer un bungalow.

Fêtes de la pleine lune

En 1985, des touristes auraient inauguré ces fêtes. Elles se tiennent toujours sur la plage de Hat Rin de l'île de Ko Phangan, comme à l'origine. Une fois par mois, lors de la pleine lune, on y vient en foule pour écouter de la musique, admirer la vue et se faire de nouveaux amis.

PTTRAVELPHOTO/SHUTTERSTOCK ©

et jamais démodée, elle est parfaite pour admirer le coucher du soleil et se promener. La baie de **Chalok Baan Kao** est la troisième plage la plus vaste. Jamais bondée, elle offre une belle vue sur les grandes îles voisines et ses eaux calmes sont idéales pour les jeunes enfants. **Freedom Beach** pourrait être connue pour le récif corallien tout proche, mais elle l'est surtout en fait pour ses eaux turquoise et son bord de mer ombragé. À seulement 10 minutes en bateau, **Ko Nang Yuan** se compose de trois petites îles reliées par une superbe langue de sable et des coraux splendides peuplés de raies mantas et de tortues marines. Très fréquentée, **Tanote Beach** fait forte impression avec sa falaise servant de plongeoir et ses splendides couchers de soleil.

Excursion d'une journée sur une île

Réservez un *long-tail boat* traditionnel pour une escapade d'une journée sur **Ko Madsum**, où d'adorables cochons se promènent nonchalamment. Après une trempette matinale, rendez-vous sur l'île voisine de **Ko Taen**, dont les eaux calmes se prêtent au snorkeling, à la baignade ou au kayak.

À GAUCHE : DON MAMMOSER/SHUTTERSTOCK ©, À DROITE : SUTTIRAT WIRIYANON/SHUTTERSTOCK ©

Page de gauche Parc national maritime d'Ang Thong **En haut** Île de Ko Tao **En bas** Cochon endormi, Ko Madsum

Merveilles
NATURELLES

01 Hin Lad (Wat namtok)
La seconde plus grande cascade de l'île est un havre de paix. Un sentier de 4 à 5 km longe une rivière.

02 Na Muang 1
Première des deux cascades jumelles proches de Nathon Bay, la spectaculaire Na Muang 1 se déverse dans deux bassins naturels (p. 308).

03 Na Muang 2
Les amateurs de cascades la préfèrent à sa jumelle. Elle paraît irréelle avec ses formations rocheuses à demi cachées dominant la mer étincelante (p. 308).

04 Khun Si
Des sentiers de randonnée ardus traversent des plantations de durians près de Bo Phut. Plongez dans les bassins situés sous les rochers naturellement étagés.

05 Secret Falls (Tang Rua)
Partant de la troisième plus grande cascade de Ko Samui, des sentiers mènent

à travers une jungle épaisse jusqu'à des points de vue exceptionnels.

06 Khao Yai
Cette cascade incomparable a pour toile de fond la jungle tropicale et le Jardin secret du Bouddha.

07 Sabot de Vénus
Si vous passez du temps dans le parc national maritime d'Ang Thong, allez voir cette orchidée qui ne pousse qu'ici.

08 Grand impérial
Ce merveilleux papillon (*Neocheritra amrita*), aux ailes jaune-brun, voltige près de Ko Phangan.

09 Dipterocarpus alatus
Cet arbre gigantesque de la forêt de Ko Tao abrite le pygargue blagre, un oiseau rare.

10 Point de vue de Domsila
Faites une halte à la cascade Phaeng avant d'atteindre par un sentier envahi de racines ce point de vue de l'île de Ko Phangan offrant un panorama imprenable sur l'océan.

58 Une journée À SAMUI

BIEN-ÊTRE | AVENTURE | LIBATIONS

Dans cette île où règne un fort esprit de communauté, ma journée idéale à Samui consiste à explorer le champ du bien-être et de la bienveillance, en profitant d'une sélection de plats sains faits maison et d'activités stimulantes.

Recommandé par Shannon Pert, *cofondatrice de Hot Mess et avocate, Instagram @hotmess_samui*

En pratique

Combien Un cours d'initiation au yoga au **Vikasa** coûte 690 B.

Bénévolat À la **Pariah Dog Koh Samui** (p. 310), jouez avec des chiens afin de les socialiser et d'augmenter leurs chances d'adoption.

Photographie Rafraîchissez vos talents de photographe au **Dusit Dheva Cultural Center** (photo ci-dessus ; p. 308), qui comprend un jardin de sculptures représentant des divinités khmères et des reproductions de ruines.

Boissons Le **Beryl** est un des derniers bars de reggae hors des sentiers battus, à Baan Makham.

Meilleurs spots

Silver Beach est un excellent *resort* pour aller faire trempette après un cours de yoga au Vikasa (p. 308). Apportez votre serviette ou essayez le Crystal Bay Yacht Club (p. 310), qui dispose de plus d'équipements.

Wanngram (p. 312), minuscule bistrot de Bang Por, et conjugue classiques thaïlandais et occidentaux. Un foie gras flambé digne d'Instagram figure sur le menu.

03 Dans le Fisherman's Village, le **Marigold** (p. 312) sert une cuisine sud-thaïlandaise traditionnelle dans un décor vintage. Il est possible de manger à l'intérieur ou à l'extérieur.

04 À Bangrak, Extreme Samui Water Sports (p. 310) vous propose une sortie en mer qui décoiffe grâce à son **safari à Jet-Ski au crépuscule**. Après un court exercice, explorez une partie de la côte de Samui et faites le tour d'îles plus petites, comme Ko Som, au soleil couchant.

02 À Bo Phut, visitez le **Samui Elephant Haven** (p. 311). Prenez le temps de nourrir et de participer au bain des pachydermes dans un cadre naturel.

05 Repaire local des musiciens, poètes et créatifs, le bar à cocktails **Shinelay** (p. 314), de Baan Makham, abrite une boutique de musique et de planches de surf. Sirotez une boisson ou prenez une planche pour faire du paddle dans la baie.

01 Au réveil, participez à un cours de yoga au **Vikasa** (p. 308), dans la partie nord de Lamai, puis dégustez une orange pressée avec d'autres yogis au Vikasa Life Cafe en contemplant la vue. La formule Healthy Morning (800 B) inclut méditation, yoga et petit-déjeuner sain et gargantuesque.

59 L'hospitalité DU SUD

ÉPICES | PRODUITS DE LA MER | ETHNIES

La cuisine du Sud est tellement épicée qu'elle vous brûle le gosier. Néanmoins vous apprendrez vite qu'elle n'est pas uniquement relevée. Ayant subi de multiples influences, elle allie les saveurs de la Malaisie, les techniques chinoises et les produits de la mer. Que sa réputation de cuisine piquante ne vous dissuade pas de la découvrir.

En pratique

Trop d'épices Si vous souffrez après avoir ingéré des épices, allez dans le 7-Eleven le plus proche et prenez une bouteille de "Flying Rabbit", l'équivalent du Gaviscon ou Pepto-Bismol en Thaïlande.

Équilibre des saveurs Les Thaïlandais partagent les plats. Ils commandent en général une sauce, une salade, une soupe, un curry et un sauté, tous servis avec du riz jasmin parfumé.

Couverts Dans les restaurants thaïlandais, on n'utilise qu'une cuillère et une fourchette. On ne se sert de baguettes que pour les nouilles ou dans les restaurants chinois.

Voyage culinaire

Surat Thani, la porte du sud du golfe, compte une flopée de restaurants de cuisine locale. Le **Keo Pla** (p. 311) est réputé pour ses boulettes de poisson moelleuses et ses *wontons* servis dans un bouillon clair, et le **Yok Kheng** (p. 312) pour ses *long tong* (nouilles au porc de Surat Thani) et ses nombreux desserts thaïlandais.

Sur Samui, David Thompson, célèbre chef du **Long Dtai** (p. 312), s'inspire des recettes du Sud. Les moules Kolae du menu gourmet à partager au sein du très luxueux Cape Fahn Hotel en témoignent. En plein cœur d'une plantation de noix de coco, goûtez le curry de pousses de noix de coco du **Baan Luang Suan**, dont la carte met à l'honneur les produits de la mer locaux.

La Mecque de la gastronomie, Nakhon Si Thammarat, est connue pour ses *khanom jin* (nouilles de riz fermentées). Au **Khanom Jeen Sen Sod Mae Aed** (p. 311), ce plat est servi avec

RAINYCLUB/SHUTTERSTOCK ©

des curries relevés comme le *nám yah*, des légumes frais et des herbes. Le **Kopi** (p. 311) est parfait pour déguster du *ba kuh teh* (bouillon aux travers de porc et aux aromates pouvant être associé à du café noir corsé). Le **Krua Nai Nang** (p. 311) concocte des plats du Sud, comme le *goong sataw* (grosses crevettes sautées au poivre vert et aux haricots amers) ou du merlan frit (*Sillago*) au curcuma saupoudré d'ail frit.

À Hat Yai, plus au sud, vous trouverez des commerces et du poulet frit. Ce dernier est délicieux chez le marchand ambulant **Meenah**, où il est servi sur un riz biryani parfumé et recouvert d'échalotes frites.

Les incontournables de la cuisine sud-thaïlandaise

Lait de coco Extrait de la noix de coco, il agrémente de délicieux curries, comme le *nám yah kati* (curry jaune servi avec des nouilles fermentées).

Curcuma frais (kha-min) Orange et piquante, cette racine parfumée est essentielle dans la cuisine thaïlandaise. Elle aromatise pâtes, soupes aigres, comme le *gaeng som*, et riz biryani.

Pâte de crevettes (kapi) Obtenue à partir de petites crevettes ou de krill pilés mélangés à du sel que l'on laisse fermenter quelques semaines, cette pâte sert à préparer les curries, les sautés et les condiments, comme le fameux *nám prík kapi*.

Piments et poivre Le piment frais et séché, en particulier le *prík karieng*, et le poivre noir confèrent à la cuisine locale un goût plus ou moins épicé.

Ci-dessus Coffee-shop Kopi

60 Songkhla : une vieille ville MODERNE

ARCHITECTURE | LACS | ART

Pour changer de paysage, rendez-vous dans la charmante province de Songkhla dans le sud de la Thaïlande. Dans la ville éponyme, entre le plus grand lac du pays et le golfe, vous vous émerveillerez devant la splendeur des vieux édifices sino-portugais. Flânez dans les petites allées bordées de *shophouses* et découvrez la riche culture chinoise indissociable de cette ancienne ville de pêcheurs depuis le XIXe siècle.

BEN BRYANT/SHUTTERSTOCK ©

En pratique

S'y rendre Atterrissez à l'aéroport de Hat Yai, puis prenez un taxi (45 minutes).

Quand Visitez la ville de décembre à mars lorsqu'il fait beau.

Conseil Dégustez un apéritif au **Songkhla Lagoon Bar** (p. 314), avant d'embarquer sur un *long-tail boat* jusqu'au lac de Songkhla au moment où le soleil se couche.

Langue Les touristes sont rares et il est parfois difficile de communiquer avec la population. Le traducteur de votre téléphone portable peut être d'une grande aide.

KANOK SULAIMAN/GETTY IMAGES ©

Explorez la ville historique

En 2016, le gouverneur de la province souhaita insuffler un nouvel élan à la région. Il demanda à des étudiants en art des universités locales de créer des fresques dans la vieille ville. Dans le quartier proche de la rue Nang Ngam Rd, l'une d'elles représente des marionnettes du théâtre d'ombres **Nang Talung** habillées à la manière des Beatles. Faites un saut à l'emblématique **sanctuaire de la ville de Songkhla**, bâti en 1879, puis dans la Phatthalun Rd visitez la mosquée **Masjid Asassul** (p. 308), édifiée en 1850.

À Songkhla, la gastronomie n'est pas un vain mot. Vous trouverez de savoureuses spécialités à chaque coin de rue. Débutez la matinée en buvant un thé au lait dans la *shophouse* centenaire **Hub Seng** puis aventurez-vous dans la rue "halal" pour déguster un curry de poulet aux légumes accompagné de sauces au **Baan Captain** (p. 311). Rafraîchissez-vous chez le glacier **Yew** (p. 313). La glace crémeuse nappée d'un jaune d'œuf et saupoudrée de chocolat Milo est la plus populaire. Dînez au **Tae Hiang Aew** (p. 312) qui prépare des plats sino-thaïlandais, comme le *rad na* (tofu, légumes et crabe avec une sauce au jus de viande) ou le calmar tendre sauté avec une tonne d'ail.

Séjournez au **Baan Nai Nakhon** (p. 309), boutique-hôtel de la vieille ville détenu et géré par un ancien steward thaïlandais. Comprenant 6 chambres et truffé d'objets anciens, il est orné de mosaïques colorées, abrite un jardin fleuri et assure un excellent service.

À gauche, en haut Sanctuaire de la ville de Songkhla **En dessous** Mosquée Masjid Asassul

Privilégiez les produits locaux

Savourez des nouilles à la mode de Songkhla au **Ko Ban** (p. 311) ou au **Ko Yao**, deux restaurants réputés. Depuis un siècle, leurs nouilles chinoises de Chaozhou accompagnent leur bouillon.

Au coucher de soleil, la vue que Nakorn Nok offre sur le lac est celle que je préfère. Située près du Singha Beer Store, l'allée est ornée de superbes bougainvilliers. Allez-y entre 17h30 et 18h30 quand la lumière est la plus belle.

Ne faites pas l'impasse sur la scène culinaire de Songkhla. Buvez du thé au lait avec les habitants dans la maison de thé **Hub Seng**, puis découvrez des plats d'inspiration chinoise, comme le ragoût de porc ou les grosses brioches à la vapeur du **Kiat Fung** dans la Nang Ngam Rd.

■ **Bby Aey Pakorn Rujiravilai**, *ambassadeur local de Songkhla et propriétaire de l'A.E.Y space Art Gallery (p. 308) ; Instagram @aey.pakorn, @aeyspace*

Les cultures du Sud

LES CULTURES SE TÉLESCOPENT DANS LE SUD DE LA THAÏLANDE

Le sud de la Thaïlande porte l'empreinte de l'influence des contrées voisines. Plus vous vous enfoncez dans cette région, plus cela devient évident et plus la culture singulière de cette partie du pays transparaît dans la vie quotidienne des habitants.

LOVESEEN/SHUTTERSTOCK ©

À gauche Mosquée Krue Sae
À droite Sanctuaire Chao Mae Lim Ko Niao

La culture chinoise et le sud de la Thaïlande

Dès le XIIIe siècle, des marchands chinois émigrèrent dans l'actuelle Thaïlande. Les cités portuaires, comme Songkhla, accueillirent des immigrés qui fuyaient l'instabilité ou cherchaient simplement à se marier. Constituant alors une plaque tournante du commerce en plein essor, les actuelles provinces de Yala, Narathiwat et Pattani, et certaines parties de la Malaisie, attirèrent des commerçants du monde entier, perses, indiens, arabes, malais, siamois, britanniques, japonais, portugais et hollandais.

Réputés bons marins, les Hakka s'implantèrent dans le sud du golfe de Thaïlande et sur la côte d'Andaman, où aujourd'hui encore ils sont négociants en riz. Ils forment le plus grand groupe ethnique parmi les Chinois de Songkhla, Satun et Phuket. Bien que Songkhla se trouve dans l'extrême sud du pays où l'influence musulmane et malaise est très forte, son architecture, sa cuisine, ses dialectes et ses habitants sont en grande partie chinois.

Aujourd'hui, il y a des Hainanais à Samui, des Hakka à Surat Thani et Hat Yai, et des Cantonais à Betong et Yala.

Les Chinois jouèrent aussi un rôle clé dans le reste du pays. Sous le règne du roi Taksin, ils formèrent une communauté prospère en commerçant, contrôlant la majeure partie du transport maritime et des exportations de sucre, de poisson, de riz et de caoutchouc, et en se mariant avec des Thaïlandais. L'influence chinoise se fait toujours sentir dans le Chinatown de Bangkok, les *shophouses* des provinces du Sud ou les techniques et saveurs de la cuisine traditionnelle thaïlandaise.

Influences islamiques

Si l'influence des Chinois contribua grandement à modeler le Sud, celle de l'islam fut tout aussi importante. La communauté islamo-malaise est la deuxième minorité ethnique la plus importante après les Chinois. Bien que l'islam soit présent dans l'ensemble du pays, le noyau spirituel de la communauté musulmane se trouve dans le Sud, surtout le long de la frontière avec la Malaisie.

WIBLACKANGEL/SHUTTERSTOCK ©

Les provinces de Pattani, Yala et Narathiwat abritent la plus forte concentration de musulmans thaïlandais d'origine malaise. Dès le XVIe siècle, voire plus tôt, ces derniers eurent une influence considérable sur le tissu identitaire du pays. C'est dans le sultanat de Patani, jadis puissant, que l'islam fut introduit dans un pays majoritairement bouddhiste. La région fut et demeure un terrain de bataille entre le pouvoir bouddhiste et les habitants qui revendiquent l'autonomie au nom de leur identité culturelle distincte et de leur foi.

Les relations entre Patani et le Siam se dégradèrent après la signature du traité anglo-siamois en 1909, qui se solda par la cession de plusieurs provinces du Sud aux Britanniques, lesquels reconnaissaient la domination du Siam dans les trois poudrières qu'étaient les provinces de Pattani, Yala et Narathiwat. Cela marqua la fin du sultanat de Patani, même si de facto ce dernier avait disparu plusieurs siècles auparavant.

La bataille pour l'autonomie

Des tensions subsistent dans le Sud. Les séparatistes déplorent la perte de leur identité culturelle face à l'emprise des autorités bouddhistes. Leur lutte pour l'autonomie dure depuis des décennies et prend souvent des formes violentes. Depuis le début du XXIe siècle, elle a fait des milliers de morts et encore plus de blessés. Le Sud n'est pas une destination touristique et les villes sont moins développées que dans le reste du pays.

Néanmoins, sa riche culture malaise n'a jamais disparu. Aujourd'hui, son influence apparaît dans la cuisine, notamment dans les curries épicés au lait de coco servis avec des *roti*, dans les mosquées et le port du hijab. Rien n'est peut-être aussi révélateur de l'identité du sud du pays qu'un site de Pattani où deux lieux de culte se jouxtent : la mosquée Krue Sae (Masjid Kerisik) en pierre bâtie dans le style européen il y a 500 ans, et Chao Mae Lim Ko Niao, un cimetière chinois avec un temple dédié à une héroïne devenue une divinité vénérée par la communauté locale.

Aujourd'hui, son influence (malaise) apparaît dans la cuisine, notamment les curries épicés au lait de coco servis avec des *roti*, dans les mosquées et le port du hijab.

Lieux de culte

Bâtie il y a 500 ans, la **mosquée Krue Sae** (p. 308) est l'une des plus anciennes et des plus importantes de Thaïlande. Elle possède une structure en briques rouges, des piliers arrondis et des arcs de style gothique. Elle fut inscrite sur la liste des monuments du patrimoine thaïlandais en 1935.

Lié à l'histoire de la mosquée, le temple chinois **Chao Mae Lim Ko Niao** (p. 307) est dédié à la divinité Lim Ko Niao. Selon la légende, Lim vint de Chine à Pattani à la recherche de son frère. Quand elle le retrouva, elle apprit qu'il avait épousé la fille du sultan, s'était converti à l'islam, participait à la construction de la mosquée Krue Sae et ne prévoyait pas de rentrer chez lui. Rongée par le chagrin, elle se pendit à un anacardier à l'endroit où se dresse aujourd'hui le temple.

Carnet d'adresses

Les grands classiques (p. 288)

Ko Phangan (Ko Pha Ngan)

(Ko Phangan ; Phangan Info ; www.phangan.info ; Phanganist ; www.phanganist.com ; police touristique ; ☎077)

Ko Samui

(police touristique ; ☎077 430018 ; Siam Map Company ; www.siammap.com)

Ko Tao

(Koh Tao Complete Guide ; www.kohtaocompleteguide.com ; Koh Tao Online ; www.kohtaoonline.com)

Parc national maritime d'Ang Thong

(parc national maritime de Mu Ko Ang Thong ; ☎077 280222 ; www.thainationalparks.com/mu-ko-ang-thong-national-park ; adulte/enfant 300/150 B)

Singha Nakhon/Songkhla

(police touristique : ☎074 321878 ; www.songkhlapolice.com ; Th Laeng Phra Ram, Songkhla)

Culture et spiritualité

A.E.Y Space Art Gallery

Voir p. 305. (☎66 95649 9656 ; www.aeyspace.com ; horaires variables, suivant les expositions)

Chao Mae Lim Ko Niao

Voir p. 307. (A No Ru Rd, Pattani ; 8h-17h)

Dusit Dheva Cultural Center

Voir p. 300. (☎66 87 273 2446 ; www.facebook.com/dusit.dheva/ ; Lipa Noi, Ko Samui)

Masjid Asassul

Voir p. 305. (Th Phattalung ; lever-coucher du soleil)

Mosquée Krue Sae (Masjid Kerisik)

Voir p. 307. (sur la Highway 42 (route Pattani-Narathiwat) à Ban Krue Se, à environ 7 km de Pattani)

Méditation, yoga et bien-être

Absolute Sanctuary

Voir p. 291. (☎66 7724 7810 ; www.absolutesanctuary.com ; 8 Moo 5, Bo Phut, Ko Samui)

Dipabhavan Meditation Center

Voir p. 291. (☎66 96 993 6955 ; dipabhavan.weebly.com ; 271/2 Moo 1, Maret, Ko Samui ; cours gratuits, dons bienvenus ; méditation cours 1 (débutants) en anglais du 11 au 18 de chaque mois, cours 2 du 20 au 27)

Kamalaya Koh Samui

Voir p. 291. (☎66 774 298 00 ; kamalaya.com ; 102/9 Moo 3, Laem Set Road, Ko Samui)

Samui International Mediation Center

Voir p. 291. (☎66 87 495 1616 ; www.samui-meditation.com ; 106/23 Moo 1, Bo Phut, Ko Samui)

Srithanu

Ce village de Ko Phangan est connu pour sa communauté spirituelle. Assistez à des ateliers de yoga, de tantrisme et de guérison par le son ou visitez un des centres de détox. (www.srithanu.info)

Surya Muni Spiritual Healing Center

Voir p. 291. (☎66 62 610 4067 ; www.suryamuni-healing-center.com ; Lipa Noi Beach, Ko Samui)

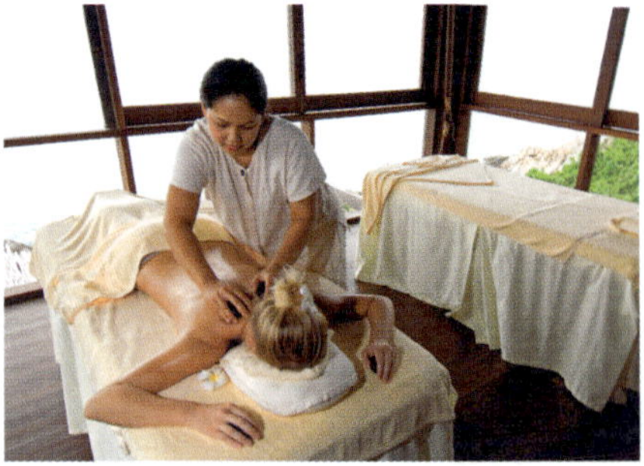

Massage dans un spa, Ko Samui

Vikasa

Voir p. 291. (66 077 422 232 ; vikasa.com ; 211 Moo 4 Ko Samui ; 1/10 cours en groupe 500 B/3 500 B, 1 journée avec cours de yoga, brunch, diner et massage thaï 2 100 B)

Retour à la nature

Na Muang 1 et 2

Voir p. 298. (parking vélo/voiture 20/60 B)

Ocean Samui Tours (découverte des dauphins roses)

Faites une excursion d'une journée sur un bateau pour aller voir les rares dauphins roses, une sous-espèce du dauphin à bosse de l'océan Indien ; à Nakhon Si Thammarat. (66 83 503 5088 ; oceanasamui.com ; 33/61 Moo 4 Bo Phut, Ko Samui)

Parc national de Khao Sok

Faites le plein de nature en vous aventurant dans les terres à Surat Thani pour atteindre cette forêt pluviale épaisse entre Phuket et Ko Samui. Réputé pour la richesse de sa flore et de sa faune, le parc abrite de majestueuses cascades, des formations calcaires et des lacs pittoresques. (www.thainationalparks.com/khao-sok-national-park ; adulte/enfant 200/100 B ; 6h-18h)

Parc national maritime d'Ang Thong

Voir p. 289 et p. 296. (www.thainationalparks.com/mu-ko-ang-thong-national-park ; adulte/enfant 200/100 B ; 8h-16h, parc fermé du 20 oct au 20 déc)

Tham Khao Wang Thong

Allez admirer les stalagmites et stalactites de cette grotte calcaire de Nakhon Si Thammarat. Vous devrez peut-être grimper, ramper ou vous faufiler par les ouvertures. (8h30-16h)

Expériences uniques

Baan Nai Nakhon

Voir p. 305. (66 95 438 9323 ; www.facebook.com/baannainakhon ; 166 Nang Ngam Road)

SOMPRASONGWITTAYANUPAKORN/SHUTTERSTOCK ©

Tham Khao Wang Thong (p. 309)

Circuits Koh Sanuk

Pour la journée, louez un luxueux catamaran avec deux trampolines, un BBQ, des chambres au niveau inférieur et un équipage sympathique qui vous emmènera faire du snorkeling près des îles. (www.kohsanuk.com)

Island Organics Thai Cooking School

Cette école de cuisine "de la ferme à la table" unique en Thaïlande vous fera découvrir la micro-ferme bio des propriétaires. Vous pourrez vous y promener et en savoir plus sur l'aquaponie avant d'aller cueillir des herbes et des légumes pour la leçon de cuisine du chef Lat. (66 89 731 6814 ; islandorganicssamui.com ; 24/1 Moo 4, Bangrak, Ko Samui ; cours de cuisine 2 300 B, cours d'aquaponie 1 900 B ; cours de cuisine 10h30-14h30, dates et réservations sur le site)

Luxsa Spa

Faites une folie en vous offrant un forfait massage dans ce spa primé de Ko Samui au sein du somptueux Hansar Resort. Essayez un massage thaïlandais traditionnel, les soins du visage ou les enveloppements. (66 77 245 511 ; www.hansarsamui.com/luxsa_spa ; 101/28 Moo 1, Bo Phut, Ko Samui ; 10h-22h tlj)

Activités et sports

Ban's Diving School

Cette école de plongée de Ko Tao est connue dans le monde entier depuis 1993. C'est un centre 5 étoiles délivrant des brevets PADI, et spécialisé dans la plongée, l'apnée et le snorkeling. (66 7745 6466 ; www.bansdivingresort.com/en/padi-courses ; Sairee, Ko Tao)

Crystal Bay Yacht Club

Voir p. 300. (66 93 232 1718 ; crystalbaysamui.com/crystal-bay-yacht-club ; 205 Moo 4, Had Thongtakian Lamai Tambon Maret, Ko Samui)

Extreme Samui Water Sports

Voir p. 301. (66 81 978 9085 ; www.facebook.com/extremesamuiwatersports ; 30/5 Moo 4 Bangrak/Bophut, Ko Samui ; 9h30-18h lun-ven, 9h-18h sam-dim)

John Suwan Viewpoint

Chaussez vos baskets et débutez la matinée par une randonnée audacieuse jusqu'à ce spectaculaire point de vue de Ko Tao d'où le panorama du golfe est splendide. L'entrée est payante, mais le spectacle vaut la dépense. (50 B/pers)

Silver Beach

Voir p. 295. (66 77 448 542 ; www.facebook.com/silverbeachsamui ; 24/4 Thongtakien Bay, Ko Samui)

Yodyut Muay Thai

Faites un peu d'exercice à Ko Samui en vous initiant au *muay thai* (boxe thaïlandaise). Choix entre cours privés ou en groupe. (66 77 900 069 ; www.yodyutmuaythai.com ; 76/77 Moo 5 Choengmon, Bo Phut, Ko Samui ; 1 cours en groupe 2 heures/1 journée 400/600 B ; cours en groupe 8h-10h et 17h-19h lun-sam, cours privés 10h-17h lun-sam, 9h-12h dim)

Souvenirs et circuits

May & Co

Cet adorable bazar de Ko Tao vend des articles artisanaux écologiques originaux, comme des bougies ou des bijoux. Vous pouvez prendre une boisson à son petit bar. (66 94 194 5548 ; www.facebook.com/mayandco.generalstore ; Moo 1, 9/275, Koh Tao ; 10h-18h)

Sin Adulayaphan

Existant depuis 1923, cette boutique très originale de Songkhla vend des souvenirs comestibles (crackers aériens aux crevettes, sauce soja, pâte de crevettes et de piment). (66 81 896 8343 ; Nakhonnai, Tabon Bo-Yang, Songkhla)

Singora Tram

Cette balade à bord d'un tramway de Singora permet de voir Songkhla, ses musées et la colline de Tang Kuan, un peu plus éloignée. Le circuit est gratuit et les commentaires généralement en thaï. (Th Jana ; 9h-15h)

Contribution écologique

Plastao

Rejoignez l'équipe de Plastao pour transformer les détritus jonchant les plages de Ko Tao en sous-verres, tasses et pots colorés réutilisables. Les ateliers

Plongée, Ko Tao

rassemblent des estivants qui nettoient les plages et ramassent le plastique pour qu'il soit recyclé. (66 94 194 5548 ; www.facebook.com/plastao ; plage Sairee, Ko Tao)

The Coral Tribe

Dédié à la protection de la vie sous-marine à Ko Tao, Coral Tribe s'emploie à former les plongeurs et les autres à s'engager dans des opérations de restauration des coraux. (66 91 7277 911 ; www.thecoraltribe.com/about-the-coral-tribe ; 7/1 Moo 2, Mae Haad Koh Tao, Ko Phangan)

Nos amis les animaux

Pariah Dog Koh Samui

Voir p. 300. (66 97 291 0841 ; www.facebook.com/DogandCatHelp.KohSamui)

Samui Elephant Haven

Voir p. 301. (66 95 628 6160 ; samuielephanthaven.org ; 137/31 Moo 1, Bo Phut, Ko Samui ; visite guidée tarif plein/-12 ans 3 000 B/1 500 B, transfert compris ; visite guidée 9h-12h)

Restaurants thaïlandais et étrangers

2 Fishes BBB

À Ko Samui, le chef Leo exalte la pêche locale avec des plats italiens classiques et modernes, comme le flétan grillé aux herbes, à l'ail et à la sauce au piment vert, et les *linguini vongole*. (66 99 281 9973 ; www.facebook.com/2fishessamui ; 79/5 Moo 1, Fisherman's Village, Ko Samui ; 18h-22h mar-dim)

Baan Captain

Voir p. 305. (85 Phattalung Rd. Tumbol Boyang, Songkhla)

Federico's BB

Ce restaurant sans prétention de Ko Samui prépare des spécialités italiennes, dont des pâtes agrémentées de produits de qualité et pizzas exquises aux cèpes, au jambon de Parme et à la mozzarella. (66 89 291 0530 ; www.fedefinefoods.com ; 258 Moo 6 Bo Phut, Ko Samui ; 9h-21h lun-sam)

EM7/SHUTTERSTOCK ©

Singora Tram

Haad Bang Po B

Le cuisinier en chef a travaillé plus de 20 ans dans des cuisines d'hôtels. Il sert des spécialités sud-thaïlandaises au bord de la plage dans son restaurant prisé par les habitants de Ko Samui et les touristes. (66 81 788 8936 ; Mae Nam Beach, Ko Samui ; 10h-22h)

Keo Pla

Voir p. 302. (2-548 Namueang Rd, Tambon Talat, Surat Thani ; 8h30-14h30 mar-ven)

Khanom Jeen Sen Sod Mae Aed

Voir p. 302. (66 7534 5327 ; 84 Sithammaraj Rd, Tambon Nai Mueang, Nakhon Si Thammarat ; 9h-15h mar-dim)

Ko Ban Noodle shop

Voir p. 305. (Raman, Tambon Bo Yang, Songkhla ; 7h-16h)

Kopi

Voir p. 303. (66 7531 7574 ; Pak Nakhon Rd, Nakhon Si Thammarat ; 6h30-16h)

Krua Nai Nang

Voir p. 303. (66 81 728 5088 ; 116 Soi Chusin, Patanakarn Ku Khwang Road, Nai Muang, Nakhon Si Thammarat ; 10h-minuit)

Long Dtai

Voir p. 302. (☎66 77 602 3012 ; www.longdtai.com ; Cape Fahn Hotel, 24/269 Moo 5, T.Bo Phut, Ko Samui ; ⏰diner 18h-23h jeu-mar, bar 17h-23h jeu-mar)

Marigold

Voir p. 301. (☎66 99 356 8448 ; www.facebook.com/marigoldsamuirestaurant/ ; Tambon Bo Phut, Ko Samui ; ⏰11h-22h)

Suppatra BB

Dégustez un grand choix de plats thaïlandais dans ce restaurant accueillant rappelant une *sala* à Bangrak sur Ko Samui. Les serveurs sont chaleureux et les plats faits maison. (☎66 932828777 ; 32/6 Moo 4 Bangrak, Samui ; ⏰18h-22h lun-sam)

Tae Hiang Aew

Voir p. 305. (☎66 74 311 505 ; 85 Nang Ngam, Tambon Bo Yang, Songkhla ; ⏰11h30-14h et 17h-20h)

Wanngram

Voir p. 300. (☎66 81 142 3162 ; www.facebook.com/wanngram ; 53/5 Moo 6, T.Maenaam, Ko Samui ; ⏰8h30-21h30 mar-dim)

Yok Kheng

Voir p. 302. (☎66 77 282 285 ; Soi Tonpo Talat, Surat Thani ; ⏰11h30-16h30)

AUSTIN BUSH/LONELY PLANET ©

Étal de poissons et fruits de mer, Hat Chaweng, Ko Samui

Café et en-cas

Bubba's B

Pour trouver un café comme à Bangkok et une ambiance typique de Ko Phangan rejoignez les nomades numériques du Bubba's (deux branches : Haad Yao et Baan Tai) pour déguster des œufs Benedict et un café équitable. (☎66 93 436 7118 ; bubbascoffee.com ; Bubba's Coffe, 59/4 Moo 1 Baan Tai, Koh Phangan ; Bubba's Roastery 56/4 Moo 8 Haad Yao, Koh Phangan ⏰7h-18h)

Fisherman's House x Sasatorn Coffee BB

Cet hôtel et ce café tendance de Ko Samui se trouvent au cœur du Fisherman's Village, mais les nombreuses plantes en pot et l'ambiance tropicale donnent l'impression qu'ils sont vraiment loin de tout. (☎66 62 220 6091 ; www.facebook.com/fishermanhousekohsamui ; 2/52 Moo 1 Bo Phut, Ko Samui ; ⏰7h-19h30)

Foods & Roots BB

Ce restaurant clair et spacieux surplombant la plage de Chaloklum (Ko Phangan) vend quelques produits naturels – des articles en chanvre aux produits de nettoyage – et un tas de plats végans. (☎66 632567893 ; www.foodsandroots.com ; 28/1 Moo 7 Chaloklum, Koh Phangan ; ⏰11h-21h ven-mer)

Nang Sabai B

Ce lieu bohème de Bangrak (Ko Samui) prépare des en-cas pour tous les goûts et régimes : végans ou non végans. Cela va des nachos aux burgers végans. (☎66 86 478 0923 ; 33/10 Bangrak Beach, Bo Put, Samui ; ⏰8h-18h mer-lun)

Karma Sutra BB

Ce restaurant de Ko Samui animé toute la journée se trouve à l'entrée de Fisherman's Village, ce qui en fait un lieu parfait pour débuter ou terminer la journée. L'ambiance méditerranéenne paisible et le mobilier indonésien offrent un cadre idéal pour déjeuner ou profiter de l'happy hour. (☎66 88 751 8674 ; www.karmasutrasamui.com ; 37 Moo 1, Bo Phut, Ko Samui ; ⌚11h-minuit)

K.O.B by the Sea BB

Le K.O.B by the Sea est connu pour son pain au levain maison, ses spécialités du petit-déjeuner et son excellent café. Il en existe trois, mais celui-ci, situé en plein Bangrak (Ko Samui), possède une terrasse offrant une époustouflante vue sur la mer. (☎66 96-653-1925 ; cafekob.com ; 33/105 Moo 4, Bangrak, Bo Put, Koh Samui ; ⌚8h-21h)

Sairee Cottage Restaurant B

Installé sur la plage de Ko Tao, ce restaurant spacieux avec des éléments de décor en bois sert à la fois des plats thaïlandais et occidentaux. (☎66 7 456 126 ; www.facebook.com/Saireecottagerestaurant ; 10/1 Sairee Beach, Moo 1, Koh Tao ; ⌚9h-20h)

Sirtaki Taverna BB

Cette taverne appréciée de Ko Phangan met à l'honneur les mets des îles grecques : poulpe tendre grillé, agneau juteux, *souvlaki* (brochettes) de poulet et de porc, moussaka nourrissante, etc. (☎66 94 802 3120 ; www.facebook.com/srithanou ; 126/3 Ko Phangan ⌚17h-22h45 mer-lun)

Pains, pâtisseries et glaces

La Fabrique B

Cette boulangerie française prisée de Ko Samui peut sembler quelconque avec sa façade jaune vif, mais pas ses produits. Laissez-vous tenter par sa longue carte de pains et pâtisseries d'inspiration française. (☎66 93 601 1770 ; www.facebook.com/lafabriquelamai ; 105/1 Moo 6 Lamai, Koh Samui ; ⌚7h-18h)

Nui Bakery BB

Cette boulangerie urbaine de Ko Tao se distingue par son ambiance rafraîchissante.

PRAWAT THANANITHAPORN/SHUTTERSTOCK ©

Avocat sur toasts

Son décor chaleureux se marie bien avec ses produits sains comme son pain au levain, ses sandwichs végans, son kombucha et son café du Royal King Project. (☎66 63 456 2878 ; www.facebook.com/nuibakery ; 9/276 Moo 1 Sairee Ban, Koh Tao ; ⌚7h-19h30)

Rossini's Ice Cream BB

Rafraîchissez-vous chez ce marchand de glaces artisanales emblématique à Lamai (Ko Samui) depuis 1992. Choisissez les parfums caramel fleur de sel, baies de la forêt, goyave et beurre de cacahuètes. (☎66 77 332 630 ; www.rossiniicecream.com ; 146/10 Moo 4, T. Maret, Koh Samui ; ⌚9h30-18h30 lun-sam, 11h-18h30 dim)

Yew

Voir p. 305. (162 Th Nang Ngam, Sogkhla ; ⌚12h-20h)

Apéritifs au crépuscule

Beryl Bar, Laem Yai BB

Cet authentique bar reggae est vraiment situé hors des sentiers battus à Ban Macam (Ko Samui). Comprenant une maison dans les arbres, une crique privée et un café modeste mais généreux, il est parfait pour décompresser, se détendre et passer l'après-midi autour d'un verre. (☎66 93 642 8399 ; Moo 5 plage Laem Yai, Ko Samui ; ⌚8h-22h)

Chi Samui BBB

Ce bar de plage sexy de Bangrak (Ko Samui) est doublé d'un restaurant. Il propose une cuisine moderne originale, une longue carte de cocktails et un "menu cannabis" (des cocktails au CBD, des marinades de viande à l'huile de chanvre, des desserts au beurre de cannabis...). Allez-y pour le bar à ciel ouvert et les sessions DJ. (☎66 922 717 439 ; www.chisamui.com ; 16/4 Moo 4, Bo Phut, Koh Samui ; ⏲9h-tard)

Dragonfly BB

Ce restaurant avec rooftop et bar à cocktails sert une excellente cuisine libanaise à midi et le soir. Prenez l'apéritif sur la terrasse pour profiter des derniers rayons du soleil au-dessus de Ko Samui. (☎66 94 947 1500 ; www.facebook.com/DRAGONFLYSAMUI/ ; 25/41 Moo 4, Bo Phut, Koh Samui ; ⏲16h30-23h mar-dim)

Jungle Club BB

Contemplez le panorama de Ko Samui dans ce bar-restaurant perché sur une montagne au milieu d'une plantation de noix de coco. Choisissez un plat occidental ou thaïlandais, puis immortalisez la vue splendide sur la mer. (☎66 81 891 82 63 ; www.jungleclubsamui.com ; plage Chaweng Noi, Soi Panyadee, Ko Samui)

Magic Alambic Rum Distillery B

Cette distillerie de Samui appartenant à un Français se prête parfaitement à une visite en fin d'après-midi. Vous pouvez nager dans la piscine, dîner sur le patio couvert et goûter le rhum local. (☎66 80 092 0035 ; 44/5 Moo 3 Namuang, Ko Samui ; dégustation 60 B/shot ; ⏲10h-20h)

KAT CLAY/GETTY IMAGES ©

Fisherman's Village au coucher du soleil

Shinelay

Voir p. 301. (☎66 89 157 7909 ; www.facebook.com/SHINELAY.Samui/ ; ⏲12h-21h jeu-mar)

Songkhla Lagoon Bar

Voir p. 304. (☎66 81 898 4088 ; www.facebook.com/songkhlalagoonbar ; 107 Nakhonnok St, Tambon Bo Yang, Songkhla ; ⏲16h-19h)

Clubs et DJ

Eden Garden

Faites la fête jusqu'à l'aube dans ce club reculé de Ko Phangan uniquement accessible en 4x4, en bateau ou au terme d'une randonnée ardue. Le restaurant est ouvert toute la journée, mais les soirées festives ont lieu seulement le samedi. (www.facebook.com/Eden-Garden-135230163748 ; par taxi boat de la plage de Had Rin/ou Taxi truck depuis Ban Thai 7-11)

Maya Beach Club

Ce club de Ko Tao ravit les amateurs de musique grâce à ses rythmes électro, de batterie et de basse mixés par des DJ étrangers et locaux. Le week-end, BBQ et boissons fraîches sur la plage face à l'océan et banquettes à l'ombre des palmiers. (☎66 86 274 7932 ; www.facebook.com/MayaBeachClub ; plage Sairee, Ko Tao ; ⏲12h-21h)

Sand and Tan

Les sessions DJ et le décor chic de ce bar/restaurant montrent combien la culture de la fête change à Ko Phangan. (☎66 77 375 227 ; www.phanganbayshore.com/en ; 141 Moo 6, Haad Rin, Baan Tai, Ko Phangan ; ⏲8h-21h)

Shopping à go-go

Bangrak Fish Market

Ce marché au poisson juste après l'embarcadère Seatran à Bangrak (Ko Samui) abonde en produits de la mer frais du golfe de Thaïlande. On y trouve aussi des fruits et des légumes et quelques petits restaurants. (⏲6h-20h tlj)

Central Festival

Dans ce centre commercial à ciel ouvert de Ko Samui, vous trouverez des pharmacies, des bibelots thaïlandais et un supermarché. Il dispose aussi d'une vaste terrasse avec des restaurants et une aire de jeux pour les enfants. (www.central.co.th/en ; 209/3 Moo 2, Bo Phut, Ko Samui ; ⏲11h-22h)

Saona

Cette boutique de vêtements de Ko Samui vend des tenues de plage colorées, notamment des robes fluides, des maillots de bain et des accessoires tous faits en Thaïlande. (pro.saonacollection.com ; 130, 3 Had Lamai Rd, Tambon Maret ; ⏲12h-22h ; autres adresses à Samui 79 Moo 1 Fisherman's Village et 34/2 Moo 1 T. Bo Phut)

AUSTIN BUSH/LONELY PLANET ©

Musique live au Billabong Surf Club, Ko Samui

Carnet pratique

À droite Camping en Thaïlande (p. 322)

ARRIVER EN THAÏLANDE

L'aéroport Suvarnabhumi de Bangkok, le plus grand de l'Asie du Sud-Est, est la principale porte d'entrée en Thaïlande. Il se trouve à environ 30 km à l'est de la capitale. Le hall d'arrivée comporte des cafés, des restaurants et un food court ouvert 24h/24 (niveau 1) proposant des plats thaïlandais corrects et bon marché.

AUTRES POINTS D'ENTRÉE

Aéroport Don Mueang Cet aéroport de Bangkok est plus petit et plus ancien que Suvarnabhumi. Il accueille les vols intérieurs et les lignes à bas coût, comme AirAsia, Nok Air et Thai Smile. Il faut du temps pour rejoindre l'aéroport en raison de la circulation et du manque de transports en commun.

Aéroport de Phuket Le troisième plus grand aéroport thaïlandais après Suvarnabhumi et Don Mueang est une porte d'entrée dans le pays qui permet notamment l'accès aux îles du Sud.

Aéroport de Samui C'est un aéroport privé desservi par Bangkok Airways et Thai Airways. Il accueille des vols en provenance de Bangkok, Singapour, Phnom Penh et Hong Kong.

Bus et minibus Entrez en Thaïlande par la route depuis les pays voisins – Cambodge, Laos, Myanmar (Birmanie) et Malaisie. Peut-être vous demandera-t-on de descendre du bus à la frontière pour passer la douane, avant de remonter dans un autre bus ou un taxi collectif de l'autre côté de la frontière. Il est possible de franchir la frontière pour une excursion d'une journée afin d'obtenir un nouveau visa thaïlandais de 30 jours.

Train Il est possible de venir en train des pays voisins. Les voies ferrées nationales de la Thaïlande et de la Malaisie se rencontrent à Butterworth (à 93 km au sud de la frontière), point de transfert pour Penang (par la mer), Kuala Lumpur et Singapour. Offrez-vous une place dans un ancien wagon restauré du Belmond Eastern & Oriental Express, un train de luxe reliant Kuala Lumpur et Singapour à Bangkok.

Croisière Elle permet de rallier la Thaïlande depuis d'autres pays d'Asie du Sud-Est. Vous pouvez notamment entrer et sortir de Thaïlande en prenant un bateau public entre la côte d'Andaman et l'île malaysienne de Langkawi, et entre Ranong et le port birman de Kawthoung.

À L'ARRIVÉE ET AU DÉPART

À l'arrivée, les voyageurs français, belges, suisses et canadiens sont exemptés de visa pour des séjours de moins de 30 jours. Il y a néanmoins souvent de l'attente au comptoir de l'immigration ; si vous avez des contraintes de temps ou de correspondance, achetez un coupe-file VIP en ligne (bangkokairporttrain.com/fast-track-immigration-pass).

Au départ, si votre visa n'est plus valable depuis quelques jours, vous paierez en quittant le pays une amende de 500 B par jour (plafonnée à 20 000 B). Voir aussi p. 328.

REJOINDRE LE CENTRE DE BANGKOK

Métro Le Suvarnabhumi Airport Rail Link circule tous les jours de 6h à minuit (toutes les 10 minutes environ). Il relie l'aéroport à la station Phaya Thai du Sytrain BTS (45 B, 1 heure à 1 heure 30). Également utilisé par les Bangkokiens, il est bondé le week-end et en semaine aux heures de pointe.

App taxi Grab Un Grab n'est pas nécessairement moins cher qu'un taxi officiel. Il est parfois difficile de s'entendre sur la prise en charge, qui se fait au niveau 2 du hall d'arrivée.

Location de voiture Elle se fait aussi au niveau 2. Toutes les agences les plus connues (Budget, Sixt, Avis, Hertz, etc.) y ont des bureaux.

Taxi Les taxis du niveau 1 (hall d'arrivée) sont une solution plus rapide mais plus chère (environ 350 B avec les péages en sus, 30 minutes à 1 heure de trajet). Emprunter les voies express à péage ("Tollway ?" demandent les chauffeurs) fait un peu monter le tarif, mais raccourcit considérablement le trajet.

Bus Ils relient l'aéroport à Th Khao San. Il y a aussi une navette gratuite pour l'aéroport Don Mueang. Des bus et minibus partent de l'aéroport Suvarnabhumi en direction de la côte et desservent Hua Hin, Pattaya et Rayong.

À l'aéroport

Carte SIM

Achetez celles de AIS, True et dtac dans le hall d'arrivée (la file est souvent longue), sinon allez dans un centre commercial en ville (les 7-Eleven et les petites surfaces en vendent qui sont valables 30 jours).

Espèces

Les bureaux de change au sous-sol de l'aéroport Suvarnabhumi (5h30-20h30) offrent des taux un peu plus avantageux que les banques situées après la zone de récupération des bagages. Mais ces dernières sont pratiques pour effectuer un retrait d'argent (limité à environ 20 000 B par jour).

BUDGET

17 B
pour un trajet en métro (tarif par gare) à Bangkok

10-90 B
pour une bière dans un bar

235/540/1 655 B
pour une place dans un train 3e/2e/1re classe entre Bangkok et Chiang Mai

Wi-Fi

Le réseau "AOT Free WiFi" de l'aéroport Suvarnabhumi offre 2 heures de Wi-Fi gratuit (ensuite, il suffit de se reconnecter).

DAB

À la sortie de la zone de récupération des bagages, les DAB (ATM) de Kasikorn et Bangkok Bank, entre autres, acceptent les cartes étrangères.

Bornes de recharge

Équipées de prises à 2 broches, elles sont en libre-service partout dans l'aéroport.

CONSEILS PRATIQUES POUR CIRCULER

Hormis à Bangkok, mieux vaut être motorisé en Thaïlande pour se déplacer librement. Alors que la capitale dispose d'un métro, de nombreux motorsai (motos-taxis) et taxis, les moyens de transport sont rares ailleurs dans le pays et plus encore sur les îles ou dans les zones rurales. Le scooter est très populaire, mais il convient d'être prudent sur la route.

FRANCHIR LES FRONTIÈRES

Il est généralement interdit de se rendre dans les pays voisins à bord d'un véhicule loué. Il est plus facile de prendre le bus, le train ou l'avion, puis de louer un nouveau véhicule sur place.

ENTRÉE AU CAMBODGE OU AU LAOS

Un visa touristique coûte entre 30 et 42 € (1 100 à 1 500 B ; donnez des billets en bon état). Vous devrez fournir une photo d'identité. Pas besoin de document médical. Ignorez les offres émanant de personnes qui ne sont pas des gardes-frontières.

Location de voiture par jour
800 B

FREE

Location de moto par jour
300 B

Trajet court à *motorsai*
15 B

AGENCES DE VOYAGES En Thaïlande les agences de voyages n'ont pas disparu et se révèlent souvent pratiques pour réserver un moyen de transport, ce qui n'est pas toujours aisé quand on ne parle pas thaï, surtout dans le cas d'un trajet combinant ferry et bus ou train. Comparez les tarifs car les commissions varient. Ne payez (en espèces, le plus souvent) que lorsque vous avez les billets en main.

TRAIN C'est le moyen de transport préféré de la plupart des touristes. Peu cher, il permet d'observer le paysage et les gens. On compte 3 classes. Les trains de nuit longue distance, comme celui reliant Bangkok à Chiang Mai, disposent de couchettes et d'un service de restauration.

MINIBUS C'est un moyen original d'aller de village en village. Chaque ville dispose d'un point de rencontre (un kiosque sans prétention souvent) où un employé collecte l'argent et organise la prise en charge. Le chauffeur se rappellera l'endroit où il doit déposer les uns et les autres.

CODE DE LA ROUTE

KEEP LEFT

Roulez à gauche ; le volant est à droite.

Vous avez besoin d'un permis de conduire international (PCI), bien qu'il soit rarement demandé.

100

La vitesse est limitée à 50 km/h dans les villes et de 80 à 100km/h sur les routes nationales.

Vous risquez une amende si vous conduisez sans PCI ou sans casque.

P

Soyez attentif aux panneaux indiquant "pas de stationnement les jours pairs/impairs".

BATEAUX

Pratique pour passer d'une grande île à une plus petite (de Ko Samui à Ko Phangan par exemple), le bateau est parfois la solution la plus rapide pour aller d'un point d'une île à un autre. Les *long-tail boats* (bateaux à longue queue ou *Reu·a hăhng yow*) sont fréquents sur les canaux et rivières. Les bateaux en bois sont courants sur les petites îles. Il y a aussi des *speedboats* sur les plus grandes.

VÉLO

C'est une excellente solution pour se déplacer là où le trafic est moins dense, comme Pai et Hua Hin, et dans les parcs historiques d'Ayutthaya et de Sukhothai, où les routes sont plates et où il est possible de circuler entre les vestiges.

TAXIS

Fréquents à Bangkok, les taxis avec compteur sont plus rares sur les îles. Les VTC de Grab et les *motorsai* sont nombreux et abordables dans la capitale. Ailleurs, ils se font parfois désirer.

CALCULEZ VOTRE EMPREINTE CARBONE

Un vol de Bangkok à Chiang Mai générerait 210 kg de CO_2 par passager. Pour la même distance, le passager d'un bus en émettrait 77 kg et le passager d'un train 42 kg. Il existe des "compteurs de carbone" sur Internet. Nous utilisons Resurgence de resurgence.org/carbon-calculator. Voir aussi p. 326.

DISTANCES ROUTIÈRES (EN KM)

	Bangkok	Chiang Mai	Hua Hin	Ko Samui	Phuket	Ayuthaya	Pattaya	Khon Kaen	Ko Chang	Krabi	Chanthaburi
Chiang Mai	685										
Hua Hin	183	869									
Ko Samui	769	1 545	572								
Phuket	862	1 536	667	343							
Ayuthaya	79	607	262	834	929						
Pattaya	149	919	343	903	970	205					
Khon Kaen	440	604	633	1 206	1 300	397	569				
Ko Chang	346	1 119	529	1 089	1 170	405	268	611			
Krabi	782	1 569	585	258	163	859	908	1 230	1 108		
Chanthaburi	249	1 021	432	992	1 072	307	171	527	96	1 010	
Chiang Rai	775	191	1 039	1 545	1 706	777	919	774	1 119	1 569	1 021

HÉBERGEMENTS TYPIQUES ET INSOLITES

Les hébergements vont des simples paillotes aux hôtels de luxe, les deux pouvant offrir calme et paysage de rêve. Attendez-vous à un bon rapport qualité/prix dans les hôtels de catégorie moyenne avec une piscine ou un service en chambre, mais pas toujours une belle vue à moins que vous ne le demandiez. Les resorts tout inclus ne sont pas très courants.

COMBIEN POUR UNE NUIT DANS...

une guesthouse
700 B

un *resort*
1 000 B

une villa sur la plage
5 000 B

NAPAT INTAROON/SHUTTERSTOCK ©

AUBERGES DE JEUNESSE

Remplacées par des hébergements modernes pour petits budgets, les auberges de jeunesse et les modestes pensions de jadis sont moins courantes. Les stations balnéaires, comme Hua Hin et Phuket, ont tendance à miser sur les touristes un peu plus aisés mais qui préfèrent la simplicité. Les auberges de jeunesse modernes comprennent généralement un café avec une bonne connexion Wi-Fi, une salle commune, et des chambres petites, minimalistes mais avec du style. Honnêtement, les toilettes communes ont bien changé !

MAISONS D'HÔTES Loger chez l'habitant est un excellent moyen de se familiariser avec la vie locale et permet un séjour moins impersonnel. Le concept fait son chemin en Thaïlande, bien qu'il prédomine toujours dans les villages reculés du Nord, où les logements sont rares. Habituellement, les villageois proposent des hébergements dans le cadre d'un projet communautaire.

SIRIPATWONGPIN/SHUTTERSTOCK ©

CAMPING DE LUXE

Les sites de camping avec tentes tout confort, notamment dans la jungle du Triangle d'or (région à cheval entre la Thaïlande, le Laos et le Myanmar), font partie des hébergements les plus exceptionnels du pays. Ces éco-*resorts*, souvent très hospitaliers, offrent des prestations de luxe. On peut y profiter de moments de détente près de feux de camp, et faire des balades dans les rizières et parfois à dos d'éléphant.

KEEPSMILING4U/SHUTTERSTOCK ©

MAISONS HISTORIQUES

En Thaïlande, vous avez de fortes chances de voir des maisons traditionnelles restaurées ou *reu·an thai* (maisons thaïlandaises). Généralement, il s'agit de maisons sur pilotis en teck ou en bambou aux pignons arrondis, mais on en trouve de styles très variés (certains Thaïlandais sont même opposés au terme générique de *reu·an thai* car la Thaïlande est constituée de plusieurs royaumes et cultures). L'architecture dépend en fait des régions et des coutumes sociales, religieuses et culturelles.

Les pilotis servaient à protéger les habitants des tempêtes, des inondations et des bêtes sauvages. La partie située sous la maison servait de lieu de stockage et de "pièce à vivre". Les pignons et les larges fenêtres favorisaient la circulation de l'air et le passage de la lumière, et l'espace en abondance avait la vertu d'apaiser les esprits.

Aujourd'hui, ces maisons sont converties en hôtels. Nombre d'entre elles ont été bâties côte à côte pour héberger des familles agrandies après un mariage. Leur rénovation coûte cher et n'est pas destinée seulement à l'accueil des touristes. Les garder en l'état est une façon d'honorer les traditions ancestrales et d'apaiser les esprits qui les habitent.

Jadis proches de l'eau pour des raisons de transport, elles se dressent majestueusement le long des canaux et des rivières. Sachez que les planchers qui craquent et un brin de poussière font partie de leur charme !

RÉSERVATIONS

Les moteurs de recherche vous donneront la liste des hôtels et des *resorts*. Allez sur des plateformes spécialisées pour trouver des boutiques-hôtels.

Il est recommandé de réserver vos hébergements durant les jours fériés, comme Songkran. Il vous faudra un véhicule et du temps pour choisir un lieu de séjour sur place, mais cela vous permettra peut-être d'obtenir un rabais ou une meilleure chambre.

Lonely Planet (lonelyplanet.fr). Avis indépendants et recommandations d'auteurs sur les meilleurs hébergements. Réservations en ligne.

Airbnb (airbnb.com). Parfait pour trouver une maison d'hôtes et un boutique-hôtel, surtout pour un long séjour. Les propriétaires offrent de nombreux logements privés.

Système de réservation des parcs (nps.dnp.go.th//reservation.php?option=home/). Réservation de bungalows et d'emplacements de camping dans les parcs nationaux.

Couchsurfing (couchsurfing.com). Séjours, généralement gratuits, dans des maisons privées (et souvent réellement sur un *couch*, un canapé).

Hostelworld (hostelworld.com). Hébergements pour petits budgets (comme des dortoirs d'auberges de jeunesse).

Agoda (agoda.com). De bons tarifs pour une réservation de dernière minute.

NETFALLS REMY MUSSER/SHUTTERSTOCK ©

SUR LA PLAGE

Au réveil, plongez dans l'océan ! Les hébergements sur la plage vont des modestes bungalows avec matelas et moustiquaires aux luxueuses villas avec piscine, et les prix de 200 à plusieurs milliers de bahts.

SÉCURITÉ

Selon l'Organisation mondiale de la santé (OMS), la Thaïlande a le deuxième plus haut taux de mortalité lié aux accidents de la route, malheureusement surtout à moto. Il est recommandé d'être prudent sur les routes et également de prendre garde aux maladies infectieuses et aux insectes.

PORTEZ UN CASQUE

Cela relève du bon sens, mais vous serez surpris de constater que beaucoup n'en mettent pas. Les meilleurs casques doivent être ajustés, équipés d'une visière et couvrir toute la tête. Ils doivent être inclus dans le prix de location d'une moto.

ACHETEZ UNE ASSURANCE

Il est préférable de bénéficier d'une assurance santé couvrant les frais médicaux à l'étranger. La plupart des hôpitaux exigent que vous (ou votre compagnie d'assurances) régliez les soins à l'avance. Seule la souscription d'une assurance responsabilité civile de base est exigée pour les véhicules en circulation. Les réparations (hormis celles des pneus) seront pour votre poche.

CONDUISEZ PRUDEMMENT

La plupart des accidents ont lieu la nuit, surtout quand ils sont dus à l'alcool. Prenez, si possible, les voies bien éclairées. À moto, évitez les routes de graviers et apprenez à utiliser vos freins. Placez vos sacs sous le siège de la moto ou tenez-les bien attachés dans les lieux touristiques, car il y a des vols à l'arraché.

GARE AUX MOUSTIQUES !

La dengue et le paludisme sont transmis par les moustiques. Dormez sous une moustiquaire, utilisez des répulsifs et prenez des antipaludéens dans les zones rurales à haut risque.

TECHA BORIBALBURIPUN/SHUTTERSTOCK ©

TOSHIO CHAN/SHUTTERSTOCK ©

PHARMACIES

Présentes partout, les pharmacies vendent certains médicaments et antibiotiques sans ordonnance (et relativement bon marché). Faites un stock à l'arrivée, surtout avant de gagner des lieux reculés.

LA TURISTA

C'est une affection dont souffrent souvent les touristes. Buvez beaucoup. Il est fortement recommandé d'emmener avec soi un antidiarrhéique et un antiseptique intestinal (de type Ercefuryl).

COVID-19

En raison de la pandémie de coronavirus, les voyageurs doivent respecter diverses conditions pour voyager. Si vous vous sentez malade ou avez besoin de conseils, consultez www.diplomatie.gouv.fr/fr/conseils-auxvoyageurs/.

CONSEILS POUR VOUS AIDER À GÉRER VOTRE BUDGET

ARGENT

Il existe des billets de 20 B (verts), 50 B (bleus), 100 B (rouges), 500 B (violets) et 1 000 B (beiges). Gardez-en sur vous pour les pourboires et les marchands de rue.

Le paiement en espèces prime en Thaïlande. De nombreux bars et salons de massage n'acceptent pas les cartes, mais les applications sont de plus en plus utilisées pour les transports et l'achat de produits alimentaires.

TVA

Une TVA de 7% est appliquée sur les biens et services. La TVA payée sur vos achats est remboursable à l'aéroport. Demandez aux magasins les formulaires et la démarche à suivre.

CARTES BANCAIRES

Les cartes Visa et Mastercard sont acceptées partout, American Express uniquement dans les lieux chics. Prévenez votre banque avant votre départ pour que votre carte ne soit pas bloquée.

DEVISE

Baht

COMBIEN POUR...

un massage thaïlandais 300 B

un cocktail 200 B

un sac de fruits frais 10 B

RETRAIT D'ESPÈCES

Les banques ou bureaux de change offrent de meilleurs taux que les hôtels et les DAB (distributeurs de billets). Le dollar américain est la devise la plus couramment acceptée, devant l'euro. Les commissions sont variables.

POURBOIRE

Il n'est pas très courant, mais apprécié dans le secteur des services. La règle d'or consiste à ne pas récupérer sa monnaie. Pour un massage, un pourboire de 20 à 30 B suffira. Notez que les restaurants haut de gamme majorent déjà la note de 10% pour le service.

MARCHANDER

C'est un art subtil qui n'est pas approprié partout. On n'y a recours que pour acquérir des biens (vêtements ou souvenirs) vendus sur les étals, et pas dans les entreprises familiales ou les échoppes de cuisine de rue.

L'offre du vendeur sert de point de départ aux négociations. Une tactique courante consiste à demander moitié moins et à s'entendre sur un prix intermédiaire. Faire semblant de partir constitue également une bonne technique !

Vous pouvez aussi demander un rabais si vous achetez plus d'un article.

PAYER L'ADDITION

Dans un restaurant on demande l'addition ("*Check bin kâ/kâp*") ou bien on fait mine de signer un chèque quand un serveur vous regarde.

VOYAGE RESPONSABLE

Conseils pour moins polluer, soutenir le pays et avoir un effet positif sur le plan local.

SUR LA ROUTE

Calculez votre empreinte carbone. Il existe des compteurs de carbone en ligne comme Resurgence (resurgence.org/carboncalculator).

Faites des recherches. Le fait de poser des questions sur les bonnes pratiques des hôtels et des tour-opérateurs améliorera les pratiques éthiques et durables en Thaïlande.

Apprenez à utiliser un "bum gun". Comme les Thaïlandais, utilisez ce jet d'eau au lieu du papier toilette.

Ne laissez que l'empreinte de vos pieds. Préservez les écosystèmes en veillant à ne pas toucher les coraux ou les créatures marines et à ne pas nourrir les animaux sauvages.

Mangez des produits locaux et durables. Bien qu'ils soient excellents, le bœuf wagyu et les steaks ne sont pas écologiques. La consommation de requin et de nids d'hirondelles est sujette à controverse, renseignez-vous.

Évitez de prendre l'avion. Les trains, minibus et bus ne manquent pas en Thaïlande et sont souvent assez confortables.

VICTORIA DENISOVA/SHUTTERSTOCK ©

Ci-dessus Nettoyage de la plage, à Hua Hin.
À droite Sacs réutilisables, Thaïlande

CONTRIBUER

Soutenez les organisations visant à préserver la faune et la biodiversité. Rejoignez des groupes travaillant dans les zones protégées et les parcs nationaux.

Faites du bénévolat. Passez du temps avec les organisations qui ne privent pas les habitants de leur travail et aident les communautés. Open Mind Projects (openmindprojects.org) assure des missions dans le domaine de la santé et de l'éducation.

Nettoyez les plages. Cela protège vraiment la vie sous-marine et c'est un bon moyen de se faire des amis thaïlandais.

Pensez aux chiens. Ils sont souvent abandonnés. Il existe en ville et sur les îles des fondations où vous pouvez leur apporter de la nourriture ou les promener.

Aidez les migrants. Cultural Canvas (culturalcanvas.com) défend les populations marginalisées et emploie des bénévoles dans ses centres d'apprentissage pour migrants.

SOUTENIR LA VIE LOCALE

Réservez directement et non pas en ligne. Les petits hébergements indépendants gagnent plus ainsi.

Visitez les villages. Cela aide les habitants et leur permet de perpétuer leurs traditions.

Essayez un restaurant de la "ferme à la table". Le concept commence à se développer en Thaïlande.

Achetez des habits aux artisans. Les vêtements et les contrefaçons vendus dans la rue sont en général de piètre qualité.

PAS D'IMPAIRS !

Observez les lois. Pas de lèse-majesté. Tenez-vous debout quand l'hymne royal retentit.

Respectez la tradition bouddhiste. Adoptez une attitude calme et humble dans un lieu sacré. Il est interdit d'exporter des représentations du Bouddha.

Traitez le corps comme un temple. La tête est sacrée. Ne touchez pas les cheveux d'un étranger et ne mettez pas les pieds en l'air (ils sont impurs).

SUTTHA BURAWONK/SHUTTERSTOCK ©

RÉDUIRE VOTRE EMPREINTE CARBONE

Emportez des sacs et des bouteilles d'eau réutilisables. Le plastique à usage unique a beau être interdit, il reste très présent et difficile à recycler.

Vivez en accord avec la nature. Camper dans les parcs nationaux, faire des excursions en kayak et des randonnées à pied réduisent les émissions de carbone.

Essayez les répulsifs naturels. En vente dans les commerces de proximité, ceux à la citronnelle sentent bons et sont plus écologiques que ceux à base de DEET.

Passez à une crème solaire naturelle. La crème solaire nuit aux récifs coralliens. Des crèmes sans nanoparticules et oxyde de zinc sont en vente dans les pharmacies.

VOYAGES ET CHANGEMENTS CLIMATIQUES

Tous les moyens de transport fonctionnant à l'énergie fossile génèrent du CO_2 – la principale cause du changement climatique induit par l'homme. L'industrie du voyage est aujourd'hui dépendante des avions. Si ceux-ci ne consomment pas nécessairement plus de carburant par kilomètre et par personne que la plupart des voitures, ils parcourent en revanche des distances bien plus grandes et relâchent quantité de particules et de gaz à effet de serre dans les couches supérieures de l'atmosphère. De nombreux sites Internet utilisent des "compteurs de carbone" permettant aux voyageurs de compenser le niveau des gaz à effet de serre dont ils sont responsables par une contribution financière à des projets respectueux de l'environnement. Lonely Planet "compense" les émissions de tout son personnel et de ses auteurs.

RESSOURCES

- tourismthailand.org/search-result/tagword/ecotourism
- thailandinsider.com/experience/responsible-tourism
- trashhero.org
- thairt.org

BOÎTE À OUTILS

TUK-TUK "GRATUITS"
Méfiez-vous des chauffeurs de tuk-tuk offrant des visites gratuites près des sites touristiques. Ces rabatteurs veulent souvent vous encourager à faire des achats.

EMBARRAS EN PUBLIC
Rien n'est pire pour un Thaïlandais que de "perdre la face" (ressentir de la gêne en public). De façon générale, tout signe de colère ou de conflit est donc à éviter.

CHAUSSURES
Déchaussez-vous toujours dans les spas, les temples et les maisons. Emportez des chaussures faciles à ôter ou des chaussons.

INFOS UTILES

Heure locale
UTC+7

Indicatif du pays
66

Électricité
230 V/50 Hz

À SAVOIR

FREE

Les ressortissants de plusieurs pays, y compris la France, la Belgique, la Suisse et le Canada, ont droit automatiquement à un visa de 30 jours à leur arrivée.

Vous pouvez faire prolonger votre visa dans un bureau de l'immigration moyennant des frais (500 B/jour).

Pour une ambulance ou d'autres urgences, composez le 191.

Composez le 1155 (police touristique ; 24h/24) en cas d'escroquerie ou de vol.

La fraude aux cartes bancaires existe en Thaïlande. Vérifiez les distributeurs avant de vous en servir.

VOYAGEURS HANDICAPÉS

Des améliorations importantes sont nécessaires pour faciliter le voyage des handicapés.

Le paysage urbain pose des problèmes, notamment les trottoirs hauts, irréguliers et encombrés et les embouteillages fréquents.

Les grands hôtels sont plus adaptés et ont parfois plus de personnel pour aider les handicapés.

Les resorts de luxe disposent de chambres équipées (sur réservation) et offrent un service de voiturettes pour se déplacer sur la propriété.

Les transports en commun de Bangkok (Skytrain BTS et métro MRT) ne sont pas adaptés, mieux vaut éviter. Il est essentiel de prendre en compte les embouteillages quand vous prenez un taxi.

Téléchargez l'Accessible Travel Online Resources de Lonely Planet (gratuit, en anglais ; lonelyplanet.com) en format PDF pour avoir plus d'informations.

TOURISME ÉTHIQUE
Avant de réserver une balade à dos d'éléphant ou un trek pour voir une ethnie montagnarde, renseignez-vous.

SALUTATION
Réunir les paumes dans un geste de prière (*wâi*) est courant pour saluer les moines et les membres de la royauté, pas les enfants.

MARQUES D'AFFECTION
Les démonstrations d'affection entre les couples sont mal vues.

EN FAMILLE

Poussettes Évitez-les dans les rues encombrées et le Skytrain. Préférez les écharpes porte-bébé ou les petites poussettes pliables avec une ombrelle.

Transports en commun Il n'y a pas d'ascenseur dans les stations de Bangkok mais des escaliers, ce qui complique les déplacements avec une poussette ou des enfants.

Journée nationale des enfants Le deuxième samedi de janvier, les enfants ont droit à une fête spéciale.

Équipements pour les enfants Les chaises hautes et les tables à langer sont rares, sauf dans les grands hôtels et les chaînes de restaurants. Il faut se montrer créatif !

DES ENFANTS ROIS
Les bébés suscitent l'adoration en Thaïlande. Même les chauffeurs de taxi et les officiers de police les plus rudes ont tendance à fondre devant eux. Ne soyez pas surpris si on vous propose de tenir votre enfant ou de prendre une photo avec lui.

ALIMENTATION POUR LES ENFANTS
Les hôtels et les *resorts* ont un menu enfant avec des plats occidentaux, comme du poulet pané et des spaghettis. Parmi les plats de cuisine de rue non épicée qui devraient plaire aux enfants, citons le *kài ji·o* (omelette nature), le *kôw man gài* (blanc de poulet et riz) et le *kôw nĕe·o* (riz gluant sucré).

OLESYA KUZNETSOVA/SHUTTERSTOCK ©

VOYAGEURS LGBTIQ+

Tolérance La Thaïlande fait preuve de beaucoup de tolérance envers la communauté LGBTIQ+. Bangkok, Pattaya et Phuket proposent les meilleures adresses gay.

Ladyboy Mieux vaut éviter ce terme démodé et péjoratif (pour les jeunes hommes efféminés ou personnes transsexuelles).

Identité de genre La notion est complexe. Quelques bases sur la culture et l'histoire du pays favorisent la compréhension.

L'**Autorité du tourisme de Thaïlande (TAT)** dispose d'un site dédié aux voyageurs LGBTQII+ (gothaibefree.com), avec des conseils pour les hôtels, les restaurants, etc.

Utopia (utopia-asia.com) publie des informations et un guide destinés aux voyageurs LGBTIQ+.

LANGUE

Nous avons ici choisi l'une des différentes manières de transcrire le thaï en alphabet romain. Les traits d'union distinguent les syllabes de chaque mot, et certaines syllabes sont encore divisées par un point pour vous aider à les prononcer. Le thaï est une langue tonale ; les accents sur les voyelles représentent les tons bas, moyen, descendant, haut et montant.

Notez qu'après chaque phrase, les hommes ajoutent la particule de politesse *káp*, et les femmes *ká*.

Pour aller plus loin, procurez-vous le **Guide de conversation thaï** de Lonely Planet. Il permet d'acquérir des rudiments de thaï. Inclus : un minidictionnaire bilingue.

EXPRESSIONS DE BASE

Bonjour.	สวัสดี	*sà-wàt-di*

Comment allez-vous ?
สบายดีไหม *sà-bai di măi*

Je vais bien.
สบายดีครับ/ค่ะ *sà·bai di kráp/kâ (m/f)*

Excusez-moi.	ขออภัย	*kŏr à-pai*
Oui./Non.	ใช่/ไม่	*châi/mâi*
Merci.	ขอบคุณ	*kòrp kun*
De rien.	ยินดี	*yin di*

Parlez-vous anglais ?
คุณพูดภาษา *kun pôot pah-săh*
อังกฤษได้ไหม *ang-grìt dâi măi*

Je ne comprends pas.
ผม/ดิฉันไม่เข้าใจ *pŏm/dì-chăn mâi kôw jai (m/f)*

TEMPS ET NOMBRES

Quelle heure est-il ?
กี่โมงแล้ว *gèe mohng láa·ou*

matin	เช้า	*chów*
après-midi	บ่าย	*bài*
soir	เย็น	*yen*
hier	เมื่อวาน	*mêu·a wahn*
aujourd'hui	วันนี้	*wan née*
demain	พรุ่งนี้	*prûng née*

1	หนึ่ง	*nèung*	**6**	หก	*hòk*
2	สอง	*sŏrng*	**7**	เจ็ด	*jèt*
3	สาม	*săhm*	**8**	แปด	*ɓàat*
4	สี่	*sèe*	**9**	เก้า	*gôw*
5	ห้า	*hâh*	**10**	สิบ	*sìp*

URGENCES

Je suis malade.
ผม/ดิฉันป่วย *pŏm/dì-chăn ɓòo·ay (m/f)*

À l'aide !
ช่วยด้วย *chôo·ay dôo·ay*

Appelez un médecin !
เรียกหมอหน่อย *rêe·ak mŏr nòy*

Appelez la police !
เรียกตำรวจหน่อย *rêe·ak đam·ròo·at nòy*

Index

000 Références des **cartes**

À PROPOS DE CET OUVRAGE

Cette 1re édition française du guide *Les meilleures expériences en Thaïlande* est une traduction-adaptation de la 1re édition du guide *Experience Thailand* (en anglais), écrite par Amy Bensema, Megan Leon, Chawadee Nualkhair, Aydan Stuart, Choltanutkun Tun-atiruj et Barbara Woolsey.

Traduction
Giuseppe Ardiri, Cécile Giroldi

Direction éditoriale
Didier Férat

Responsable éditorial
Dominique Bovet

Responsable prépresse
Jean-Noël Doan

Coordination éditoriale et adaptation française
Carole Haché

Maquette
Gudrun Fricke

Cartographie
Nicolas Chauveau pour l'adaptation en français

Couverture
Laurent Briard et Laure Wilmot pour l'adaptation en français

Remerciements à
Angélique Adagio pour sa précieuse contribution au texte. Merci aussi à Jacqueline Menanteau pour sa relecture attentive. Un grand merci, enfin, à Dominique Spaety et Dorothée Pasqualin du bureau Lonely Planet à Paris, ainsi qu'à Luan Angel et Nigel Longuet à Londres, et à Jean-Pierre Masclef à Melbourne.

Paroles d'auteur

"Un nouveau Noël blanc pour moi : un repas de Noël sur la plage de sable immaculée de Ko Chang avec une chorale d'enfants thaïlandaise."

BARBARA WOOLSEY

"Ce que je préfère c'est camper dans un parc national et me perdre sur des sentiers de montagne sauvages, avant de partir en quête de concerts et d'atmosphère festive dans les villages."'

AYDAN STUART

"Bangkok réduira votre régime à néant. Ici, tout se mange le matin. Qui a dit qu'il fallait se limiter aux toasts et aux céréales pour le petit-déjeuner ?"

CHOLTANUTKUN TUN-ATIRUJ

DANS LE SENS DES AIGUILLES D'UNE MONTRE EN PARTANT DE LA GAUCHE : RALF LIEBHOLD/SHUTTERSTOCK ©, CGN089/SHUTTERSTOCK ©, NAPHASSAPHORN NA PANKAEW/SHUTTERSTOCK ©

Les Meilleures Expériences en Thaïlande

1re édition

Traduit et adapté de l'ouvrage *Experience Thailand, 1st edition, September 2022*

92 avenue de France - 75013 Paris

Dépôt légal Novembre 2022
ISBN 978-2-81619-593-4

Imprimé par ESTIMPRIM, Autechaux, France

En Voyage Éditions | un département édi8